普通高等教育质量管理专业系列教材
浙江省普通本科高校"十四五"重点教材

# 质量与标准化

◎主　编　王海燕

电子工业出版社
Publishing House of Electronics Industry
北京·BEIJING

## 内 容 简 介

本书从质量与标准化的实际出发，系统介绍了质量与标准化的基本概念、原理、方法及应用。本书编写注重新颖性、实践性和应用性，全面反映了质量与标准化的最新动态和发展趋势。本书共6章，内容包括：质量与标准化理论概述、质量标准化的基本方法、质量标准的制定、质量竞争与联盟、质量标准与政府规制、质量标准与认证。

本书体系完整，内容翔实，案例丰富，注重理论与实践的紧密结合，可作为质量管理专业学生的教材，还可作为质量与标准化等领域从业人员的参考书。

未经许可，不得以任何方式复制或抄袭本书之部分或全部内容。
版权所有，侵权必究。

图书在版编目（CIP）数据

质量与标准化 / 王海燕主编. -- 北京 : 电子工业出版社, 2025. 1. -- ISBN 978-7-121-49824-4

Ⅰ. F273.2

中国国家版本馆CIP数据核字第2025VN2823号

责任编辑：王志宇
印　　刷：北京雁林吉兆印刷有限公司
装　　订：北京雁林吉兆印刷有限公司
出版发行：电子工业出版社
　　　　　北京市海淀区万寿路173信箱　邮编　100036
开　　本：787×1 092　1/16　印张：11.75　字数：300.8千字
版　　次：2025年1月第1版
印　　次：2025年1月第1次印刷
定　　价：39.00元

凡所购买电子工业出版社图书有缺损问题，请向购买书店调换。若书店售缺，请与本社发行部联系，联系及邮购电话：（010）88254888，88258888。
质量投诉请发邮件至zlts@phei.com.cn，盗版侵权举报请发邮件至dbqq@phei.com.cn。
本书咨询联系方式：（010）88254523，wangzy@phei.com.cn。

# PREFACE 序言

质量是一个永恒的话题，2018 年 12 月，全国人大常委会通过了《中华人民共和国产品质量法》的第三次修正，体现了国家对产品质量的高度重视。质量是一个国家科技发展水平的反映，决定着企业的生存和发展，综合展示了国民经济的实力。伴随着人们对美好生活的向往，除产品质量外，各行各业对服务、成果、技术质量的要求也越来越高，质量工作面临新的挑战。大批质量工作者和高校学生需要掌握和应用现代质量管理和工程技术，树立现代质量观，在此背景下，由本人主持编写的普通高等教育质量管理专业系列教材由电子工业出版社出版发行了。

本套教材包括《质量战略与规划》《质量与标准化》《质量计量与测量》等，力求理论与实践相结合，兼具实用性和广泛性。内容立足现实问题，着眼未来发展，体现了质量管理和质量技术并重的思想，既覆盖了质量战略与规划、质量标准化等管理领域，又涉及了质量计量与测量等基础技术和方法，同时，在结构上力求体现现代质量工程的系统性、完整性和实用性。全套教材在论述现代质量概念和基本原理的基础上，根据质量管理与工程技术交叉学科的特点，对现代质量工程和管理的基本理论和方法做了系统介绍。

本套教材参考了已出版的国内外相关优秀教材及著作，参考了有关标准、论文及研究报告等，并结合笔者多年来的教学实践和工作经验编写而成。本套教材适用于质量管理、质量与可靠性工程、物流工程等专业的本科生、研究生教学，有助于促进高校质量人才培养，亦可供相关企业工程技术人员、质量管理人员、可靠性工作人员和科研部门的研究人员等自学使用。

浙江工商大学

浙江食药质量安全工程研究院　院长

王海燕　教授

于杭州

# 前言

制造业是国家的命脉。2010年以来，我国的制造业规模已连续13年位居世界第一，制造业大国地位进一步巩固。我国制造业的发展，为增强国家综合国力、改善和提高人民生活水平提供了有力支撑，也为世界制造业的发展做出了重要贡献。

当前，我国已建成门类齐全、独立完整的现代工业体系，工业经济规模跃居全球首位。在500种主要工业产品中，有40%以上产品的产量位居世界第一。我国制造业快速发展，产品在国内外广受欢迎，靠的不仅仅是完整的工业体系带来的相对低廉的价格，还有不断提升的产品质量。光伏、新能源汽车、家电、智能手机、消费级无人机等重点产业跻身世界前列，通信设备、工程机械、特高压、高铁等一大批高端品牌走向世界。伴随着产品畅销全球，部分产品标准如高铁、特高压等中国标准已经向世界输出。

随着我国产业的不断转型升级，国家对产品的质量提出了更高的要求，也会有更多的产品标准输出到全世界。因此，我国对质量与标准化人才的需求量巨大，如何更快、更好地培养国家需要的质量与标准化人才也是编写本书的初衷。本书从质量与标准化的实际出发，系统介绍了质量与标准化的基本概念、原理、方法及应用，具体内容如下。

第1章质量与标准化理论概述，主要介绍了质量与质量管理、标准化的基本概念、质量与标准，以及国内外质量标准化现状。

第2章质量标准化的基本方法，主要介绍了标准的形成机制、简化、统一化、系列化，以及模块化。

第3章质量标准的制定，主要介绍了质量标准制定概述、质量标准的具体内容，以及质量标准编写软件。

第4章质量竞争与联盟，主要介绍了质量标准的市场博弈、质量标准联盟的概念，以及质量标准联盟的合作竞争。

第5章质量标准与政府规制，主要介绍了政府规制概述、标准规制，以及质量标准政府规制的完善对策。

第6章质量标准与认证，主要介绍了认证的基本概念、产品质量认证，以及质量管理体系标准认证。

本书体系完整，内容翔实，案例丰富，注重理论与实践的紧密结合，可作为质量管理专业学生的教材，还可作为质量与标准化等领域从业人员的参考书。

本书由王海燕教授主编，参与编写的人员还有程永波、李大芳、于荣、张正勇、沙敏、赵洋、周檀君、郑继媛。

本书在编写过程中虽然尽可能结合国内外质量与标准化领域的新思维、新方法和新标准，但质量与标准化领域的发展日新月异，限于编者的学识水平，书中难免存在不足之处，恳请各位专家学者和广大读者批评指正。

编　者

# 目 录 CONTENTS

第1章 质量与标准化理论概述 ································································ 1

  1.1 质量与质量管理 ································································································ 2
      1.1.1 质量的基本概念 ···················································································· 2
      1.1.2 质量管理及其发展历程 ········································································ 4
  1.2 标准化的基本概念 ···························································································· 8
      1.2.1 标准的概念 ··························································································· 8
      1.2.2 标准的种类 ··························································································· 9
      1.2.3 标准化的含义 ····················································································· 15
      1.2.4 国际标准化组织 ················································································· 16
  1.3 质量与标准 ······································································································ 19
      1.3.1 质量与标准间的关系 ·········································································· 19
      1.3.2 质量标准化的作用 ·············································································· 21
  1.4 国内外质量标准化现状 ·················································································· 22
      1.4.1 中国质量标准化现状 ·········································································· 22
      1.4.2 国外质量标准化现状 ·········································································· 24

第2章 质量标准化的基本方法 ······························································ 29

  2.1 标准的形成机制 ······························································································ 30
      2.1.1 行政机制 ····························································································· 31
      2.1.2 组织机制 ····························································································· 32

  2.1.3 市场机制 ………………………………………………………………… 33
 2.2 简化 ………………………………………………………………………………… 34
  2.2.1 简化的定义 ……………………………………………………………… 35
  2.2.2 简化的原理 ……………………………………………………………… 35
 2.3 统一化 ……………………………………………………………………………… 39
  2.3.1 统一化的定义 …………………………………………………………… 39
  2.3.2 统一化的方式 …………………………………………………………… 40
  2.3.3 统一化的类型 …………………………………………………………… 41
  2.3.4 统一化的原则 …………………………………………………………… 41
  2.3.5 统一化的效果评价 ……………………………………………………… 42
 2.4 系列化 ……………………………………………………………………………… 42
  2.4.1 系列化的定义 …………………………………………………………… 42
  2.4.2 系列化的过程 …………………………………………………………… 43
  2.4.3 系列化的应用和经济意义 ……………………………………………… 51
 2.5 模块化 ……………………………………………………………………………… 52
  2.5.1 模块的一般概念 ………………………………………………………… 53
  2.5.2 模块化 …………………………………………………………………… 53

## 第3章 质量标准的制定 ………………………………………………………………… 58

 3.1 质量标准制定概述 ………………………………………………………………… 59
  3.1.1 质量标准化对象 ………………………………………………………… 59
  3.1.2 编写质量标准的基本方法 ……………………………………………… 60
  3.1.3 编写质量标准的目标、基本要求及主要原则 ………………………… 62
  3.1.4 制定质量标准的程序 …………………………………………………… 64
 3.2 质量标准的具体内容 ……………………………………………………………… 69
  3.2.1 标准的结构 ……………………………………………………………… 69
  3.2.2 标准要素的编写 ………………………………………………………… 73
 3.3 质量标准编写软件 ………………………………………………………………… 82

3.3.1　TCS 的由来 ······················································ 82

　　　3.3.2　TCS 2010 的特点与使用方法 ································· 83

## 第 4 章　质量竞争与联盟 ·················································· 90

### 4.1　质量标准的市场博弈 ················································ 91

　　　4.1.1　纳什均衡模型 ·················································· 92

　　　4.1.2　完全信息重复博弈过程 ······································ 94

### 4.2　质量标准联盟的概念 ················································ 96

　　　4.2.1　质量标准联盟概述 ············································ 97

　　　4.2.2　质量标准联盟的参与主体 ··································· 99

　　　4.2.3　质量标准联盟的形成动因 ··································· 102

　　　4.2.4　质量标准联盟的模式分析 ··································· 104

### 4.3　质量标准联盟的合作竞争 ········································· 105

　　　4.3.1　质量标准联盟合作竞争概述 ································ 105

　　　4.3.2　质量标准联盟对产业质量的推动作用 ··················· 110

　　　4.3.3　质量标准联盟的运行机制 ··································· 111

## 第 5 章　质量标准与政府规制 ············································ 118

### 5.1　政府规制概述 ························································ 119

　　　5.1.1　政府规制 ························································ 119

　　　5.1.2　质量标准政府规制的产生和发展 ························· 120

　　　5.1.3　质量标准政府规制的客观条件 ···························· 121

　　　5.1.4　产业损害与政府规制 ········································ 123

### 5.2　标准规制 ······························································ 127

　　　5.2.1　逆向选择与最低质量标准规制 ···························· 127

　　　5.2.2　政府最低质量标准规制的经济学逻辑 ··················· 129

　　　5.2.3　政府规制"阀值" ············································ 130

### 5.3　质量标准政府规制的完善对策 ··································· 134

5.3.1　模型：政企行为与社会福利效用模型 ················ 134
　　5.3.2　完善质量标准政府规制的对策分析 ················ 142

# 第6章　质量标准与认证 ················ 148

## 6.1　认证的基本概念 ················ 150
　　6.1.1　认证的定义 ················ 150
　　6.1.2　认证的分类 ················ 150
　　6.1.3　我国质量认证与国际互认制度 ················ 154

## 6.2　产品质量认证 ················ 155
　　6.2.1　产品质量认证的基本概念 ················ 155
　　6.2.2　产品质量认证的分类 ················ 155
　　6.2.3　产品质量认证的过程及条件 ················ 156
　　6.2.4　产品质量认证标志 ················ 157

## 6.3　质量管理体系标准认证 ················ 159
　　6.3.1　ISO 9000 标准 ················ 159
　　6.3.2　ISO 9001 标准 ················ 160
　　6.3.3　卓越绩效 ················ 165
　　6.3.4　质量管理体系建立的步骤 ················ 168

# 参考文献 ················ 175

# 第1章

# 质量与标准化理论概述

### 关键词

- ☑ 质量管理
- ☑ 标准化

### 学习目标

☑ 熟悉质量管理体系的术语与定义,掌握常用的重要术语;

☑ 了解质量管理的发展历程,掌握全面质量管理的理论内涵和基本特点,并对质量管理基础工作的内容有所了解;

☑ 掌握标准与标准种类;

☑ 理解标准化的基本概念;

☑ 了解标准化的研究对象。

### 案例导入

2013年1月1日,我国第一个食品营养标签国家标准《食品安全国家标准 预包装食品营养标签通则》(GB 28050—2011)(以下简称《通则》)正式实施。《通则》是关于食品营养标识的第一个强制性国家标准,对预包装食品营养标签审核起到明确的规范和指导作用。《通则》对营养标识中营养成分表、营养声称和营养成分功能声称,都做了明确规定。《通则》实施后,所有食品都必须在食品的最小包装上标识营养标签,营养标签不规范的食品不得销售。同时，对进口食品营养标签的监管也更加有据可依。

《通则》规定，预包装食品应在标签标示能量和 4 种营养成分（"1+4"）含量值及其占营养素参考值百分比。其中 4 种营养成分为 4 类核心营养素，即蛋白质、脂肪、碳水化合物和钠。

（资料来源：彭红，所有预包装食品必须标识营养标签，新华社）

## 1.1 质量与质量管理

### 1.1.1 质量的基本概念

#### 1.1.1.1 质量及其概念的演化

在全球经济一体化的进程中，一个相互交换产品、服务和资源的国际市场已经形成，并不断完善。质量是进入国际市场的先决条件，是参与市场竞争的关键，所以正确理解质量的基本概念是十分重要的。从质量术语的定义演化中，可以反映出人们从符合性质量观到追求顾客满意的质量观的转变过程，见表 1-1。

表 1-1 质量术语的演化

| 序 号 | 标 准 | 术 语 定 义 |
| --- | --- | --- |
| 1 | ISO 8402:1986 | 产品或服务满足规定或潜在需要的特征和特性的总和 |
| 2 | ISO 8402:1994 | 反映实体满足明确或隐含需要能力的特性的总和 |
| 3 | ISO 9000:2000 /ISO 9000:2008 | 一组固有特性满足要求的程度 |
| 4 | ISO 9000:2015 | 客体的一组固有特性满足要求的程度 |

ISO8 402:1986 标准中对质量的定义是："产品或服务满足规定或潜在需要的特征和特性的总和。"

ISO8 402:1994 标准中质量被定义为："反映实体满足明确或隐含需要能力的特性的总和。"定义中的"实体"是指"可单独描述和研究的事物"。它可以是活动或过程，产品，组织、体系或人，或上述各项的任何组合。质量不再局限于产品和服务，而被扩展至更宽广的领域。

ISO 9000:2000 和 ISO 9000:2008 标准中对质量的定义是："一组固有特性满足要求的程度。"定义中的"固有"是指在某事物或某物中本来就有的，尤其是那种永久的特性。"特性"是指可区分的特征，它可以是固有的或赋予的，定性的或定量的。"要求"是指明示的、通常隐含的或必须履行的需求或期望（其中"明示的"可以理解为规定的要求，在文件中予以阐明。而"通常隐含的"是指组织、顾客或其他相关方的惯例或一般做法，所考虑的需求或期望是不言而喻的）。

ISO 9000:2015 标准中质量被定义为："客体的一组固有特性满足要求的程度。"定义中的"客体"是指可感知或可想象到的任何事物，客体可能是物质的（如一台发动机、一张纸、一颗钻石）、非物质的（如转换率、一个项目计划）或想象的（如组织未来的状态），包括产品、服务、过程、人员、组织、体系、资源等。"固有"（其反义是"赋予"）意味着存在于客体内。人为赋予的特性不属于质量所关注的范畴，例如价格、所有者。

#### 1.1.1.2 产品质量、过程质量与工作质量

产品质量可以归结为"过程的结果"所具有的"一组固有特性满足要求的程度"。人们习惯上在"质量"之前冠以限定词，从而将质量细分为产品质量、服务质量、过程质量、工作质量等。在 ISO 9001:2015 标准中产品是"在组织和顾客之间未发生任何交易的情况下，组织产生的输出"。其中，在组织和顾客之间未发生任何必要交易的情况下可以实现产品的生产，但是，当产品被交付给顾客时，通常包含服务因素。服务的特点是至少有部分输出是在与顾客接触的界面上来实现的。特意将服务单列出来，是为了突出产品和服务在应用某些标准要求时的不同，便于服务型行业的理解和应用。ISO 9000:2015 标准中的术语"产品"仅包括硬件、软件、流程性材料这三种形式。硬件和流程性材料是有形产品，硬件的量具有计数的特性（如轮胎），流程性材料的量具有连续的特性（如燃料和软饮料），二者通常被称为货物。软件由信息组成，可以采用各种介质传递（如计算机程序、移动电话应用程序、操作手册、字典内容、音乐作品版权、驾驶执照）。

过程质量是指过程满足明确和隐含需要的能力的特性总和。既然过程的基本功能是将输入转化为输出，那么过程质量一方面可以通过构成过程的要素（如投入的资源）和相关活动满足明确和隐含需要的程度来考虑，另一方面也可以通过过程输出（如产品和劳动服务等有形或无形产品）的质量好坏来间接地反映。

① 过程必须是一种增值的转换。

② 每一过程还会与其他过程有相互关系。

③ 所有工作通过过程来完成。

工作质量是按一定的作业标准完成的劳动量，在产品（包括工业、农业等）生产中没有达到规定的作业标准，就是不合格产品，即没有达到规定所要求的产品，就不能上市销售；在服务行业中，不符合规范的服务，未能令顾客满意，就是不合格的服务。

#### 1.1.1.3 质量要求

质量要求（quality requirement）是在质量方面明示的、通常隐含的或必须履行的需求或期望，例如产品质量要求、服务质量要求。准确把握质量要求，不仅是提升产品质量和服务质量的客观要求，也是有效运行质量管理体系的需要。产品质量、产品要求和质量管理体系之间的关系如下。

① 产品质量需要以产品要求为衡量准则。产品质量是无形的，把握好产品要求，可以有效控制产品的各类固有特性，只有明细化的产品要求，才能对产品质量做出全面、准确的综合评价。

② 产品要求是质量管理体系的轴心。在实施质量管理体系的组织中，产品要求是产品生产和服务提供的质量内涵，ISO 9001 标准不规定产品要求，质量管理体系要求是对产品要求的有力支持和有益补充，若离开组织的产品要求，质量管理体系便成了无本之木。

③ 质量管理体系服务于产品质量。"质量管理体系要求"是有别于"产品要求"的，前者是通用的，并不直接决定产品的质量，但是 ISO 9001 标准所倡导的质量管理体系是为产品质量服务的，它的实施将有助于满足产品质量与产品要求的符合性。产品要求通常表现为技术规范、产品标准、合同协议、法规要求等形式。

服务质量是产品生产的服务或服务业满足规定或潜在要求（或需要）的特征和特性的总和。这里的"特性"是用以区分不同类别的产品或服务的概念，如旅游有陶冶人的性情、给人愉悦的特性，旅馆有给人提供休息、睡觉的特性。"特征"则是用以区分同类服务中不同规格、档次、品位的概念。服务质量最基本的内涵应包括服务的安全性、适用性、有效性和经济性等一般要求。

无论是有形产品的生产企业还是服务企业，服务质量都是企业在竞争中制胜的法宝。服务质量的内涵与有形产品质量的内涵有区别，消费者对服务质量的评价不仅要考虑服务的结果，而且要涉及服务的过程。服务质量应被消费者所识别，消费者认可才是真正的质量。服务质量的构成要素、形成过程、考核依据、评价标准均有其区别于有形产品的内涵。

#### 1.1.1.4 质量特性

ISO 9000:2000 标准将"质量特性"（quality characteristic）定义为"产品、过程或体系与要求有关的固有特性"。质量概念的关键是"满足要求"。这些"要求"必须转化为有指标的特性，才能作为评价、检验和考核的依据。由于顾客的需求是多种多样的，所以反映质量的特性也应该是多种多样的。

ISO 9000:2015 标准对"质量特性"的定义是"与要求有关的，客体的固有特性"。其中"固有"指本来就有的，而赋予客体的特性（如客体的价格）不是它们的质量特性。

## 1.1.2 质量管理及其发展历程

### 1.1.2.1 质量管理的相关术语

质量管理是指确定质量方针、目标和职责，并通过质量体系中的质量策划、控制、保证和改进来使其实现的全部活动。ISO 9000:2015 将质量管理定义为关于质量的管理，其中"管理"的意义是"指挥和控制组织的协调的活动"。质量管理包括制定质量方针和质量目标，以及通过质量策划、质量保证、质量控制和质量改进实现这些质量目标的过程。

ISO 9000:2015 标准共列出了质量管理体系的术语 80 条，这些术语适用于 ISO 9000:2015 中的所有标准，其中有关质量管理的术语名称及其定义见表 1-2。

表 1-2  质量管理的术语名称及其定义

| 序号 | 质量管理的术语名称 | 定义 |
| --- | --- | --- |
| 1 | 体系 | 相互关联或相互作用的一组要素 |
| 2 | 管理体系 | 组织建立方针和目标，以及实现这些目标的过程的相互关联或相互作用的一组要素 |
| 3 | 质量管理体系 | 在质量方面指挥和控制组织的管理体系 |
| 4 | 质量方针 | 由组织的最高管理者正式发布的该组织总的质量意图和方向 |
| 5 | 质量目标 | 在质量方面要实现的结果 |
| 6 | 管理 | 指挥和控制组织的协调的活动 |
| 7 | 最高管理者 | 在最高层指挥和控制组织的一个人或一组人 |
| 8 | 质量管理 | 在质量方面指挥和控制组织的协调的活动 |
| 9 | 质量策划 | 质量管理的一部分，致力于制定质量目标并规定必要的运行过程和相关资源，以实现质量目标 |
| 10 | 质量控制 | 质量管理的一部分，致力于满足质量要求 |
| 11 | 质量保证 | 质量管理的一部分，致力于提供质量要求会得到满足的信任 |
| 12 | 质量改进 | 质量管理的一部分，致力于增强满足质量要求的能力 |
| 13 | 持续改进 | 提高绩效的循环活动 |
| 14 | 有效性 | 完成策划的活动和达到策划结果的程度 |
| 15 | 效率 | 得到的结果与所使用的资源之间的关系 |

### 1.1.2.2  质量管理的发展历程

通常认为，质量管理的发展历程大体经历了质量检验阶段、统计质量控制阶段和全面质量管理阶段，如图 1-1 所示。

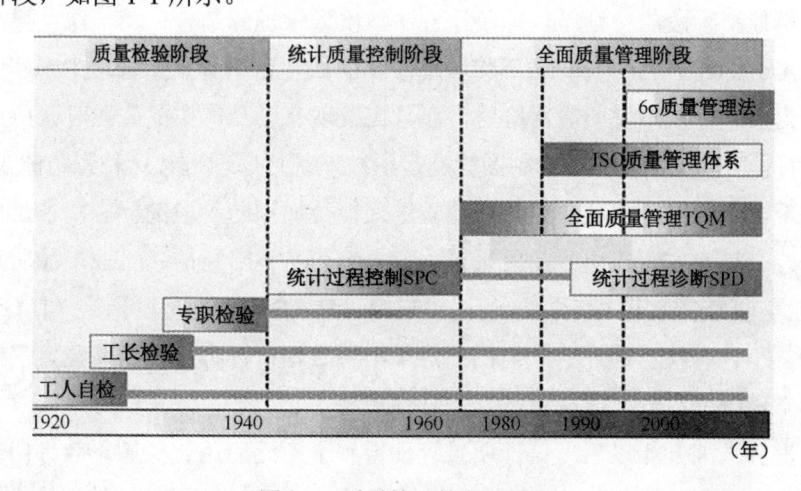

图 1-1  质量管理的发展历程

**（1）质量检验阶段**

20世纪初，人们对质量管理的理解还停留在质量的检验阶段。质量检验所使用的手段是各种检测设备和仪表，方式是严格把关，进行百分之百的检验。这一时期，以弗雷德里克·温斯洛·泰勒（F.W. Taylor）（见图1-2）为代表的科学管理运动在美国兴起，提出了科学分工的思想，并将计划职能与执行职能分开，中间再加上检验环节，以便监督和检查计划、设计、产品标准的贯彻执行情况。这使得计划、设计、生产操作、检查监督各有专人负责，从而产生了一支专职检查队伍，形成了一个专职的检查部门，质量检验机构就此被独立出来。起初，人们非常强调工长在保证质量方面的作用，将质量管理的责任由操作者转移到工长，故称为工长的质量管理。后来，这一职能又由工长转移到专职检验人员，由专职检验部门实施质量检验，故称为检验员的质量管理。

弗雷德里克·温斯洛·泰勒于1856年出生于美国费城。年轻时，他先在液压机厂做学徒，之后加入一家钢铁公司，在那里开始奠定科学管理的理论基础。1898年，泰勒来到伯利恒钢铁公司，开始他著名的改革。1901年，他离开公司，进行无偿的咨询工作。在此期间，他的《工厂管理》与《科学管理原理》相继发表，泰勒的影响日渐广泛，遍及全球。1915年，泰勒病逝，终年59岁。

图1-2 泰勒生平介绍

质量检验是在成品中挑出废品，以保证出厂产品的质量。但这种事后检验把关，无法在生产过程中起到预防、控制的作用，且百分之百的检验会增加检验费用。在大批量生产的情况下，其弊端就暴露出来了。

**（2）统计质量控制阶段**

统计质量控制阶段的特征是数理统计方法与质量管理的结合。第一次世界大战后期，休哈特（W.A. Shewhart）（见图1-3）将数理统计的原理运用到质量管理中来，并发明了控制图。他认为质量管理不仅要事后检验，而且在发现有废品产生的先兆时就应当进行分析与改进，从而预防废品的产生。控制图就是运用数理统计原理进行这种预防的工具。因此，控制图的出现，是质量管理从单纯事后检验进入检验加预防阶段的标志，也是形成一门独立学科的开始。第一本正式出版的质量管理科学专著是休哈特的《工业产品质量的经济控制》。在休哈特创造控制图以后，他的同事道奇（H.F.Dodge）与罗米格（H.G.Romig）于1929年发表了《抽样检查方法》。他们都是最早将数理统计方法引入质量管理的专家，为质量管理科学做出了贡献。

第二次世界大战开始以后，统计质量管理得到了广泛应用。美国军政部门组织了一批专家和工程技术人员，于1941—1942年先后制定并公布了Z1.1《质量管理指南》、Z1.2《数据分析用控制图法》和Z1.3《生产过程质量管理控制图法》，强制生产武器弹药的厂商推行，并收到了显著效果。第二次世界大战结束后，美国许多企业扩大了生产规模，除原来生产军火的工厂继续推行质量管理方法以外,许多民营企业也纷纷采用这一方法,美国以外的许多国家也都陆续推行了统计质量管理,并取得了成效。

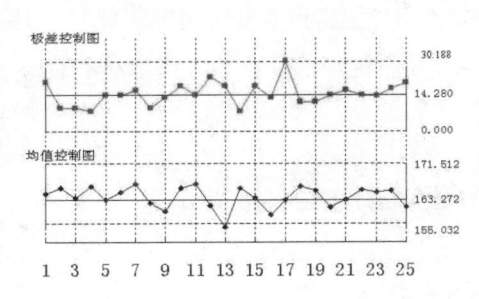

图1-3 休哈特与控制图

但是,统计质量管理也存在缺陷。它过分强调质量控制的统计方法,使人们误认为质量管理就是统计方法,是统计专家的事。在计算机和数理统计软件应用还不普及的情况下,许多人认为质量管理高不可攀。

(3) 全面质量管理阶段

20世纪50年代以来,随着科学技术和工业生产的发展,人们对质量的要求越来越高,于是人们引入系统工程的概念,把质量问题作为一个有机整体加以综合分析研究,实施全员、全过程、全企业的管理。20世纪60年代在管理理论上出现了行为科学学派,主张调动人的积极性,注重人在管理中的作用。随着市场竞争,尤其国际市场竞争的加剧,各国企业都很重视产品责任和质量保证问题,加强内部质量管理,确保生产的产品安全、可靠。在上述背景和条件下,仅仅依赖质量检验和运用统计方法显然已难以保证和提高产品质量,也不能满足社会进步要求。1961年,阿曼德·费根堡姆(Armand Feigen baum)提出了全面质量管理的概念。

全面质量管理(Total Quality Management,TQM),是以质量为中心,以全员参与为基础,通过让顾客和所有相关方受益而达到长期成功的一种管理途径。日本在20世纪50年代引进了美国的质量管理方法,并有所发展。最突出的是他们强调从总经理、技术人员、管理人员到工人,全体人员参与质量管理。企业对全体职工分层次地进行质量管理知识的教育培训,广泛开展群众性质量管理小组活动,并创造了一些通俗易懂、便于群众参与的管理方法,包括质量管理的"老七种"工具(流程图、因果图、直方图、散点图、排列图、控制图、检查表)和"新七种"工具(矩阵图、树状图、相互关系图、亲和图、过程决策方法图、活动网络图、优先矩阵图),充实了大量新的内容。质量管理的手段也不再局限于数理统计,而是全面地运用各种管理技术和方法。

后来,全面质量管理不再局限于质量职能领域,而演变为一套以质量为中心、综合全面的管理方式和管理理念。发达国家组织运用全面质量管理使产品或服务质量迅速提高,引起了世界各国的广泛关注。全面质量管理的观点逐渐在全球范围内广泛传播，各国都结合自己的实践有所创新和发展。举世瞩目的 ISO 9000 族质量管理标准、美国波多里奇国家质量奖、欧洲 EFQM 卓越奖、日本戴明奖等各种质量奖，以及卓越经营模式、六西格玛管理模式等均是以全面质量管理的理论和方法为基础的。

## 1.2　标准化的基本概念

### 1.2.1　标准的概念

近百年来，关于标准的定义可谓众说纷纭，各个国家和地区的科学工作者一直致力于给出一个正确、科学、合理的答案。随着时间的推移和生产力的进步，关于标准的定义也在不断变化，较有影响力的有下述 6 种。

#### 1.2.1.1　盖拉德定义

1934 年，约翰·盖拉德（John Gailard）在《工业标准化——原理与应用》一书中阐述标准为："对计量单位或基准、物体、动作、程序、方式、常用方法、能力、职能、办法、设置、状态、义务、权限、责任、行为、态度、概念和构思的某些特性给出的定义，做出规定和详细说明。它是为了在某一时期内运用语言、文件、图样等方式或利用模型、样本及其他表现方法所做出的统一规定。"

#### 1.2.1.2　桑德斯定义

桑德斯在 1972 年发表的《标准化的目的与原理》一书中将标准定义为："经公认的权威机构批准的一个个标准化工作成果。它可以采用文件形式，内容是记述一系列必须达到的要求；也可以是规定基本单位或物理常数，如安培、米、绝对零度等。"这个定义强调标准是标准化工作的成果，要经权威机构批准。由于该书由国际标准化组织（International Organization for Standardization，ISO）出版，因此这一定义广为流传，具有较大的影响。

#### 1.2.1.3　世界贸易组织（World Trade Organization，WTO）定义

世界贸易组织规定："标准是被公认机构批准的、非强制性的、为了通用或反复使用的目的，为产品或其加工或生产方法提供规则、指南或特性的文件。"

#### 1.2.1.4　国际标准化组织（ISO）标准定义

ISO 的国家标准化管理委员会一直致力于标准化基本概论的研究，先后以指南的形式对"标准"的定义做出统一规定。1996 年，ISO 与 IEC（International Electrotechnical Commission，国际电工委员会）联合发布 2 号指南，该指南将标准定义为："标准是由一个公认的机构指

定和批准的文件。它对活动或活动的结果规定了规则、导则或特性值，供共同和反复使用，以实现在规定领域内最佳秩序的效益。"

该定义明确告诉我们制定标准的目的、基础、对象、本质和作用。它具有国际性、权威性和科学性，是 ISO 与 IEC 的成员国都遵循的定义。

#### 1.2.1.5　中国标准化协会定义

中国标准化协会成立于 1978 年，是我国唯一的标准化专业协会，接受国家市场监督管理总局的领导和国家标准化管理委员会的业务指导，是中国科学技术协会的重要成员。自成立以来，该协会已从多方位向社会提供了标准制（修）订、标准化学术研究、国际交流、咨询等服务，与美国国家标准化协会（American National Standards Institute，ANSI）、德国标准化协会（Deutsches Institut für Normung，DIN）、日本规格协会（Japanese Standards Association，JSA）等发达国家标准化组织进行长期交流与合作。

中国标准化协会采用的最新标准定义是 2014 年我国颁布的《标准化工作指南　第 1 部分：标准化和相关活动的通用术语》（GB/T 20000.1-2014）中对"标准"的定义："通过标准化活动，按照规定的程序经协商一致制定，为各种活动或其结果提供规则、指南或特性，供共同使用和重复使用。"

#### 1.2.1.6　国家标准化管理委员会定义

国家标准化管理委员会是国务院授权履行行政管理职能，统一管理全国标准化工作的主管机构。国务院有关行政主管部门和有关行业协会也设有标准化管理机构，分工管理本部门、本行业的标准化工作。

中国是 ISO 的正式成员，代表中国的组织就是中国国家标准化管理委员会，国家标准化管理委员会一直致力于标准化概念的研究，先后以"指南"的形式对"标准"的定义做出统一规定："标准是由一个公认的机构制定和批准的文件。它对活动或活动的结果规定了规则、导则或特殊值，供共同和反复使用，以实现在预定领域内最佳秩序的效果。"

我国有很多标准都是采用或者借鉴国际标准和国外先进标准。采用国际标准和国外先进标准的方针是认真研究，积极采用，区别对待。我国采用国际标准遵循的主要原则有：要密切结合我国国情，有利于促进生产力发展；有利于完善我国标准体系，促进我国标准水平的不断提高，努力达到和超过世界先进水平；要合理安排采用的顺序，注意国际上的通行需要，还要考虑综合标准化的要求；采用国外先进标准要根据标准的内容区别对待。

## 1.2.2　标准的种类

人们从不同的目的和角度出发，依据不同的准则，可以对标准进行不同的分类，由此形成不同种类的标准。世界各国标准种类繁多，分类方法不尽统一。综合国际上最普遍的标准分类方法和我国标准分类的现行做法，可归纳为以下几类。

#### 1.2.2.1 制定主体分类法

按照标准制定的主体和有效范围，可将标准划分为国际标准、区域标准、国家标准、行业标准、地方标准和企业（组织）标准。

（1）国际标准

国际标准是由国际标准化组织或国际标准组织通过并公开发布的标准，著名的有国际标准化组织（ISO）、国际电工委员会（IEC）和国际电信联盟（International Telecommunication Union，ITU）制定的标准。国际标准在世界范围内统一使用。它包括两大部分：第一部分是三大国际标准化机构制定的标准，分别叫作 ISO 标准、IEC 标准和 ITU 标准，这三大机构是国际标准化活动开展过程中最为活跃、制定并发布标准和技术规则的数量最多、在国际上影响最大的国际标准制定机构。同时，三大机构之间保持了密切的合作，相互协调，形成了全世界范围标准化工作的核心。第二部分是其他国际组织制定的标准，如 BIPM（Bureau International des Poids et Measures，国际计量局）标准、CAC（Codex Alimentarius Commission，食品法典委员会）标准、WHO（World Health Organization，世界卫生组织）标准等。

除此之外，一些国际组织和跨国公司制定的标准在国际经济活动中客观上起着国际标准的作用，人们称其为"事实上的国际标准"。这些标准在形式上、名义上虽不是国际标准，却起着国际标准的作用。如欧洲的 OEKO-TEX100 标准是各国普遍承认的生态纺织品标准，又如微软公司的计算机操作软件标准、施乐公司的复印机标准，以及曾经的手机霸主诺基亚的移动电话标准等。

国际标准，特别是 ISO、IEC、ITU 三大组织所制定的标准是世界各国协调的产物，它反映了国际上先进的科技水平，代表着一定的质量水平，得到了各国的认同，是国家之间的协调标准和处理贸易纠纷的重要基础，采用国际标准作为国际贸易中的重要条件，不仅能给本国技术、经济的发展带来巨大的效益，使生产更加便利，也更容易了解市场需求，打破贸易壁垒。

1992 年 10 月 20 日，原国家技术监督局颁布实施了参加国际标准化活动管理办法，主要用于鼓励、规范我国各有关方面积极参加国际标准化活动。通过该规章的制定，以期能够规范和加强我国参与国际标准化活动的管理，促进标准化的合作与交流，提高标准技术水平。

（2）区域标准

区域标准又称为地区标准。区域标准是"由区域标准化组织或区域标准组织通过并公开发布的标准"（ISO/IEC 第 2 号指南），一般用来泛指世界某一区域标准化团体所通过的标准。通常提到的区域标准，主要是指原经互会标准化组织、欧洲标准化委员会、非洲地区标准化组织等地区组织所制定和使用的标准。例如，EN 10242—1995，表示标准是 1995 年发布的，编号为 10242《可锻铸铁制螺纹管件要求》，EN 表示该标准是由欧洲标准化委员会颁布的，如图 1-4 所示。

```
EN  10242—1995
         └──── 表示标准是1995年发布的
         └──── 表示编号为10242《可锻铸铁制螺纹管件要求》
         └──── 表示由欧洲标准化委员会颁布的标准
```

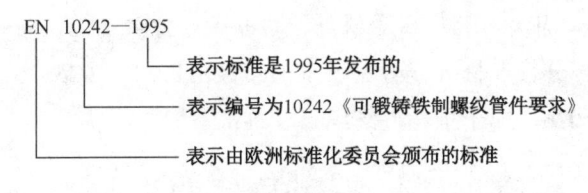

图 1-4　欧盟标准 EN 10242—1995 组成示意图

（3）国家标准

国家标准是"由国家标准机构通过并公开发布的标准"（ISO/IEC 第 2 号指南），是指由国家标准化主管机构批准发布，对全国经济、技术发展有重大意义，且在全国范围内统一的标准。国家标准是在全国范围内统一的技术要求，由国务院标准化行政主管部门编制计划，协调项目分工，组织制定（含修订），统一审批、编号、发布。法律对国家标准的制定另有规定的，依照法律的规定执行。如 ANSI、BS、NF、DIN、JIS 等是美、英、法、德、日等国家标准的代号。我国国家标准代号为 GB，分为强制性国家标准（GB）和推荐性国家标准（GB/T）。国家标准的编号由国家标准的代号、国家标准发布的顺序号和国家标准发布的年号（发布年份）构成。例如：GB 16715.5-2010，表示标准是 2010 年发布的，编号为 16715.5，属于强制性国家标准；GB/T 19001-2016，表示标准是 2016 年发布的，编号为 19001，属于推荐性国家标准。

强制性国标是指保障人体健康和人身、财产安全的标准，以及法律和行政法规规定强制执行的国家标准；推荐性国标是指在生产、检验、使用等方面，通过经济手段或市场调节而自愿采用的国家标准。但推荐性国标一经接受并采用，或各方商定同意纳入经济合同中，就成为各方必须共同遵守的技术依据，具有法律上的约束性。此外，随着社会和科技的发展，国家需要制定新的标准来满足人们生产、生活的需要。国家标准的年限一般为 5 年，过了年限后，国家标准就要被修订或重新制定。因此，国家标准是动态的。

（4）行业标准

行业标准是"由行业机构通过并公开发布的标准"（ISO/IEC 第 2 号指南）。工业发达国家的行业协会属于民间组织，它们制定的标准种类繁多、数量庞大，通常称为行业协会标准。如美国的材料与实验协会标准（American Society for Testing and Materials，ASTM）、美国石油学会标准（American Petroleum Institute，API）、机械工程师协会标准（American Society of Mechanical Engineers，ASME）等都是国际上有权威性的行业标准，在行业内享有很高的信誉。

我国的行业标准是指由国家有关行业行政主管部门公开发布的标准。根据我国现行《中华人民共和国标准化法》（以下简称《标准化法》）的规定，对没有根据标准而又需要在全国某个行业范围内统一的技术要求，可以制定行业标准；行业标准由国务院有关行政主管部门制定。如 JY、JR、SB、TB 等就是教育系统、金融系统、商业行业、铁路运输行业的标准代号。我国部分行业标准代号见表1-3。例如：FZ/T 01026-2017，表示标准是2017年发布的，编号为01026，属于推荐性纺织行业标准。

表1-3 我国部分行业标准代号

| 序号 | 标准类别 | 标准代号 | 序号 | 标准类别 | 标准代号 |
| --- | --- | --- | --- | --- | --- |
| 1 | 安全生产 | AQ | 11 | 核工业 | EJ |
| 2 | 包装 | BB | 12 | 纺织 | FZ |
| 3 | 船舶 | CB | 13 | 公共安全 | GA |
| 4 | 测绘 | CH | 14 | 建工国标5万号以上 | GBJ |
| 5 | 城镇建设 | CJ | 15 | 供销 | GH |
| 6 | 新闻出版 | CY | 16 | 国军标 | GJB |
| 7 | 档案 | DA | 17 | 广播电影电视 | GY |
| 8 | 地震 | DB | 18 | 航空 | HB |
| 9 | 电力 | DL | 19 | 化工 | HG |
| 10 | 地质矿产 | DZ | 20 | 环境保护 | HJ |

（5）地方标准

地方标准是"在国家的某个地区通过并公开发布的标准"（ISO/IEC 第2号指南）。我国的地方标准是指由省、自治区、直辖市标准化行政主管部门公开发布的标准。根据我国现行《标准化法》的规定，对于没有根据国家标准和行业标准而又需要在省、自治区、直辖市范围内统一的工业产品的安全、卫生要求，可以制定地方标准。

我国地方标准的代号由"DB"和 GB 2260-2007《中华人民共和国行政区划代码》中相应的行政区域代码组成。如 DB11、DB36、DB52 分别是北京市、江西省、贵州省地方标准的代码。

（6）企业（组织）标准

企业标准，是由企业制定并通过的该企业使用的标准，由企业法人代表或其授权人批准、发布。企业标准一般以"Q"作为开头。

企业标准与国家标准有着本质的区别。首先，企业标准是由企业独占的无形资产；其次，企业标准如何制定，在遵循法律的前提下，完全由企业自己决定；再次，企业标准采取什么形式、规定什么内容，以及标准制定的时机等，完全依据企业本身的需求和市场及客户的需求，由企业自己决定。

随着标准化活动领域的扩展，各类事业单位及其他社会组织也开始制定相关的组织标准。

#### 1.2.2.2 对象分类法

按照标准对象的名称归属分类，可以将标准划分为产品标准、工程建设标准、方法标准、卫生标准、环境保护标准、服务标准、包装标准、数据标准、过程标准等。

（1）产品标准

对产品结构、规格、质量和检验方法所做的技术规定，称为产品标准。产品标准按其适用范围，分别由国家、部门和企业制定；它是在一定时期和一定范围内具有约束力的产品技术准则，是产品生产、质量检验、选购验收、使用维护和洽谈贸易的技术依据。《中华人民共和国产品质量法》第十二条规定：产品质量应当检验合格，不得以不合格产品冒充合格产品。所谓合格，是指产品的质量状况符合标准中规定的具体指标。

（2）工程建设标准

工程建设标准是为了在工程建设领域内获得良好秩序，由中央政府颁布的，具有政策指导性的，用以统一规模、控制投资等的要求和准则。

（3）方法标准

方法标准是指以试验、检查、分析、抽样、统计、计算、测定、作业等方法为对象制定的标准。

（4）卫生标准

《标准化法》第十条规定：对保障人身健康和生命财产安全、国家安全、生态环境安全以及满足经济社会管理基本需要的技术要求，应当制定强制性国家标准。

（5）环境保护标准

环境保护标准是指为了防治环境污染、维护生态平衡、保护人体健康，国务院环境保护行政主管部门和省级人民政府依据国家有关法律规定，对环境保护工作中需要统一的各项技术要求所制定的各种规范性文件。标准类别包括环境质量标准、污染物排放标准、环境监测规范及管理规范类标准和环境基础类标准等。

（6）服务标准

服务标准是指规定服务应满足的需求以确保其适用性的标准。服务是指为满足顾客的需要，供应方和顾客之间接触的活动及供应方内部活动所产生的结果。按照ISO对标准化对象的划分，服务标准是相对于产品标准和过程标准而言的一大类标准。

（7）包装标准

包装标准是指为保障物品在贮存、运输和销售中的安全和科学管理的需要，以包装的有关事项为对象所制定的标准。

（8）数据标准

包含有特性值和数据表的标准叫数据标准。它对产品、过程或服务的特性值或其他数据做出了规定（ISO/IEC 第 2 号指南）。

(9) 过程标准

规定过程应满足的要求，以确保其适用性的标准称过程标准（ISO/IEC 第 2 号指南）。

#### 1.2.2.3　性质分类法

按照标准化对象的基本属性，可以将标准分为技术标准、管理标准两类。

(1) 技术标准

技术标准是指针对标准化领域中需要协调统一的技术事项所制定的标准。其形式可以是标准、技术规范、规程等文件，以及标准样本实物。技术标准是标准体系的主体，量大、面广、种类繁多，其中主要有：基础标准、产品标准、设计标准、工艺标准、检验和试验标准、设备和工艺装备标准、基础设施和能源标准、安全标准、环境标准、医药卫生和职业健康标准等。

(2) 管理标准

管理标准是指针对标准化领域中需要协调统一的管理事项所制定的标准。对于企业标准化领域中需要协调统一的管理事项（如技术、生产、质量、能源、计量、工艺、设备、安全、卫生、环保、物资等与实施技术标准有关的重复性事项）所制定的标准是企业管理标准（GB/T 13017-2018《企业标准体系表编制指南》）。

管理标准与技术标准的区别是相对的，一方面管理标准也会涉及技术事项，另一方面技术标准也适用于管理。管理标准总体上可以分为管理基础标准、技术管理标准、经济管理标准、行政管理标准等。

企业中的管理标准有很多，其中一些标准与管理现代化，特别是与企业信息化建设关系尤为密切，如管理体系标准、管理程序标准、定额标准、工作标准等。

#### 1.2.2.4　信息载体分类法

按照标准信息的载体，标准分为规范性文件和标准样品。规范性文件的作用主要是提出要求或做出规定，作为某一领域的共同准则；标准样品的主要作用是提供实物，作为质量检验、鉴定的对比依据，测量设备检定、校准的依据，以及作为判断测试数据准确性和精确度的依据。

(1) 规范性文件

通常对于规范性文件的理解分为广义和狭义两种情况。广义的规范性文件，一般是指属于法律范畴（宪法、法律、行政法规、地方性法规、自治条例、单行条例、国务院部门规章和地方政府规章）的立法性文件和除此以外的由国家机关和其他团体、组织制定的具有约束力的非立法性文件的总和。狭义的规范性文件，一般是指法律范畴以外的其他具有约束力的非立法性文件。目前，这类非立法性文件的制定主体非常多，例如各级党组织、各级人民政府及其所属工作部门、人民团体、社团组织、企事业单位、法院、检察院等。主要的不同形式的文件有：标准、规程、技术报告、指南、法规等。

（2）标准样品

标准样品是具有足够均匀的一种或多种化学的、物理的、生物学的、工程技术的或感官的等性能特征，经过技术鉴定，并附有说明有关性能、数据、证书的一批样品。标准样品作为实物形式的标准，按其权威性和适用范围分为内部标准样品和有证标准样品。

内部标准样品是企业、事业单位或其他组织内部使用的标准样品，其性质是一种实物形式的企业内控标准。

有证标准样品是具有一种或多种性能特征，经过技术鉴定附有说明上述性能特征的证书，并经国家标准化管理机构批准的标准样品。

#### 1.2.2.5 标准的其他分类

随着全球一体化进程的加快，标准的形式在发生着变化，标准的分类也随之出现了新的类型，主要有正式标准、联盟标准和事实标准等。

（1）正式标准

正式标准又称法定标准，是由法定标准机构制定并发布的标准。如国际标准化组织、地区标准化组织、国家标准化组织和其他标准化组织所制定和发布的标准。

（2）联盟标准

联盟标准是为了在一定范围内获得最佳秩序，经由标准联盟成员协商一致制定，标准联盟共同批准，并由国家有关标准化主管部门登记或备案，标准联盟成员共同使用和重复使用的一种规范性文件。

（3）事实标准

事实标准不是由标准化组织制定或未获得权威标准化组织正式批准，但在社会上广泛流行和使用，并被用户普遍认可。包括被行业广泛使用的模式、语言、规范或协议。如 Kermit 通信协议、Xmodem 通信协议和 HP 公司的大型打印机语言都是事实上的国际标准。

## 1.2.3 标准化的含义

简单地说，标准化就是围绕标准所展开的一系列活动，以便达到标准化的状态。国家标准 GB/T 20000.1-2014《标准化工作指南》对标准化的确切定义是："标准化是为了在一定范围内获得最佳秩序，对现实问题或潜在问题制定共同使用和重复使用的条款的活动。"这个定义同时也是 ISO、IEC 对标准化给出的确切定义。最具代表性的定义有以下几种。

#### 1.2.3.1 桑德斯定义

桑德斯将标准化定义为"标准化是为了所有相关方面的利益,特别是为了促进最佳的全面经济,并适当考虑到产品的使用条件和安全要求,在所有相关方面的协作下,进行有序的特定活动而制定并实施各项规定的过程";"标准化是以制定和贯彻标准为主要内容的全部活动过程"。

#### 1.2.3.2 日本工业标准定义

日本工业标准把标准化定义为:"制定并贯彻标准的有组织的活动。"并把标准定义为:"为使有关人们之间能公正地得到利益或方便,出于追求统一和通化的目的,而对物体性能、能力、配置、状态、动作、程序、方法等所做出的规定。"

#### 1.2.3.3 国际标准定义

国际标准化组织与国际电工委员会在1996年联合发布的ISO/IEC第2号指南中,把标准化术语及其定义列在第一位。标准化是对实际与潜在问题做出统一规定,供共同和重复使用,以在预定的领域内获取最佳秩序的活动。

尽管上述定义的文字表述各不相同,但内涵基本一致,揭示出了"标准化"这一概念的含义。

(1)标准化是一个发展变化的过程

标准化不是一项孤立静止的行为和结果,而是一个发展变化的过程,主要是制定标准、实施标准和修订标准(以便解决实施标准的过程中发现的问题,或者使标准进一步反映技术发展的水平)。这是一个不断循环、螺旋式上升的运动过程。

(2)标准化是一项制定和实施规范的活动

所制定的规范应具备的特点是共同使用和重复使用;其内容是现实问题或潜在问题;制定规范的目的是在一定范围内获得最佳秩序。

(3)标准化的对象和领域,都在随着时间的推移不断扩展和深化

例如,物流标准化是当前比较新颖的领域。目前,我国物流业已建立了一批物流标识标准体系,如《物流术语》(GB/T 18354-2021)、《商品条码》(GB/T 15425-2014)等。这些标准的实施对于规范我国当前物流业发展中的基本概念、促进物流业迅速发展并与国际接轨起到了重要作用。

## 1.2.4 国际标准化组织

#### 1.2.4.1 国际标准化组织(ISO)

国际标准化组织(International Organization for Standardization)简称ISO,成立于1947年,是世界上最大的非政府性标准化专门机构,总部设于瑞士日内瓦,官方语言是英语、

法语和俄语。参加者包括各会员国的国家标准机构和主要公司，是国际标准化领域中一个十分重要的组织。ISO 不属于联合国，但与联合国的许多机构联系密切，是联合国的甲级咨询机构。中国是 ISO 的正式成员，代表中国参加 ISO 的国家机构是国家标准化管理委员会。

ISO 负责绝大部分领域（包括军工、石油、船舶等垄断行业）的标准化活动。截至 2024 年 6 月，ISO 共有成员 171 个，其中正式成员 128 个，通讯成员 39 个，预定加入成员 4 个。ISO 的宗旨是在世界上促进标准化及其相关活动的发展，以利于国际产品和服务的交流，在智力、科学、技术和经济领域开展合作。中国于 1978 年加入 ISO，在 2008 年 10 月第 31 届国际化标准组织大会上，中国正式成为 ISO 的常任理事国。

ISO 的组织机构包括全体大会、政策发展委员会、理事会、中央秘书处、特别咨询组、技术管理局、标样委员会、技术咨询组、技术委员会等。全体大会是 ISO 的最高权力机构，是 ISO 的非常设机构。理事会是 ISO 的常设管理机构，主要负责全体大会休会期间的日常工作；中央秘书处是 ISO 的日常行政机构，由秘书长和下属成员组成，主要担任全体大会、理事会、政策制定委员会及其附属机构、技术管理局及其下属委员会的资料收集、整理工作，并且编辑出版 ISO 的各种出版物，代表 ISO 与其他国际组织联系；技术管理局是开展技术工作的核心机构，主要负责 ISO 的技术工作。

ISO 设有 3 个政策制定委员会，即：合格评定委员会、消费者政策委员会、发展中国家事务委员会。合格评定委员会（ISO Committee for Conformity Assessment，CASCO）的主要任务是：负责制定与合格评定有关的政策，同时负责合格评定相关国际标准、导则和规范性文件的制修订工作。消费者政策委员会（ISO's Committee on Consumer Policy，COPOLCO）的主要任务是：研究如何帮助消费者从标准化中获得利益，并探索切实可行的方法以推动消费者参与国内与国际标准化工作。发展中国家事务委员会（A Committee to Support Developing Countries，DEVCO）的主要任务是：了解发展中国家在标准化及有关领域的需求并针对上述需求提出满足这些需求的办法。

#### 1.2.4.2　国际电工委员会（IEC）

国际电工委员会（International Electrotechnical Commission，IEC）是从事制定和出版有关电工和电子工程的国际标准的权威组织。IEC 成立于 1906 年，它是世界上成立最早的国际性电工标准化机构，负责有关电气工程和电子工程领域中的国际标准化工作。国际电工委员会的总部最初位于伦敦，1948 年搬到了位于日内瓦的现总部处。在 1887—1900 年召开的 6 次国际电工会议上，与会专家一致认为有必要建立一个永久性的国际电工标准化机构，以解决用电安全和电工产品标准化问题。1904 年，在美国圣路易斯召开的国际电工会议通过了关于建立永久性机构的决议。1906年6月，13个国家的代表在伦敦起草了IEC章程和议事规则，正式成立了国际电工委员会。1947年，国际电工委员会作为电工部门并入国际标准化组织（ISO），1976年从ISO中分立出来。其宗旨是促进电工、电子和相关技术领域有关电工标准化等所有问题上（如标准的合格评定）的国际合作。该委员会的目标是：有效满足全球市场的需求；保证在全球范围内优先并最大限度地使用其标准和合格评定计划；评定并提高其标准所涉及的产品质量和服务质量；为共同使用复杂系统创造条件；提高工业化进程的有效性；提高人类健康和安全；保护环境。

IEC由其下设的管理机构、执行机构、咨询机构及官员组成。IEC的主要机构有：理事会（全体大会）、理事局、总政策委员会和执行委员会。理事会是IEC的最高权力机构，是立法机构，是国家委员会的全体大会。理事会制定IEC的政策和长期战略目标及财政目标，将IEC所有工作的管理委托给理事局（IEC Board，IB），而标准和合格评定领域的具体管理工作分别由标准化管理局和合格评定局负责。

理事局是监督实施IEC理事会政策和决议的机构，负责为理事会会议批准日程和准备文件，接收并考虑来自标准化管理局和合格评定局的报告。理事局还根据需求建立咨询机构，并负责指定这些咨询机构的主席及其成员。

合格评定局负责全面管理IEC的合格评定工作，要向理事局汇报其所有相关决定，并负责评价和调整IEC的合格评定活动，包括批准预算，与其他国际组织就合格评定事项保持联系等。

标准化管理局负责管理IEC的标准工作，包括建立和解散IEC技术委员会（Technical Committees，TCs），确定其工作范围，标准制（修）订时间及与其他国际组织的联系，并作为决策机构，向理事局和国家委员会汇报其做出的所有决定。

#### 1.2.4.3　国际电信联盟（ITU）

国际电信联盟（International Telecommunications Union，ITU）是联合国于1865年成立的制定国际电信标准的专门机构，总部设于瑞士日内瓦，也是联合国机构中历史最长的一个国际组织，简称"国际电联""电联""ITU"。ITU成员包括193个成员国和1 000多个部门成员及部门准成员和学术成员，每年的5月17日是世界电信日。

ITU是主管信息通信技术事务的联合国机构，负责分配和管理全球无线电频谱与卫星轨道资源，制定全球电信标准，向发展中国家提供电信援助，促进全球电信发展。作为世界范围内联系各国政府和私营部门的纽带，ITU通过其麾下的无线电通信局、电信标准化局发展电信展览活动。它还是信息社会世界高峰会议的主办机构。ITU的宗旨，按其"基本法"，可概括如下：保持和发展国际合作，促进各种电信业务的研发和合理使用；促使电信设施的更新和最有效的利用,提高电信服务的效率,增加利用率和尽可能达到大众化、普遍化;协调各国工作,达到共同目的。这些工作可分为电信标准化、无线电通信规范和电信发展 3 个部分。

ITU 的组织结构主要分为电信标准化部门(ITU-T)、无线电通信部门(ITU-R)和电信发展部门(ITU-D)。ITU 每年召开 1 次理事会,每 4 年召开 1 次全权代表大会、世界电信标准大会和世界电信发展大会,每 2 年召开 1 次世界无线电通信大会,其中,全权代表大会是 ITU 的最高权力机构,其主要任务是制定政策,实现 ITU 的宗旨。

## 1.3 质量与标准

### 1.3.1 质量与标准间的关系

以上对标准和质量分别做了简单的阐述,了解了这些基本概念后,对它们之间的关系就不难理解,其中最具有代表性的结论有如下几个方面。

#### 1.3.1.1 标准是衡量质量的依据

工业化社会的大批量生产是建立在分工基础上的,企业生产的产品是好、较好,还是不好,怎样来区别呢?这就需要一个专门从事产品质量认定的检验机构和检验制度。那么,该检验机构根据什么对产品进行质量好坏的判定呢?这个根据就是标准,《标准化法》中指出:"标准化工作的任务是制定标准、组织实施标准以及对标准的制定、实施进行监督。"因此,标准是衡量质量的依据。市场竞争主要表现为企业管理水平和产品质量的竞争,但说到底,是标准与标准化的竞争。

企业标准化影响企业管理水平的高低,标准水平影响产品质量优劣。因此,企业在质量管理中遇到生产的产品没有国家标准、行业标准时要及时制定企业标准。有国家标准、行业标准的产品也要积极创造条件制定高于国家标准、行业标准的企业标准,只有这样,才能提高企业在市场竞争中的核心竞争力。

#### 1.3.1.2 标准是质量的基础

自从有了商品和商品交换就有了质量和质量比较。为了进行比较,就得制定一定的标准,这里的标准为人们提供了一个判定的基础,通过被各方认可的基础,人们才能区分出质量的优劣。

#### 1.3.1.3 标准是质量的保证

在经济全球化深入发展的今天,我国企业面对的竞争对手,不仅有来自国内的,也有来自国外的。企业产品必须符合一定的标准,才能取得进入国内或国外市场的通行证。没有标准作保证的产品,其设计、制造、售后服务等一系列活动就无章可循,产品的质量存在着不确定的因素,不能给顾客带来安全感,也就无法赢得顾客信任。可见,通过标准来获得产品质量的可靠性,是企业赢得顾客信任度的必由之路。

标准决定质量,没有高标准,就没有高质量。企业应该充分认识到以产品标准为龙头的技术标准的作用,自觉地把制定和发展以产品标准为龙头的企业技术标准作为企业发展战略中的一个组成部分;应用标准化原理和方法,进行产品系列化、通用化、组合化设计,合理简化产品与零部件品种规格,统一产品质量;制定、贯彻并发展各类以产品标准为龙头,以围绕达到产品要求的设计规范、工艺标准、试验标准、检验标准等技术标准为主体的标准体系。

实施技术标准化战略,以技术创新为本,提高产品质量水平。企业只有通过技术创新,才能形成自己的、与众不同的知识积累,拥有自主知识产权。一方面,企业可将自己的创新成果申请专利保护;另一方面,企业应以此为基础研制标准,并竭力将标准向国家标准、行业标准甚至国际标准渗透,力争成为国家、行业标准甚至国际标准的原型。正所谓三流的企业经营产品,二流的企业经营品牌,一流的企业制定产品标准,在产品细分市场上独得话语权,引领产品新潮流。因此标准化战略一旦成功,就会使企业的创新成果极广泛、极迅速地推广,为实现集中专业化生产提供了必要的条件。反过来,集中专业化生产的技术优势和经济优势,又能极大地提高产品质量水平,使产品质量稳定可靠,价格适宜,供货及时,提升企业信誉。

#### 1.3.1.4 质量是执行标准的结果

执行什么样的标准,就得到什么质量的产品。比如,同样是开关,按照军用标准研制出来的产品,在抗冲击、震动等方面的质量就比按照同类国家标准研制出来的高,这是由军用产品的特点决定的,军用产品必须适应恶劣的环境条件。同时,就标准本身而言,也存在着质量的高低,先进的标准造就高质量的产品,落后的标准只能制造出低质量的产品。世界上许多著名的企业都很重视标准的质量,这些企业的内部标准往往高于相应的国家标准,代表着国际同行业的先进水平。

综上所述,质量与标准的关系是相互依存、相互推进、缺一不可、密不可分的。制定出一个产品标准,就意味着该产品在某一领域内被规范化,产品的质量水平将得以不断提高;反过来,产品质量水平的提高,也将推动着产品标准的不断完善和改进。

## 1.3.2 质量标准化的作用

### 1.3.2.1 质量标准化在产业升级中的作用

所谓产业升级,是指以技术进步为基础,改善产业结构、提高产业素质与效率,提升产业的协调发展和结构,促进生产要素的优化组合,提高产品质量的一系列改革活动。产业升级关键是依靠技术进步。产业结构是指各产业的构成及各产业之间的联系和比例关系。在每个具体的经济发展阶段、发展时点上,组成国民经济的产业部门是大不一样的。各产业部门的构成及相互之间的联系、比例关系不尽相同,对经济增长的贡献大小也不同。产业结构的改善表现为产业的协调发展和结构的提升;产业素质与效率的提高表现为生产要素的优化组合、技术水平和管理水平以及产品质量的提高。产业升级的本质是产业由低技术、低附加价值状态向高技术、高附加价值状态演变的过程。比如从传统的工厂发展为高新技术企业。

工业经济结构调整与升级要用科学技术尤其是高新技术改造传统产业,提升产品的质量标准。任何一个企业对技术研发的投入不单是对技术标准的投入,归根到底是对提升产品质量竞争力的投入。对于任何企业而言,提升产品的质量标准化工作都是应对激烈市场竞争的有效方式之一。而随着企业自身的发展,对产品质量标准的要求也不断提高,促使区域中有相同要求的企业联合在一起,形成质量标准联盟。为了保证合理竞争,提升区域产业的质量与市场竞争力,政府对质量标准的规范和管制也必不可少。中国是世界上最大的发展中国家,第一产业的比重依然很大,如今许多发达国家的第一产业发展已达到高度机械化、标准化的生产方式,因此,不管是对农业结构还是工业结构的调整,质量标准化的工作都是不可忽视的。

### 1.3.2.2 质量标准化在科技创新中的作用

质量标准化是技术积累的平台,是在原有技术基础上的变革,是科学技术和经验积累过程中的变化。以国家标准《房间空气调节器能效限定值及能效等级》(GB 21455-2019)为例,该标准规定了房间空气调节器的能效等级、能效限定值和试验方法。从 2004 版颁布伊始,节能型产品的市场份额迅速扩大,市场份额由 2003 年的 5%提高到 2008 年的 29%。2010 年,对该标准进行了修订,显著提高了房间空气调节器产品的能效准入门槛,能效限定值提高了 23%左右,据估测,新的标准有效实施后,可以实现年节电 33 亿千瓦时。2019 年最新标准颁布,自 2020 年 7 月开始实施,当年能效预测提升 14%,从而引导产业摆脱低价、低标准、低效率竞争,推动产业进入高质量发展阶段,积极应对全球气候变化。国家通过政府规制的手段从质量标准的角度对企业的生产经营活动进行干预,以固定的质量标准促使企业进行科技创新和产业升级,保证绿色节能与安全环保的同时,实现资源的有效配置。

质量标准化不仅从技术角度，还从科技创新角度不断地提升产品、服务等质量。采用标准化的方式将质量创新工作放在更高层次上，是创新成果传播较好的途径之一，因为标准的科学性已被广泛认同，人们对广告、电视等的宣传通常持有怀疑的态度，而标准的权威性则使人们信服。这使得产品（或服务）的质量接受的人群更广。当今企业发展的首要问题就是如何有效地提高企业核心竞争力，而标准化正是企业核心竞争力形成的重要一环。标准化能够直接影响企业科技进步与发展，标准化程度是衡量企业技术水平和基础能力的重要方面。随着国内外市场竞争日趋激烈，标准化已成为企业生存发展的重要技术基础，特别是在高新技术方面，企业在标准化上占有优势，对掌握竞争的主动权和在国内外市场上争取有利地位具有重要作用。因此，标准化首先是企业建立竞争、评价、监督、激励机制的重要基础。

一个企业的标准体系健全、贯彻执行高标准、标准化程度高、实施标准范围广、科技创新工作按规范进行，依据标准认识、解决问题，达到同一层次理解和共识的人就多，问题也容易得到解决。标准化能够为产品缩短研制周期、节约成本、创造最佳效益提供实施途径。

#### 1.3.2.3 质量标准化对企业发展的作用

推进质量标准化工作，是加强安全生产的一项基础性、长期性、前瞻性、战略性、根本性的工作；是提高企业安全质量的一项基本建设工程；是落实企业主体责任、建立安全生产长效机制的根本途径；是保护和发展先进生产力，促进企业乃至整个国民经济持续健康发展的基本条件。而产品质量标准化工作，一部分靠企业内在发展，另一部分则要靠产品认证的外部推动。产品认证通过对产品质量标准进行规范，保证产品质量和信誉，从而提高了产品的市场竞争力，另外也保护了消费者的权益，提高了社会效益。可以说，质量标准化工作不仅有利于企业管理经营，还有利于企业提高知名度与社会信誉，涉及企业发展的方方面面。无论是当前还是今后，开展质量标准化工作，对企业和社会来说，都具有十分重要的意义。开展质量标准化工作是预防质量问题、夯实安全生产基础的需求，是质量整治的继续、深化和发展，是促进生产形势稳定好转、实现企业长久发展的根本途径。

## 1.4 国内外质量标准化现状

### 1.4.1 中国质量标准化现状

1949年10月，中华人民共和国成立，国家设立了中央技术管理局，下设标准规格处，负责工业生产和工程建设标准化的工作。20 世纪 70 年代，中国电子技术标准化研究所开创了编制技术标准体系的做法，于 20 世纪 80 年代推向全国，显著提高、改善了标准立项的科学性和纵横关系的协调性。20 世纪 80 年代，我国开始采用 ISO 9000 质量管理系列标准；20 世纪 90 年代后期，我国采用 ISO 14000 环境管理系列国际标准，同时，质量体系和环境管理体系认证活动也开展起来。2008 年的第 31 届 ISO 大会通过了扩大 ISO 常任理事国数量的决议，按照对 ISO 的贡献率，排名第六的中国被选为 ISO 常任理事国，这标志着我国标准化工作实现了历史性的重大突破。

我国的质量标准化覆盖行业广泛，比如石油质量标准化、食品质量标准化、药品质量标准化、建筑质量标准化等。下面以食品为例介绍我国在食品质量标准化方面的工作。

（1）普通农产品方面

我国自 1981 年颁布第一个有农药残留限量的粮食卫生标准 GB 2715-1981 以来，分别于 2005 年和 2016 年颁布了修订版 GB 2715-2005 和 GB 2715-2016。2021 年 3 月，国家卫生健康委员会、农业农村部、国家市场监督管理总局同步发布了《食品安全国家标准 食品中农药最大残留限量》(GB 2763-2021)，标准规定了 564 种农药在 376 种（类）食品中 10 092 项最大残留限量，全面覆盖我国批准使用的农药品种和主要植物源性农产品。农药品种和限量数量达到国际食品法典委员会（Codex Alimentarius Commission，CAC）相关标准的 2 倍左右。新版标准设定了 29 种禁用农药 792 项限量值、20 种限用农药 345 项限量值；针对社会关注度高的蔬菜、水果等鲜食农产品，制（修）订了 5 766 项残留限量，占目前限量总数的 57.1%；为加强进口农产品监管，制定了 87 种未在我国登记使用农药的 1 742 项残留限量。本次三部门还同步发布了《食品安全国家标准 植物源性食品中 331 种农药及其代谢物残留量的测定 液相色谱—质谱联用法》(GB 23200.121-2021) 等 4 项农药残留检测方法标准，有效解决了部分农药残留标准"有限量、无方法"问题。

（2）绿色食品方面

2020 年 7 月农业农村部颁布了《绿色食品 农药使用准则》(NY/T 393-2020)，绿色食品是在优良生态环境中按照绿色食品标准生产，实行全程质量控制并获得绿色食品标志使用权的安全、优质食用农产品及相关产品。规范绿色食品生产中的农药使用行为，是保证绿色食品符合性的一个重要方面。该标准规定了绿色食品生产和储运中的有害生物防治原则、农药选用、农药使用规范和绿色食品农药残留要求。该标准规定了有害生物防治原则，要求农药的使用是最后的必要选择；规定了允许使用的农药清单，确保所用农药是经过系统评估和充分验证的低风险品种；规范了农药使用过程，进一步减缓了农药使用对健康和环境的影响；规定了与农药使用要求协调的残留要求，在确保绿色食品更高安全要求的同时，也作为追溯生产过程是否存在农药违规使用的验证措施。

我国在农产品标准化方面起步较晚，部分发达国家对农产品中农药残留的限制工作比我国早。从 1993 年日本、美国开始实施的标准来看，其标准中农药残留项目多、分类细。如日本蔬菜农药残留标准分瓜科、菊科等共 17 科，几乎每种蔬菜都有一套指标，其中芹菜农药残留 27 项，大白菜 39 项，黄瓜 46 项。美国的蔬菜农药残留标准也是按品种分列，共分 16 个品种（或类），其中黄瓜 15 项（已被撤销登记的 12 种未记入），番茄 17 项；美国的水果农药残留按苹果、梨等品种分列，共分 14 个品种，涉及 127 个农药残留项目，其中仅苹果就有 92 项。

## 1.4.2 国外质量标准化现状

### 1.4.2.1 美国

长期以来，美国推行的是民间标准优先的标准化政策，鼓励政府部门参与民间团体的标准化活动，从而调动各方面的积极因素，形成了相互竞争的多元化标准体系。自愿性和分散性是其两大特点。美国大约有 700 个机构在制定各自的标准，其中有政府机构，也有非政府机构，诸如标准化体系、科学和专业协会、工贸协会、其他社团组织等。美国不仅在食品安全方面加强标准化的建设，对飞机公司、军用电子设备公司、危险化学品生产、医药、农业、电能方面的质量标准化也十分重视，并且已经出台了一系列的规章。

1998 年 3 月，美国国家标准协会同美国标准与技术研究院、美国材料与试验学会等机构，研究制定了《美国国家标准化战略》，于 2000 年 9 月发布，该战略是一个协商一致的文件，其基本观点得到了政府、工业界、标准制定机构和消费者组织的赞同，并解决了美国多年来在标准化领域存在的问题，即将美国多元化和分散化的标准化体系加以整合，以利于更有效地发挥各相关方的作用和主动性。2015 修订版将《美国国家标准化战略》改名为《美国标准化战略》。

《美国标准化战略》的实施措施包括：加强政府在自愿性标准的制（修）订与应用中的参与度；关注环保、医疗卫生和公众安全领域的自愿性标准；提升标准体系对消费者的诉求和需求的响应能力；积极推进国际标准制定的全球一致性原则的应用；推动政府部门间协调，支撑自愿性标准在行政管理中的作用；防止标准及其应用成为美国产品和服务的技术性贸易壁垒；加强全球推广，使企业、消费者和社会对自愿性标准所产生的效益有进一步的了解；持续改进标准制（修）订流程，以便有效和及时制定和推广自愿性标准；加强美国标准体系内的合作与一致性；将标准教育确立为美国政府、企业和学术界的重点领域；维持稳定的美国标准体系的融资模式；满足重点领域和新兴技术领域的标准化需求等。

就食品而言，食品质量安全监管受到美国政府的高度重视，甚至由美国总统亲自抓食品质量安全工作。早在 1997 年，美国总统就下令拨巨款启动了一项食品安全计划，并在 1998 年成立了总统食品安全委员会，这足以见得食品质量安全监督管理工作受到美国政府的高度重视。在美国，负责食品安全管理的部门主要包括农业部、食品药品监督管理局和美国环境保护署。其中，农业部负责农产品质量安全标准的制定，食品药品监督管理局负责除畜、禽肉、蛋制品（不包括鲜蛋）外所有食品标准的制定。

美国食品标准结构由三大层次组成：国家标准、行业标准及由农场主或公司制定的本企业操作规范。其中国家标准是由负责食品安全管理的农业部、食品药品监督管理局和美国环境保护署等政府机构制定的标准，或者是联邦政府授权的机构制定的标准。而行业标准是由一些民间团体制定的标准。这些由民间团体制定的行业标准是美国食品标准的主体，不仅在美国国内有良好声誉并被广泛采用，而且在国际上也得到了高度评价。由农场主或公司制定的本企业操作规范则相当于我国的企业标准。从美国食品标准的结构可以看出美国食品标准化活动具有较大的自愿性和分散性特点，这是由于美国推行的是民间标准优先的标准化政策。

#### 1.4.2.2 欧盟

为了建立和完善欧洲统一市场，20世纪80年代以来，欧洲共同体（简称欧共体，是欧盟的前身）就技术立法和标准化相继出台了一系列政策。其中，影响最大的是1985年颁布实施的《技术协调与标准化新方法》决议。该决议给欧洲标准化注入了新的活力，使欧洲标准化格局发生了重大变化。为了减少和消除技术贸易壁垒，同时将欧盟内部的标准化经验拓展到国际标准化领域并对其施加影响，欧盟理事会又于1999年10月通过了《欧洲标准化的作用》决议，这实质上就是欧盟的标准化战略。

在食品方面，欧盟国家有两大级别标准，即欧洲标准和欧盟各成员国的国家标准，因此，食品标准也存在这两大级别标准。欧洲标准化组织主要有欧洲标准化委员会、欧洲电工标准化委员会和欧洲电信标准协会，其中欧洲标准化委员会制定标准范围极大，食品标准就由其制定。欧盟在制定食品标准中有自身独特的原则。欧盟国家最先认识到了国际食品贸易技术壁垒的重要性，因此欧盟各成员国通过食品标准的制定设置了较为严格的技术壁垒。具体而言，欧盟的食品标准在农药残留标准、农产品进口标准、新型食品、添加剂、调味剂、食品包装标准等方面有着较为先进的规定。其食品标准制定中的两大特点是：一方面立足于本地区实际情况，确保地区与成员国的根本利益，采用"专家制定"原则，实现对各相关方利益的保障；另一方面充分考虑与有关国际组织的合作，借鉴甚至直接采纳国际食品法典委员会、世界卫生组织、国际标准化组织等国际组织颁布的标准。

#### 1.4.2.3 日本

20世纪40年代末期，日本政府着手制定《工业标准化法》和《农林产品标准化法》时，考虑到日本具体国情，确立了由政府机构组织制定、颁布、实施国家标准（JIS标准和JAS

## 质量与标准化

标准）的方针。目前，日本有数百个专业团体、行业协会从事标准化工作。它们大多接受全国标准化主管机构日本工业标准调查会（Japanese Industrial Standards Committee，JISC）的委托，承担 JIS 标准草案的研究、起草工作，然后将标准草案交有关部门审议。日本每年新制定的标准中，有 3/4 是委托民间团体和研究机构完成的。此外，大约有 200 个行业团体也自行制定了少量的行业标准。2002 年，这类行业团体制定的行业标准总数是 5 285 个。

日本标准化发展战略的核心是：加强国际标准化活动，特别是加大产业界参加国际标准制定、修订工作的力度；建立适应国际标准化活动的标准体系；争夺国际标准化机构中的最高领导权，争夺更多的国际标准制定权，提高日本在国际标准化活动中的竞争力。日本标准化战略包括 3 个战略目标、4 个重点领域、12 项策略、46 项措施。日本标准化战略的要点是：在确保标准的市场适应性方面，要按照 27 个行业的发展要求，有针对性地开展标准化活动；吸收更多的利益相关方，特别是消费者、老年人、残疾人代表参与标准制定、修订工作；提升标准的制定速度和透明度，实现标准制定过程的电子化和网络化。

食品方面，日本负责食品安全监管工作的是食品药物局下的食品安全部门。食品标准制定的法律依据是日本的《食品卫生法》，此法规定了要制定食品、添加剂、器具和食品包装、盛放容器的标准。为了加强对食品质量安全的管理，提升本国食品质量安全水平，日本在制定和颁布相关食品法律法规的同时，还制定了一系列食品标准。如今，日本食品标准数量众多，形成了较为完善的食品标准体系。目前，日本不仅在生鲜食品、加工食品、有机食品及转基因食品等方面有着详细的食品标准，而且在食品标准制定、修订、废除等方面也建立了完善的规定并以法律形式固定下来。在日本，食品标准的制定有着自身的特点和先进之处：第一，政府在食品标准的制定中扮演着重要角色，即在日本的食品标准制定过程中是政府主导型体制。第二，在食品标准制定中重视专业团体作用的充分发挥。第三，食品标准制定过程透明度高，充分体现了协商一致原则，同时又体现了"专家制定"原则，从而实现了对各相关方利益的保障。第四，食品标准的制定充分注重与国际标准的接轨。日本在食品标准的制定过程中会尽量考虑增加一些国际标准的内容。例如，日本 2001 年实施的有机农业标准就是以欧盟标准为范本制定的，在内容上与欧盟有机农业标准有 95 % 是相似的。

### 本章小结

本章详细介绍了质量、质量管理、标准、标准化的概念，阐述了质量与标准之间的关系，并通过实际案例深入分析了质量标准化对国民经济与社会发展的重要意义，介绍了我国在质量标准化方面所做的工作与取得的成果，并分别以美国、欧盟、日本的情况说明国外质量标准化的发展状况。

## 扩展阅读

### 资料1　国家中药材标准化与质量评估创新联盟

国家中药材标准化与质量评估创新联盟自成立以来，旨在把中医药工艺骨干企业的中药资源需求，聚集到目前规范化、标准化、规模化、组织化基础较好的，又有发展前景的道地药材生产企业，共建共享现代中药农业资源基地。同时，联盟紧紧围绕中药材规范化生产、病虫害防控、中药饮片炮制、中草药二次开发，以及相关系列标准的建立、良种繁育等关键环节，开展积极有效的工作，为中药材种植基地、中药企业发展提供了技术支撑。

（资料来源：张新建，刘书泽. 国家中药材标准化与质量评估创新联盟甘肃省联络站成立预备会召开[EB/OL]. 2021-09-27.）

### 资料2　农业标准化与农产品质量分等分级

1. 农业标准化概述

农业标准化是指在农业生产过程中，相关工作人员严格根据实施标准，结合生产问题，更好地推广应用先进的农业科技成果，引导农民消费，严格规范农产品市场的运行秩序，加快农产品的流通速度，保证农民获得更高的经济效益，农业经济实现健康持续发展。农业标准化旨在实现农业的优质生产，通过实施科学合理的农业技术，可以改变传统农业落后的发展现状，有效推行与实际生产力发展水平相匹配的农业技术，简化农业生产流程，进而节约农业生产成本，提高农产品质量水平。作为一种制度体系，农业标准化可以规范农产品、生产要素等市场客体，严格规范生产者的操作规程，明确经营者、生产者及消费者之间的权责和范围，避免农产品交易市场中出现信息不对称的问题，规范交易秩序，以此提高农产品市场流通率与经营效率。

2. 农产品质量分等分级与原则方法

农产品质量分等分级主要是指归类分级不同质量的农产品，明确质量等级，以准确反映与农产品相关的费用、价格及功能用途，满足消费者对农产品质量的预期。通过引入农产品质量分等分级标准，可以规范农产品市场的交易秩序，提升市场流通效率，在实现良性竞争的基础上，保证农产品市场与期货市场的稳定运行。农产品预期、意愿、价值及效用等均属于农产品质量特性，且具备双重特性。受农产品大小、形状、味道、色泽等生物特点影响引起的质量差异属于垂直质量差异；受消费者主观偏好、吸引力等因素影响引起的产品质量差异属于水平质量差异。在农产品市场中引入质量标准，可以更好地满足消费者的不同需求。

## 质量与标准化

农产品质量分等分级工作中，基本依据应为不同农产品的功能用途与种类，紧密结合不同品种特点，时刻以消费者的基本质量需求为标准，尽量将农产品的内在质量、外观特征等作为等级划分标准。明显区别不同等级之间的外观特征，准确完成等级区分与分级操作流程，简化交易过程。分等分级农产品质量时，还应制定可行的安全监测体系，明确地点、时间等因素，避免在农产品流通环节改变质量。除此之外，在确定农产品质量分等分级依据时，还应结合消费者的实际喜好，明确农产品质量、消费者判断等因素，保证费用实施的合理性。

（资料来源：库丽汗·乌拉孜汗. 农业标准化与农产品质量分等分级[J]. 农家参谋，2021(2):07.）

### 复习与思考

1. ISO 是一个什么样的国际组织？其宗旨、成员和组织机构的情况如何？
2. 简述产品质量、过程质量和工作质量之间的联系与区别。
3. 国际上有哪些主要的标准化组织？

# 第 2 章

# 质量标准化的基本方法

## 关键词

- ☑ 形成机制
- ☑ 简化
- ☑ 统一化
- ☑ 系列化
- ☑ 模块化

## 学习目标

- ☑ 掌握质量标准化的基本方法;
- ☑ 了解每种方法的基本思想。

## 案例导入

近代标准化的大规模生产始于汽车大王福特(Henry Ford, 1863—1947)。在20世纪初的美国,汽车是划时代的运输工具,每一辆汽车都是全手工打造的,是专属于有钱人的奢侈品。年轻的福特当时推出了令其获利丰厚的福特A型车,他雄心勃勃地对股东说:"工人、农民才是真正需要汽车的人。我主张多生产低档车,特别是标准化的大批量生产,把便宜实用的汽车卖给这些人。这才是我们公司的长期战略!"

##### 质量与标准化

> 然而，当时工厂的组装技术原始，根本无法进行标准化量产作业。偶然间，福特路过一个屠宰场，他看到牛被送进屠宰场后，工作人员会先用电击使牛昏厥，然后将牛放血，之后将放完血的牛吊起来，用电锯开膛剖腹，最后才是对各个部位的分割，这个过程分别由不同的人来完成。福特发现，这种流水化的作业流程具有很高的效率，能运用于汽车制造。1913年，世界上第一条汽车流水装配线在福特的工厂诞生。这种生产技术的革命，使福特公司在当时连续创下汽车工业的世界纪录：1920年2月7日，福特公司在1分钟内生产了1辆汽车；1925年10月30日，福特更进步到10秒钟生产1辆汽车。这样的速度让世界为之惊叹，更让同业感到震惊。1914年，福特生产了308 162辆车，超过美国其他299家汽车制造厂生产汽车数量的总和。同年，为了提高生产效率，T型车不再有红、蓝、绿、灰等车色的选择。到了1921年，T型车的产量已占世界汽车总产量的56.6%。由福特发扬光大的标准化制造流程为后来的汽车工业发展树立了楷模，掀起了追求规模经济效益的"大量生产"革命。福特的生产革命让T型车的售价由1908年的850美元降至1916年的345美元；福特公司的获利也由1908年的110万美元上升到1916年的5 700万美元，福特本人也成了当时的世界首富。

## 2.1 标准的形成机制

标准化可以自发产生，也可以有计划地推行。自发产生的标准化是人们无意识地统一产生的"常规""目标"，常常是没有明文规定的标准，而且需要人们理解和亲自体验才得以进行。通常所说的标准化，多是指有目的的活动。这种形式就是有计划的标准化。标准形成通常有三种机制：一是行政机制，由政府或标准组织制定，这种机制形成的标准通常被称为"法定标准"；二是组织机制，最常见的是企业联盟的形式，即由民间企业通过协商谈判设定，经过官方标准化组织的确认，最终也可以转化为法定标准；三是市场机制，即在市场竞争过程中形成事实标准。

在三种标准形成机制中，由行政机制主导的法定标准设立过程相对公开，因此具有较强的兼容性，同时，法定标准一般具有强制执行性，因此也有利于迅速建立。但行政机制产生的标准往往难以适应技术的快速变化，可能会增加技术延误和采用错误技术的社会成本。通过组织机制形成联盟标准，是现代较普遍的组织形式。它通过主要专利的交叉许可，建立以主要专利联盟为核心的企业战略联盟，获得一举多得的效果：既分担了标准形成的风险、减少了技术交易成本等问题，又获得了标准扩散的联盟推动力。更为重要的是，企业战略联盟以一种制度方式有效地化解了专利私有权和标准公共利益的矛盾。同时，多个企业形成联盟共同提出标准，更好地平衡了各方利益，具有强大的市场竞争力。通过市场竞争形成的事实标准，一般由行业中占主导地位的企业制定，具有独占性和私有性，容易形成垄断。以市场竞争产生技术标准的优点在于，市场围绕某种产品展开了充分的技术竞争和价格竞争，技术标准适应市场和技术的动态变化；缺点是同一个市场上可能存在多种标准，容易引起过度竞争，造成一定的资源浪费。

## 2.1.1 行政机制

由于标准本身所具有的公共物品属性，政府在标准化过程中的作用也就显得必不可少。非标准化产品经常会涉及质量、可靠性、安全、健康和环保等方面的内容，由政府出面主导制定这类标准，有助于社会福利水平的提高。标准化过程中存在信息不对称、市场垄断以及多重标准竞争而导致的资源浪费现象，因此政府参与其中并加以纠正就十分必要。然而，政府主导型标准化的缺陷也是显而易见的。政府本身对技术变化缺乏足够的把握能力和反应速度，而且，政府容易受到利益集团的影响以至出现管制俘获现象。因此，政府在主导过程中有可能选择了次优标准，使社会福利的总体水平受到损害。

当事实标准发展到一定程度之后，行政机制再主导技术标准成为法定标准是许多正式标准形成的有效机制。国际标准和国家标准一般都是在行政机制指导下形成的。国际标准是指在国际上通用的标准，国际标准组织有国际标准化组织（ISO）、国际电工委员会（IEC）和国际电信联盟（ITU）等。国家标准是在全国范围内统一的技术要求。国家标准的年限一般为 5 年，过了年限以后，国家标准就要被修订或重新制定。我国的国家标准分为强制性国标（GB）和推荐性国标（GB/T）。我国标准化技术组织包括全国专业标准化技术委员会（TC）、分技术委员会（SC）和直属工作组（直属 WG）。

目前，我国已经形成了由国家标准化管理委员会统一协调管理，相关部委、地方标准化行政主管部门分工管理的标准化管理体制；由中国标准化研究院、有关部委、地方标准化研究机构构成的标准研究系统；由全国专业标准化技术委员会、分技术委员会形成的标准化工作体制。我国标准的制定、修订工作由国家标准化管理委员会统一负责，各部门管理的技术委员会达 446 个，其中的分技术委员会有 561 个；目前，负责制定、参与各行各业标准工作的委员和专家 4 万余人，国际注册专家 1 300 余人，为标准化事业科学发展提供了组织和人才保障。目前，我国标准化工作已初具规模。截至 2019 年 9 月，现行国家标准总数已达 36 877 个，中国承担国际标准组织的秘书处达 89 个，主导制定国际标准 583 项，国际标准组织注册的中国专家近 5 000 名。随着标准化工作走上法制化轨道，改革开放以来，中国标准化工作开始放眼世界、走向国际。一方面，中国积极采用国际标准，国家标准中采用的国际标准数量超过 1 万项。另一方面也积极地向国际标准化组织、国际电工委员会提交国际标准的提案，提案的年度增长率已达 20% 左右，成了国际标准提案最活跃的国家之一。近年来，我国正在抓紧制定实施自己的标准化战略，加快形成推动高质量发展的标准体系。

事实上，在近年来的重大技术标准建立中，我们屡屡看到发达国家企业界在其政府的有力支持下的主导权争夺。欧盟、美国和日本等发达国家和地区每年都提供大量财政拨款及专项资金，主要用于支持与技术法规有密切关系的、保护消费者利益和环境保护等反映社会需求的公共性标准及产业界通用的基础性标准。

## 2.1.2 组织机制

长期以来，标准通常是由政府部门或者标准化组织制定的。然而，随着技术进步的加速和创新周期的缩短，这种标准制定方式逐渐难以适应市场竞争的需求，技术标准开始向市场主导的方向发展，企业日渐成为标准制定的主体。企业处于市场竞争的前沿，更加了解消费者的需求，以企业主导制定的标准能及时反映市场需求和技术发展状态。而且，随着技术专利在标准领域的不断渗透，企业主导或参与技术标准的制定，不但能够为企业带来直接的经济利益，而且有助于企业在技术上获得领先地位，在市场竞争中赢得主动权。

随着我国企业制定标准、参与国际标准竞争能力的增强，政府的进一步简政放权有助于鼓励企业进一步开展标准制定工作，增强我国整体标准化工作实力和国际竞争能力。以企业和团体标准作为标准活动的主体，淡化标准工作中的政府色彩，可以避免国际上出于意识形态差异及国际关系变动等政治因素对"中国标准"的抵触情绪。在围绕技术标准的企业竞争、国家竞争中，由行业领先企业结成的技术标准联盟共同创立标准正成为标准化领域的一种重要发展趋势。技术标准之间的竞争往往表现为不同联盟之间的竞争，标准联盟是解决知识产权和技术标准化矛盾的主要方式。对技术专利的持有者而言，结成联盟可以更为有效地在专利技术的基础上制定标准，同时避免了单独提出标准造成候选标准过多、难以形成主流标准的局面。以结盟方式制定技术标准，使得技术标准为新产品的市场准入设定了条件，并且联盟成员持有的技术专利可以借此实现更大利益。一般而言，标准联盟主要由掌握必要专利的企业组成，虽然也有大学、科研机构及政府部门的介入，但联盟的主体通常是企业。组建联盟，是在标准化竞争过程中企业最常用的策略。而联盟标准作为一种规范性的文件，对提升产业水平、提高企业互信度、有效并及时应对国际不公平反倾销、振兴民族工业发挥着越来越大的作用。技术标准联盟往往是一家或多家主导企业发起并建立的具有法人资格的实体，或者是一个营利的企业实体，或者是一个非营利的组织，实行企业会员制，致力于推动技术的研发、技术标准的推广。在某些发达国家，特别是在信息技术等高科技领域，以企业为主体结成的联盟是工业标准制定的重要力量。

## 2.1.3 市场机制

标准既可以由专门的组织机构进行设定,也可以由企业自主开发,在市场上同其他标准展开自由竞争。市场主导型标准化是指在市场机制的作用下,企业按照各自的标准生产产品或提供服务。当消费者依照各自的偏好做出选择时,实际上也就间接对标准做出了选择。这种形式的标准化并不存在一个标准协调机制,只有通过市场竞争才能够决定哪一种标准将会取得统治地位。参与竞争的标准种类越多,就越有可能出现技术上更为先进的标准,消费者也会有更好的选择机会。因此,一些经济学家认为,只有通过市场竞争的方式,消费者才有机会进行真正的选择,获得认可的标准最能体现消费者的需求。但在标准竞争的最初阶段,很难预测哪一种标准会取得最终胜利,未来的不确定性非常高。所以,消费者在无法做出正确预期的情况下经常会持观望态度,以避免选择失败标准的风险。

新技术在通过市场竞争被确立为事实标准的过程中,私有技术的拥有者对技术的保护程度在整个过程中表现得并不相同。

在新技术形成初期,私有技术在没有巨大市场份额之前会采取较为宽松的知识产权政策。在初期,私有协议如果过分强调知识产权保护,可能会阻碍其成为事实的标准。如果一项技术的所有者宣布放弃一些知识产权,或者采取较弱的知识产权保护政策,把技术公开或者广泛许可,这样私人技术就很可能会在市场竞争中成为一项事实的私有标准。在较弱的知识产权保护下,市场上竞争对手模仿成功的技术,并且生产兼容的或者克隆的产品,这样私有标准内的竞争实际上会强化这种私有标准,并且会增加更多对手参与这种标准制度的动机。相反,如果知识产权保护较强的话,阻止了兼容性竞争,对手只能开发非兼容性的产品,结果加强知识产权保护反而毁坏了现有的私有标准、网络利益和市场细分。

在新技术通过市场检验成为成熟技术,进而形成事实标准之后,技术拥有者往往采取强有力的知识产权保护手段,来维护事实标准的私有属性,确立厂商在市场的垄断地位。一旦大规模消费者被锁定,那么,厂商就可以不断升级版本,让用户不断购买更新的版本。例如,微软等 IT 大公司就是在不断销售新的版本(如 Windows 操作系统就是沿着 Windows 3.2、Windows 95、Windows 98、Windows 2000、Windows NT、Windows XP、Windows 8、Windows 10、Windows 11 这样一条路途不断升级)中收回先前的投资和成本,获得丰厚的超额垄断利润。

应该注意的是,标准不同的形成机制并不是绝对的,标准在形成的不同阶段,不同的机制可能表现得不尽相同。相对于正式标准,事实标准的设定具有较大的灵活性,所需时间较短,更能够适应快速多变的技术发展需求的产业,例如 ICT 产业。因此,在产业发展初期，往往采用事实标准的形式，但是当事实标准发展到一定程度，就有可能取得政府或标准化组织的认可，从而成为一种正式标准。因此，事实标准经常能够影响和左右正式标准的制定。

在过去的3G、4G时代，我国虽然在一些标准如中国移动的TD-SCDMA通信制式上获得主导权，但在编码调制上并未占据主要地位。在2016年有关5G相关国际标准制定的3GPP RAN1中，由美国主导的LDPC取代了过去3G、4G时代的Turbo码，被采纳为5G长码方案，战胜了由欧洲主推的Turbo 2.0和中国主推的Polar（极化码）。然而，不容忽视的是，在一个月后的短码控制信道方案讨论中，具备超低通信时延的华为公司主推的Polar Code方案被确认为5G控制信道eMBB场景编码最终方案。这是中国企业首次进入基础通信框架协议领域，为中国在5G标准中的"制定者"道路提供了基础。尽管5G中长编码及短码数据传输编码由美国高通主导，但是华为仍为中国在信道编码这一技术领域赢得了一定话语权。

在标准的制定上，中国正处于从"标准跟随者"向"标准制定者"转型的阶段。2020年7月，在5G标准竞赛中，华为参与的3GPP 5G技术正式被接受成为国际电信联盟ITU IMT-2020国际移动通信技术标准，且是唯一标准，结束了网络多标准时代。同时，中国活跃于国际标准制定的组织体系（ISO、IEC、ITU等），借助"一带一路"倡议与其他国家进行标准互认、标准传播。

## 2.2 简化

标准化的方法，又叫标准化的形式，是标准化内容的存在方式，标准化有多种方法，每种方法都表现不同的标准化内容，针对不同的标准化任务，达到不同的目的。标准化的方法是由标准化的内容决定的，并随着标准化内容的发展而变化，但标准化的方法又有其相对的独立性和自身的继承性，并反作用于内容，影响内容。标准化过程是标准化的内容和方法的辩证统一的过程。

比较主要的标准化方法有简化、统一化、系列化、模块化等。

"简化"的一种解释为：略去具体细节而抓住主干，形神兼备地传达形象或意念的大致轮廓与内在精髓的构思方式。将这种思路对应到质量标准化管理中，便形成了质量标准化的基本方法之一——简化。

由于各种有意或无意的因素，如不加以控制，事物总是向越来越多样化的方向发展。然而，人类有一种控制的本能，保护他们自身的利益，免除不必要的甚至是有害的差异的增长，有意识地进行合理的简化，减少事物的多样性和重复性。

## 2.2.1 简化的定义

简化是标准化的形式之一。简化是一定范围内缩减对象（事物）的类型数目，使之在一定时间内足以满足一般需要的标准化形式。简化是在不改变对象特性，不降低对象功能的前提下，减少对象的多样性、复杂性。

简化一般是事后进行的，也就是事物的多样化已经发展到一定规模以后，才对事物的类型、数目加以缩减，这便是这种标准化形式的特点。这种缩减是有条件的，它是在一定的时间和空间范围内进行的，其结果应能保证满足一般需要。它不仅能简化目前的复杂性，而且还能预防将来产生不必要的复杂性。

除了以上对简化的定义，以下是国内外著名学者对于简化的相关论述。

松浦四郎在1972年出版的《工业标准化原理》一书提出的十九项原则中关于简化方法的有：①标准化本质上是一种简化；②简化是减少某些事物的数量。

桑德斯在1972年出版的《标准化的目的与原理》一书中主张：标准化从本质上看，是社会有意识地努力达到简化的行为。

1974年，以李春田为代表的中国标准化工作者首次提出"优化、统一、简化是标准化的基本方法"，提出了简化原理：是为了经济有效地满足需要，对标准化对象的结构、形式、规格或其他性能进行筛选提炼，剔除其中多余的、低效能的、可替换的环节，精炼并确定出满足全面需要所必要的高效能的环节，保持整体构成精简合理，使之功能效率最高。

简化原理包含以下几个要点：①简化是为了经济有效地满足需要；②简化的原则是从全面满足需要出发，保持整体构成精简合理，使之功能效率最高，所谓功能效率指的是功能满足全面需要的能力；③简化的基本方法是对处于自然状态的对象进行科学的筛选和提炼，剔除其中多余的、低效能的、可替换的环节，精炼出高效能的能满足全面需要所必要的环节；④简化的实质不是简单化而是精炼化，其结果不是以少替多，而是以少胜多。

除了以上论述，王征、常捷等学者也正在不断深化对简化的认识。

## 2.2.2 简化的原理

具有同种功能的标准化对象，其多样性的发展规模超出了必要的范围时，需消除其中多余的、可替换的、低效能的环节，保证其构成的精炼、合理，并使整体功能最佳。这是简化的过程，简化是经济和社会发展的客观需要，简化操作也要遵循一定的原则。

#### 2.2.2.1 简化的客观基础

事物的多样性是发展的普遍规律。在生产领域,科学、技术、竞争和需求的发展使社会产品的种类急剧增多。这种社会产品越来越多、越来越多样化的趋势是社会生产力发展的表现,一般来说是符合人类愿望的。这种多样化的发展趋势,不可避免地带有不同程度的盲目性,如果不加以控制,任其发展,那就有可能出现多余的、无用的和低效能的产品品种。

(1) 商品生产和市场竞争是产生多样化的重要原因

只要商品生产还存在,竞争还存在,社会产品的类型就有盲目膨胀的可能,简化这种自我调节、自我控制的手段就是必不可少的。

(2) 控制对象类型的盲目膨胀是简化的直接目的

简化消除了低效能的和不必要的类型,使产品系统的结构更加精炼、合理,这就不仅可以提高产品系统的功能,而且还促进了新的更必要的类型的出现,为多样化的合理发展扫清了障碍。

#### 2.2.2.2 简化的原则

简化不是对客观事物进行任意的缩减,也不能认为只要把对象的类型数目加以缩减就会产生效果。因此,必须遵循标准化原理和从实践中确立的原则。

简化的10个原则如下。

① 减少——减去所有非必须的内容。

② 整理——把相同特质的内容整理归组。

③ 加速——加速过程可以减少不必要的时间浪费。

④ 学习——更多的知识可以避免不必要的探索和解释。

⑤ 区分——知晓复杂能有效地帮助我们辨别简单。

⑥ 环境——是否需要简化,是否能够简化,随环境而变。

⑦ 情感——永远不要简化情感,要保留它的复杂性。

⑧ 相信——唯有相信简化,才能实现简化。

⑨ 失败——有些事物永远无法得以简化。

⑩ 唯一——简化显而易见的,留下的便是唯一。

此外,对于产品和消费者而言,简化也有相应的要求。

① 只有在多样化的发展规模超出了必要的范围时,才允许简化。

② 简化要适度,既要控制不必要的庞杂,又要避免过分压缩而造成单调。

③ 简化应以确定的时间和空间范围为前提。

④ 简化形式的结果必须保证在既定的时间内足以满足消费者的一般需要,不能限制和损害消费者的需求和利益。

⑤ 产品简化形成系列，其参数组合应符合数值分级制度基本原则的要求。

#### 2.2.2.3 简化的经济效果

如图 2-1 所示为简化的经济效果图。

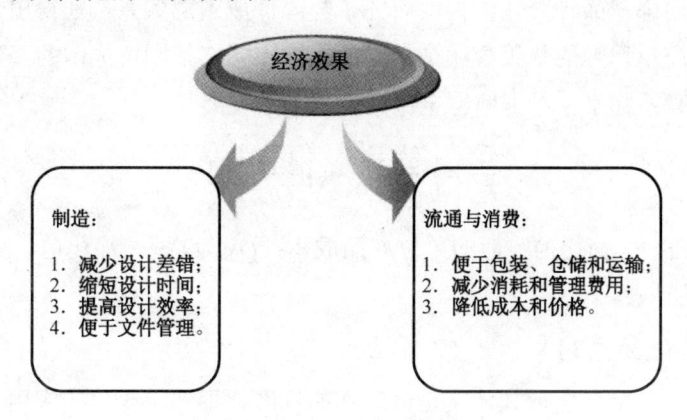

图 2-1 简化的经济效果图

首先，从制造方面来说，在设计阶段，品种简化可以减少设计差错，缩短设计时间，提高设计效率，便于管理图纸和设计文件。

其次，从流通与消费方面来说，品种的简化便于包装、运输和仓储，大大减少了流通领域的人力物力的消耗和管理费用，也给消费者的使用和维修带来方便，而且生产制造成本的降低也使消费者在经济上直接受益。

（1）设计阶段

品种规格的合理简化能够提高设计的技术水平，减少设计的错误，缩短设计的出图时间，并且易于管理图纸，有充裕时间且可以集中力量进行产品的改进和新产品的开发。

（2）生产阶段

简化的生产效果在生产阶段可以归纳为 6 个方面：①扩大生产批量；②生产稳定重复；③便于采用流水作业新工艺；④库存的适应性好，缩短交货期；⑤操作人员熟练。

（3）经营管理阶段

品种规格的合理简化扩大了生产批量，单位产品所分摊的折旧费、间接费，以及流动资金的占用都会发生相应的变化。

（4）简化效果的定量计算

1939 年，法国的艾伯特·卡柯特经过认真研究，提出了衡量简化是否合理的一条重要法则："产品的制造成本与产量的 4 次方成正比"。如果产量提高一倍，或品种减少一半时，那么成本大约降低 16%；如果产量提高两倍，或品种减少 1/3 时，那么成本大约降低 24%，用公式表示为：

$$Y = \frac{1}{\sqrt[4]{X}} \qquad \text{(式 2-1)}$$

式 2-1 中：$Y$——单位产品制造成本占原成本的百分比；$X$——产量增加的倍数。

日本的松浦四郎从品种简化的程度研究了与降低成本的关系。他得出以下结论：制造中品种减少与生产量增加的效果大体是相同的。松浦四郎把制造成本的降低与产量增加、品种简化用公式联系起来，对卡柯特定律做了进一步发展。

$$\frac{C_1}{C_0} = \left(\frac{Q_1}{Q_0}\right)^{-0.25} = \left(\frac{Q_{P0}}{Q_{P1}}\right)^{-0.25} \qquad \text{(式 2-2)}$$

式 2-2 中：$C_0$、$C_1$——简化前、后的单位产品成本；$Q_0$、$Q_1$——简化前、后的产量；$Q_{P0}$、$Q_{P1}$——简化的品种数。

#### 2.2.2.4 简化的应用

简化既是古老的标准化形式，又是最基本的标准化形式。简化的应用领域十分广泛，就产品的生产过程来说，从构成产品系列的品种、规格，工艺装备的种类，零部件的品种、规格，直到构成零件的结构要素都可以作为简化的对象，至于企业管理业务的活动可以作为简化的对象的事物也很多。

(1) **物品种类的简化**

任何一个生产企业都有大量的库存备品，种类繁多。其中有的长期无用，有的品种规格可以归并，只有实行简化才可消除许多无用的、多余的、可替换的类型。物品种类的简化不仅可以减少资金占用、腾出库房面积，还可以改进管理。

(2) **原材料的简化**

许多企业采购原材料不做论证，设计人员随意提要求，导致采购的品种规格过多、过杂。而原材料的简化可以减少非必要的种类，节约资金。

(3) **工艺装备的简化**

(略)

(4) **零部件的简化**

机电产品是由零部件、元器件组成的，部分产品中功能相近的零部件有很多，如能归并简化，便可显著提高设计和制造效率。

(5) **数值简化**

(略)

(6) **结构要素简化**

口（孔）径、螺纹直径、圆角半径、倒角等辅助要素的简化和统一化，会有极可观的效益。因为减少这些要素，就意味着减少工具和不同加工过程的数量，压缩信息在生产过程中的繁殖，降低生产成本。

> **案例**
>
> 麦当劳之所以能在餐饮界称霸全球，就是依靠它的"标准化"，这种统一而优质的服务在任何一个连锁店都不会走样。在全球企业中，麦当劳可能是最懂得"简单就是力量"的。麦当劳的收银服务系统就是贯彻了这种理念。这个岗位的工作中一个最基本的流程，麦当劳称之为"六步曲"。
>
> 第一步，您好！欢迎光临。
> 第二步，请问您堂食还是打包。
> 第三步，请问您需要些什么？
> 第四步，把所有的食品给客人备好。
> 第五步，报价格，收钱找钱。
> 第六步，谢谢，欢迎再来。
>
> 全世界每天约有 3 万人以不同的语言和口音重复着同样的内容，这一严格的流程简洁而有效。这就是简单的标准服务动作，让全世界的人乐于享受麦当劳的服务。麦当劳经营者认为，好的制度不是越复杂越好，反而是越简洁越好。这就是 KISS 原则。KISS 是 "Keep it simple and stupid" 的缩写，意思是"让它简单些"。上面的六步曲服务就是典型的符合 KISS 原则的标准服务动作。

## 2.3 统一化

### 2.3.1 统一化的定义

统一化是指把同类事物两种以上的表现形态归并为一种或限定在一定范围内的标准化形式。统一化的实质是使对象的形式、功能（效用）或者其他技术特征具有一致性，并把这种一致性通过标准确定下来。

统一化的目的是消除由于不必要的多样化而造成的混乱，为人类的正常活动建立共同遵循的秩序。由于社会生产的日益发展，各生产环节和生产过程之间的联系日益复杂，特别是在国际交往日益扩大的情况下，需要统一的对象越来越多，统一的范围也越来越大。

通过定义，可以发现统一化与简化有一定的区别：统一化着眼于取得一致性，即从个性中提炼共性；简化肯定某些个性同时存在，着眼于精炼，简化的目的并不是简化为只有一种，而是在简化过程中保存若干合理的种类，以少胜多。

松浦四郎在 1972 年出版的《工业标准化原理》一书提出：制定标准的方法，应以全体一致同意为基础。

1974 年，以李春田为代表的中国标准化工作者首次提出统一原理：是为了保证事物发展所必需的秩序和效率，对事物的形成、功能或其他特性，确定适合于一定时期和一定条件的一致规范，这种一致规范与被取代的对象在功能上达到等效。

统一原理包含以下要点：①统一是为了确定一组对象的一致规范，其目的是保证事物所必需的秩序和效率；②统一的原则是功能等效，从一组对象中选择确定一致规范，应能包含被取代对象所具备的必要功能；③统一是相对的、确定的一致规范，只适用于一定时期和一定条件，随着时间的推移和条件的改变，旧的统一就要由新的统一所代替。

王征在 1981 年发表的《标准化基础概论》中提出统一原理。洪生伟根据国内外标准化专家、学者的研究成果及自己多年的实践体会，总结出了统一有度原则。

## 2.3.2 统一化的方式

统一化的目的是确立一致性，即消除由于不必要的多样化而造成的混乱，为人类的正常活动建立共同遵守的秩序。统一化的方式有很多，在不同情境中需要采用不同的统一化方式。其主要方式有以下几种。

### 2.3.2.1 选择统一

选择统一是在需要统一的对象中选择并确定一个，以此来统一其余的对象的方式。它适合于那些相互独立、相互排斥的被统一对象，如交通规则、方向标准等。

### 2.3.2.2 融合统一

融合统一是在被统一对象中博采众长、取长补短，融合成一种新的更好的形式，以代替原来的不同形式的方式。适于融合统一的对象都具有互补性，如结构性产品手表、闹钟等的统一结构形式，都是采用融合统一的方式。

### 2.3.2.3 创新统一

创新统一是用完全不同于被统一对象的崭新的形式来统一的方式。适宜采用创新统一的对象，一般来说有两种：一是在发展过程中产生质的飞跃的结果，如以集成电路统一晶体管电路；二是由于某种原因无法使用其他统一方式的情况，如用国际计量单位来统一各国的计量单位，用欧元统一欧盟成员国的货币等。

## 2.3.3 统一化的类型

**2.3.3.1 绝对统一**

从理论上讲,绝对统一是指无条件的、永恒的、无限的统一。它不允许有灵活性。如标志、编码、代号、名称、运动方向(开关的旋转方向、螺纹的旋转方向、交通规则)等。

**2.3.3.2 相对统一**

相对统一是指有条件的、暂时的、有限的统一。它强调统一中有一定的灵活性,根据情况区别对待。如产品质量标准是对质量要求的统一化,但具体指标(包括分级规定、公差范围等)却具有一定的灵活性。

## 2.3.4 统一化的原则

**2.3.4.1 同质性**

实施统一化的对象必须具有相同的质或相同的内容,只是在量的方面或表现形式方面存在某些差异。

**2.3.4.2 等效性**

对标准化对象实施统一后,被确定的对象与原先被统一的对象之间,在功能上必须等效。所谓等效,指的是把同类事物两种以上的表现形态归并为一种时,被确定的"一致性"与被取代的事物之间必须具有功能上的可替代性。

**2.3.4.3 适时性**

"适时"是指要把握好统一的时机。统一化是事物发展到一定规模、一定的水平,人为地进行干预的一种标准化形式。干预的时机是否恰当,对事物未来的发展有很大影响。把握好统一的时机,是搞好统一化的关键。

**2.3.4.4 适度性**

对客观事物进行的统一化,既要有定性的要求,又要有定量的要求,合理地确定统一化的范围和指标水平。所谓"度",就是在一定"质"的规定中所具有的一定"量"的值。

**2.3.4.5 先进性**

所谓先进性,就是指确定的一致性或所制定的统一规定应有利于促进生产发展和技术进步,有利于社会需求得到更好的满足。就产品标准来说,就是要促进质量提高。

## 2.3.5 统一化的效果评价

统一化的作用是保证事物发展所必需的秩序和效率，对事物的形成、功能或其他特性，确定适合于一定时期和一定条件的一致规范，并使这种一致规范与被取代的对象在功能上达到等效。因此，可以用是否达到了比统一前更有秩序、更有效率的效果来评价统一化的过程。

**案例**

众所周知，目前在计算机、电视上应用最广泛的 USB 接口，是由英特尔、康柏、IBM、微软等多家公司于 1994 年联合提出和设计，并于 1996 年正式推出的。它是一项外部总线标准（实为联盟标准），成功替代了串口和并口，用于规范计算机与外部设备的连接和通信。该接口现已经成为计算机和大量智能设备的必配接口之一。USB 接口被大量应用的主要原因：一是标准统一。外设的 USB 键盘、USB 鼠标、USB 打印机等能直接与计算机连接。二是携带和使用方便。USB 设备大多"小、轻、薄"。三是可以同时连接多个设备，便于提高效率。四是可以热插拔等。该事实标准实际上也带来了计算机的革命，大大推动了计算机的市场化与全球普及。而在此之前，每一个外围设备与计算机相连接时都必须使用计算机背后各自单独的接口。USB 接口技术打破了多年以来计算机背后接口插座数量与插入计算机的设备数量一一对应的局面，允许用户使用"串级链"方式将各种设备与计算机连接起来，一个 USB 接口允许连接的外部设备达到 127 个，运行速度达到 12 Mbps，并允许热插热用，也就是说，连接操作时不需要关闭计算机。该标准带来了计算机的革命，大大推动了计算机的市场化与全球普及。

## 2.4 系列化

### 2.4.1 系列化的定义

系列化是使某一类产品系统的结构优化、功能最佳的标准化形式，是标准化的高级形式。无论从它的理论还是方法方面都体现了它是标准化高度发展的产物，是标准化走向成熟的标志。系列化摆脱了标准化初期独立地、逐个地制定单项产品标准的传统方式，开始从全局考虑问题，每制定一类产品的系列标准，就要覆盖该类产品的市场。在这种思想的指导下，企业也从只生产单一品种、个别规格的传统模式，转向多品种经营、系列化开发并尽量扩大产品的市场覆盖率、占有率。由于企业的这种经营方式和产品开发方式，适应了20世纪中叶以后国际市场竞争格局的变化，使许多企业取得了成功。产品系列化又是最经济合理的产品开发策略。它的产品系列是在市场调查的基础上，选择适用的数系，精心设计的。

产品系列化简称系列化，是对同一类产品中的结构型式和主要参数规格进行科学规划的一种标准化形式。它通过对同一类产品发展规律的研究，对市场需求发展趋势的预测，结合自身的生产技术条件，经过全面的技术经济比较，对产品的主要参数、形式、尺寸等做出合理的安排和规划，以协调系列产品和配套产品之间的关系。

系列化与简化的区别：①系列化是简化的延伸。系列化摆脱了标准化最初独立地、逐个地制定单项产品标准的传统方式，全局考虑问题。②系列化源于简化而高于简化。简化是在品种盲目泛滥超过一般需要之后才进行的，而系列化则是为防止这种盲目的品种泛滥而预先做出的科学安排。

## 2.4.2 系列化的过程

系列化的最大特点是能以最经济的产品规格数，满足最广泛的市场需求，而且当市场需求发生改变时，产品构成能相应地改变，且不打乱原有的规律和产品之间的协调配合关系。特别是优先数系在各行业的各类产品系列之间起着极重要的协调统一作用。尽管产品在不断增加和变化，但产品世界是有序的，其内在联系是和谐的。

系列化通过对同一类产品发展规律的分析研究和国内外产需趋势预测，以及生产条件增长可能的全面的技术经济分析，对同类产品的基本结构型式和主要参数等做出合理的安排和规划，其中包括确定参数系列、编制产品系列型谱和进行系列设计等内容。确定参数系列，就是对产品某些基本参数及其起主导作用的主要参数，进行合理分档、分级，构成产品的系列型谱，以便用合理的产品规格有效地满足国民经济各部门的需要，并为指导产品品种发展和用户选购产品提供基本依据。型谱中列出产品的主要参数、型式、基型系列和变型系列，以及它们之间的零部件通用化关系，用以指导产品的设计和组织生产。进行系列设计就是在系列型谱的指导下，先设计基型产品，而后进行包括各种变型的系列设计，以缩短设计周期，加快品种的发展。

#### 2.4.2.1 制定产品参数系列标准

所谓产品参数系列，就是对产品主要参数或基本参数的数值分级。确定参数系列的目的就是要对产品的主要参数或基本参数数值进行合理分档，以便经济合理地发展产品的品种规格。

参数：是人们用来标志产品的结构特性（如外形尺寸、容积、重量等）和功能特性（如额定电压、输出功率等）的一组量值。

基本参数：用来反映其基本结构和主要性能的一组参数。例如，家用电冰箱的基本参数有额定电压、输出功率、冷冻室温度、箱内有效容积、净重等。

主要参数：在基本参数中起主导作用的一两个参数。

优先数和优先数系是一种科学的数值制度，是一种无量纲的分级数系，适用于各种量值的分级。1935年国际标准化组织（ISO）的前身国际标准化协会（ISA）公布了第11号公告，把优先数系规定为"国际标准建议"以后，为产品系列化奠定了理论基础，对此后产品系列化的发展起了重要的促进作用。

法国的C·雷诺（C. Renard）通过对气球绳索规格简化的研究，提出了优先数系理论。这个数值系列相当于现行优先数中的R5数系，后来在此基础上进一步细分，形成了R10、R20、R40、R80系列。为了纪念雷诺，优先数也称R数系，即选取了雷诺名字的首字母。

优先数和优先数系是一种无量纲的分级数系，适用于各种量值的分级，是制定其他标准的依据，是国际上统一使用的数值系列。

优先数系：是由公比分别为 $\sqrt[5]{10}$，$\sqrt[10]{10}$，$\sqrt[20]{10}$，$\sqrt[40]{10}$ 和 $\sqrt[80]{10}$，且项值中含有10的整数幂的理论等比数列导出的一组近似等比的数列。

优先数：优先数系中的项值。

优先数和优先数系适用于各种量值的分级，特别是在确定产品的参数或参数系列时。按标准的规定，必须最大限度地采用，这就是"优先"的含义。

① 优先数系的相关标准：1920年德国制定了世界上第一个优先数系标准，1935年国际标准化协会公布了第11号通告，把优先数系规定为"国际标准建议"。

我国关于优先数系的标准来源于1960年由机械行业发布的JB109-60《优先数和优先数系》，1964年制定为国家标准GB 321-64《优先数和优先数系》，1980年、2005年分别进行了两次修订，见表2-1。

表2-1 优先数系的相关国家标准

| 发布时间 | 标准标号及名称 |
| --- | --- |
| 1960年 | JB 109-60《优先数和优先数系》 |
| 1964年 | GB 321-64《优先数和优先数系》 |
| 1980年 | GB/T 321-1980《优先数和优先数系》 |
| 2005年 | GB/T 321-2005《优先数和优先数系》 |
| 2005年 | GB/T 19763-2005《优先数和优先数系的应用指南》 |
| 2005年 | GB/T 19764-2005《优先数和优先数化整值系列的选用指南》 |

② 优先数系的结构：优先数系各数列分别用符号R5、R10、R20、R40、R80表示。优先数系是以 $\sqrt[r]{10}$ 为公比形成的等比数列。

R5 系列公比：$\sqrt[5]{10} \approx 1.60$

R10 系列公比：$\sqrt[10]{10} \approx 1.25$

R20 系列公比：$\sqrt[20]{10} \approx 1.12$

R40 系列公比：$\sqrt[40]{10} \approx 1.06$

R80 系列公比：$\sqrt[80]{10} \approx 1.03$

优先数系的基本系列与补充系列：

基本系列：R5、R10、R20 和 R40 四个系列是优先数系中的常用系列（见表 2-2），即基本系列。

补充系列：R80 系列被称为补充系列（见表 2-3），它的公比约是 1.03，仅在参数分级很细或基本系列中的优先数不能适应实际情况时，才可考虑采用。

表 2-2 基本系列

| 基本系列（常用值） | | | | 序号 | 理 论 值 | | 基本系列和计算值之间的相对误差/% |
|---|---|---|---|---|---|---|---|
| R5 | R10 | R20 | R40 | | 对数尾数 | 计 算 值 | |
| (1) | (2) | (3) | (4) | (5) | (6) | (7) | (8) |
| 1.00 | 1.00 | 1.00 | 1.00 | 0 | 000 | 1.000 0 | 0.00 |
| | | | 1.06 | 1 | 025 | 1.059 3 | +0.07 |
| | | 1.12 | 1.12 | 2 | 050 | 1.122 0 | −0.18 |
| | | | 1.18 | 3 | 075 | 1.188 5 | −0.71 |
| | 1.25 | 1.25 | 1.25 | 4 | 100 | 1.258 9 | −0.71 |
| | | | 1.32 | 5 | 125 | 1.333 5 | −1.01 |
| | | 1.40 | 1.40 | 6 | 150 | 1.412 5 | −0.88 |
| | | | 1.50 | 7 | 175 | 1.496 2 | +0.25 |
| 1.60 | 1.60 | 1.60 | 1.60 | 8 | 200 | 1.584 9 | +0.95 |
| | | | 1.70 | 9 | 225 | 1.678 8 | +1.26 |
| | | 1.80 | 1.80 | 10 | 250 | 1.778 3 | +1.22 |
| | | | 1.90 | 11 | 275 | 1.883 6 | +0.87 |
| | 2.00 | 2.00 | 2.00 | 12 | 300 | 1.995 3 | +0.24 |
| | | | 2.12 | 13 | 325 | 2.113 5 | +0.31 |
| | | 2.24 | 2.24 | 14 | 350 | 2.238 7 | +0.06 |
| | | | 2.36 | 15 | 375 | 2.371 4 | −0.48 |
| 2.50 | 2.50 | 2.50 | 2.50 | 16 | 400 | 2.511 9 | −4.47 |
| | | | 2.65 | 17 | 425 | 2.660 7 | −0.40 |
| | | 2.80 | 2.80 | 18 | 450 | 2.818 4 | −0.65 |
| | | | 3.00 | 19 | 475 | 2.985 4 | +0.49 |
| | 3.15 | 3.15 | 3.15 | 20 | 500 | 3.162 3 | −0.39 |
| | | | 3.35 | 21 | 525 | 3.349 7 | +0.01 |
| | | 3.55 | 3.55 | 22 | 550 | 3.548 1 | +0.05 |

续表

| 基本系列（常用值） | | | | 序号 | 理论值 | | 基本系列和计算值之间的相对误差/% |
| --- | --- | --- | --- | --- | --- | --- | --- |
| R5 | R10 | R20 | R40 | | 对数尾数 | 计算值 | |
| | | | 3.75 | 23 | 575 | 3.758 4 | −0.22 |
| 4.00 | 4.00 | 4.00 | 4.00 | 24 | 600 | 3.981 1 | +0.47 |
| | | | 4.25 | 25 | 625 | 4.217 0 | +0.78 |
| | | 4.50 | 4.50 | 26 | 650 | 4.466 8 | +0.74 |
| | | | 4.75 | 27 | 675 | 4.731 5 | +0.39 |
| | 5.00 | 5.00 | 5.00 | 28 | 700 | 5.011 9 | −0.24 |
| | | | 5.30 | 29 | 725 | 5.308 8 | −0.17 |
| | | 5.60 | 5.60 | 30 | 750 | 5.623 4 | −0.42 |
| | | | 6.00 | 31 | 775 | 5.956 6 | +0.73 |
| 6.30 | 6.30 | 6.30 | 6.30 | 32 | 800 | 6.309 6 | −0.15 |
| | | | 6.70 | 33 | 825 | 6.683 4 | +0.25 |
| | | 7.10 | 7.10 | 34 | 850 | 7.079 5 | +0.29 |
| | | | 7.50 | 35 | 875 | 7.498 9 | +0.01 |
| | 8.00 | 8.00 | 8.00 | 36 | 900 | 7.943 3 | +0.71 |
| | | | 8.50 | 37 | 925 | 8.414 0 | +1.02 |
| | | 9.00 | 9.00 | 38 | 950 | 8.912 5 | +0.98 |
| | | | 9.50 | 39 | 975 | 9.440 6 | +0.63 |
| 10.00 | 10.00 | 10.00 | 10.00 | 40 | 000 | 10.000 0 | 0.00 |

表 2-3 补充系列 R80

| 补充系列 R80 | | | | |
| --- | --- | --- | --- | --- |
| 1.00 | 1.60 | 2.50 | 4.00 | 6.30 |
| 1.03 | 1.65 | 2.58 | 4.12 | 6.50 |
| 1.06 | 1.70 | 2.65 | 4.25 | 6.70 |
| 1.09 | 1.75 | 2.72 | 4.37 | 6.90 |
| 1.12 | 1.80 | 2.80 | 4.50 | 7.10 |
| 1.15 | 1.85 | 2.90 | 4.62 | 7.30 |
| 1.18 | 1.90 | 3.00 | 4.75 | 7.50 |
| 1.22 | 1.95 | 3.07 | 4.87 | 7.75 |
| 1.25 | 2.00 | 3.15 | 5.00 | 8.00 |
| 1.28 | 2.06 | 3.25 | 5.15 | 8.25 |
| 1.32 | 2.12 | 3.35 | 5.30 | 8.50 |
| 1.36 | 2.18 | 3.45 | 5.45 | 8.75 |
| 1.40 | 2.24 | 3.55 | 5.60 | 9.00 |
| 1.45 | 2.30 | 3.65 | 5.80 | 9.25 |
| 1.50 | 2.35 | 3.75 | 6.00 | 9.50 |
| 1.55 | 2.43 | 3.85 | 6.15 | 9.75 |

③ 优先数的几种数值：理论值等比数列的项值，因为理论值一般为无理数，不便使用。计算值是对理论值取 5 位有效数字的近似值，它相对于理论值的最大误差小于 0.000 05，最大相对误差为 0.004 8 %，在做参数系列的精确计算时可替代理论值。常用值也称圆整值，即通常所说的优先数，它是为了便于实际应用而对计算值进行适当圆整后统一规定的值。

$$常用值的相对误差=[（常用值-计算值）/计算值]×100 \% \quad （式 2-3）$$

化整值：是对 R5、R10、R20、R40 系列中的常用值做进一步圆整后所得值。这类数值只允许在某些特殊情况下使用。

④ 系列的代号是基本系列和补充系列的代号，系列无限定范围的，用 R5、R10、R20、R40 和 R80 表示；系列有限定范围的，应注明界限值。

例：以 1.6 为下限的 R10 系列，表示为 R10（1.6…）；以 45 为上限的 R20 系列，表示为 R20（…45）；以 75 为下限、300 为上限的 R40 系列，表示为 R40（75…300）。

派生系列的代号：

系列无限定范围时，须注明系列中含有一个项值。

例：R10/3（…80…）表示含有项值 80，且向两端无限延伸。

系列有限定范围时，须注明界限值。

例：R20/4（112…）表示以 112 为下限的派生系列。

⑤ 优先数系的应用要点：第一，在确定产品的参数或参数系列时，如果没有特殊原因而必须选用其他数值的要求，应优先使用优先数，并且按照 R5、R10、R20 和 R40 的顺序，优先用公比较大的基本系列，若一个产品的所有特性参数都不可能采用优先数，也应使一个或几个主要参数采用优先数，即使单个参数值，也应按上述顺序选用优先数。这样做可以保证在产品发展时插入中间值仍保持或逐步发展成为有规律的系列，以便跟其他相关产品协调配套。第二，当基本系列的公比不能满足分级要求时，可选派生系列。选用时应优先采用公比较大和延伸项中含有项值 1 的派生系列。移位系列只宜用于因变量参数的系列。第三，在确定分级方案时，应考虑诸如产品标准化效果、产品成本及对与其密切相关的其他产品的依赖程度等因素。为得到最佳分级方案，当参数系列的延伸范围很大，从制造和使用的经济性考虑，在不同的参数区间，需要采用公比不同的系列时，可分段选用最适宜的基本系列或派生系列，以构成符合系列。第四，按优先数常用值分级的参数系列，公比是不均等的。在特殊情况下，为了获得公比精确相等的系列，可采用计算值。第五，如无特殊原因，应尽量避免使用化整值。因为化整值的选用带有任意性，不易取得协调统一，而且误差较大。如系列中含有化整值，向较小公比的系列转换则变得较为困难；另外化整值系列公比的均匀性差，化整值的相对误差经乘、除运算后往往会进一步扩大。

⑥ 优先数系的优点：首先，具有最佳的级数，优先数规律性明显，通过插入中间值可

以方便地组成较密系列以适应新的需要,因此优先数能保证得到最佳的级数。同时,具有广泛的适用性,优先数是一种逻辑性较强的方法,能在给定的领域内(如电动机的功率、泵的输出量等),前后衔接不间断地满足整个范围的需要。优先数系适用于能用数值表示的各种量值的分级,如长度、直径、面积、体积、荷载、应力、速度、时间、功率、电流、电压、流量、浓度、传动比、公差、测量范围、实验或检验工作中测点的间隔,以及无量纲的比例系数等。优先数系中包含各种不同公比的系列,较疏系列的项值包含在较密系列中。需要时可插入中间值,使较疏系列变成较密系列,而原来的项值保持不变,与其他产品间配套协调关系不受影响,可以满足较密和较疏的不同分级要求。其次,使技术和商业计算简单化,因为优先数的积和商也是优先数,所以可用对数值或序号而不用优先数自身进行计算,尤其是当系列按同样比例相乘或相除时,使计算大为简化。优先数系是十进制等比数列,其中包含 10 的所有整数幂。只要记住一个十进段内的数值,其他的十进段内的数值可通过小数点的移位得到。所以只要记住 R20 中的 20 个数值,就可解决一般应用。最后,便于计算单位的换算,当测量系列值为优先数,同时换算系列近似为优先数时,能很方便地换算成其他计量单位。

关于电阻器和电容器优先数系(E 系列)也是一种几何级数构成的数列。由于 E 系列最早应用于英国的电工行业,故采用英文单词"Electricity"的第一个英文字母 E 表达这一系列。它是以 $\sqrt[3]{10}$、$\sqrt[6]{10}$、$\sqrt[12]{10}$、$\sqrt[24]{10}$、$\sqrt[48]{10}$、$\sqrt[96]{10}$ 和 $\sqrt[192]{10}$ 为公比的几何级数,分别称为 E3 系列、E6 系列、E12 系列、E24 系列、E48 系列、E96 系列和 E192 系列。一般情况下,常用的 E 系列主要是 E3 系列、E6 系列、E12 系列、E24 系列,它们的公比分别近似为 2.2,1.5,1.21,1.1。

E 系列的基本值见表 2-4,E48 系列、E96 系列和 E192 系列给出的数值(参见 GB/T2471-1995)只有当原件的允许偏差小于 5 %或有特殊要求时才予以考虑。

表 2-4  E 系列的基本值

| E24 | E12 | E6 | E3 | E24 | E12 | E6 | E3 |
| 允许偏差 ±5 % | 允许偏差 ±10 % | 允许偏差 ±20 % | 允许偏差 > ±20 % | 允许偏差 ±5 % | 允许偏差 ±10 % | 允许偏差 ±20 % | 允许偏差 > ±20 % |
| --- | --- | --- | --- | --- | --- | --- | --- |
| 1.0 | 1.0 | 1.0 | 1.0 | 3.3 | 3.3 | 3.3 | |
| 1.1 | | | | 3.6 | | | |
| 1.2 | 1.2 | | | 3.9 | 3.9 | | |
| 1.3 | | | | 4.3 | | | |
| 1.5 | 1.5 | 1.5 | | 4.7 | 4.7 | 4.7 | 4.7 |
| 1.6 | | | | 5.1 | | | |
| 1.8 | 1.8 | | | 5.6 | 5.6 | | |
| 2.0 | | | | 6.2 | | | |

续表

| E24 | E12 | E6 | E3 | E24 | E12 | E6 | E3 |
| --- | --- | --- | --- | --- | --- | --- | --- |
| 允许偏差 ±5 % | 允许偏差 ±10 % | 允许偏差 ±20 % | 允许偏差 > ±20 % | 允许偏差 ±5 % | 允许偏差 ±10 % | 允许偏差 ±20 % | 允许偏差 > ±20 % |
| 2.2 | 2.2 | 2.2 | 2.2 | 6.8 | 6.8 | 6.8 | |
| 2.4 | | | | 7.5 | | | |
| 2.7 | 2.7 | | | 8.2 | 8.2 | | |
| 3.0 | | | | 9.1 | | | |

E 系列由国际电工委员会（IEC）于 1951 年通过，1952 年公布为国际标准，但该系列只适用于无线电电子元件方面。

E 系列的最大特点是：系列中前一项的最大极值等于后一项的最小极值。即

$$a(1+t) = aq(1-t) \quad \text{（式 2-4）}$$

式 2-4 中，$a$ 为数列的首项，$q$ 为数列的公比，$t$ 为数列项值相对差的绝对值。

这样，两项之间既不会出现空缺，也不会出现重叠覆盖，使采用这种系列来确定参数的产品均可在合格范围之内。

IEC 曾希望改用 R 系列，但因 E 系列已在一些国家使用，改变起来困难较大，所以至今在无线电元件行业（主要是电阻、电容）仍以 E 系列为主。

#### 2.4.2.2 编制产品系列型谱

产品系列型谱应确定现有品种和今后若干年内可能需要发展的新品种。因此，产品系列型谱是产品发展的总蓝图，是制订产品品种发展规划及开发新产品的基础，可以根据型谱所确定的产品品种，合理安排产品的发展计划及同类产品企业间的生产分工，充分发挥系列产品通用性强的优势，提高生产专业化水平。同时，可以防止盲目设计落后的没有发展前途的品种，避免平行设计同一型式的产品。

一般来说，一个完整的产品系列型谱包括以下几方面的内容。

① 产品的系列构成。列出基型系列和所有变型系列。

② 对基型系列和变型系列的结构型式、用途、主要技术性能和部件的相对运动特征进行说明。

③ 产品品种规划表。表中用符号表明各个品种的开发情况。

④ 部件间的通用化关系。

⑤ 产品参数表。包括主参数、基本参数和一般参数。

⑥ 附录。必要的说明，以及系列型谱没有包括的而又必须规定的内容。

表 2-5 是系列型谱表的一般格式。在实际应用中，系列型谱的形式因产品不同而不尽一致，有的较为简单，有的较为复杂，如"普通及变型摇臂钻床系列型谱表"就是较为复杂的典型案例。

表 2-5　系列型谱表的一般格式

| 型　式 | 主　参　数 | | | | | |
|---|---|---|---|---|---|---|
| | X1 | X2 | X3 | …… | Xi | …… |
| 基型 | | | | | | |
| 变型 1 | | | | | | |
| 变型 2 | | | | | | |
| …… | | | | | | |
| 变型 i | | | | | | |
| …… | | | | | | |

表 2-5 的上部横行是产品的主参数系列，X1、X2、X3 等是主参数数值。有的产品有两个参数，就一并列出。而左边纵列则是产品的结构型式，第一项是基型系列。所谓基型产品是指在该类产品中生产历史最长、结构最典型、应用最普遍的一种结构型式。基型系列以下各项均为变型系列，即在基型产品的基础上改变部分结构，或增减某些部件，从而获得某些新功能的产品。

例：某特种车生产企业的产品系列型谱见表 2-6。

表 2-6　某特种车生产企业的产品系列型谱

| 销售对象 | 产品大类 | 产品小类 | 通用底盘 | 主要功能部件 | | | | | | |
|---|---|---|---|---|---|---|---|---|---|---|
| | | | | 保险柜 | 车载计算机 | 防弹窗 | 报警器 | 车载武器 | 防盗系统 | 加固车身 | 选配 |
| 银行 | 运钞车 | A1 | 庆铃 | 保险柜 D | 车载计算机 | 防弹窗 | 报警器 | 车载武器 | 防盗系统 | 加固车身 | GPS |
| | | A2 | 海狮 | 保险柜 A | 车载计算机 | 防弹窗 | 报警器 | 车载武器 | 防盗系统 | 加固车身 | — |
| 公安、武警、消防、保卫 | 面包警车 | B1 | 长安 | — | 车载计算机 | 防弹窗 | 报警器 | 车载武器 | 防盗系统 | 加固车身 | GPS |
| | | B2 | 东南 | — | 车载计算机 | 防弹窗 | 报警器 | 车载武器 | 防盗系统 | 加固车身 | — |

#### 2.4.2.3　产品的系列设计

系列设计，是对系列型谱所规定的各种结构型式、各个品种规格的同类产品进行集中统一的全面设计。它是以基型为基础，对整个系列产品所进行的总体设计或详细设计，是按相似设计及互换、组合的方法来进行的。

系列设计的具体做法主要包括以下几方面。

**（1）在系列内选择基型**

基型就是系列内最具有代表性、规格适中、用量较大、生产较普遍、结构较先进、经过长期使用和考核性能比较可靠，又有发展前途的型号。由于基型产品的技术水平、标准水平直接决定了整个系列的水平,因此在选择基型时,必须列出多个方案,从实用的可靠性、技术的先进性、造型布局的完美型、工艺的合理性和制造的经济性等方面进行技术经济分析,从中选出最优的方案。

(2) 对基型产品进行技术或施工设计

对基型产品进行技术或施工设计必须在充分考虑系列产品与变型产品之间的统一化的基础上进行。

(3) 进行横向扩展,设计全系列的各种规格

进行横向扩展,设计全系列的各种规格要充分利用结构典型化和零部件统一化等方法,扩大统一化程度,或对系列内产品的主要零部件确定几种结构型式,在具体设计时,从这些基础件中选择合适的型式。

(4) 进行纵向扩展,设计变型系列或变型产品

变型与基型要最大限度地统一化,尽量做到只增加少数专用件,就可以发展一个变型或变型系列。

## 2.4.3 系列化的应用和经济意义

系列化广泛应用在武器装备、工具材料、计算机软件等的产品设计、产品更新、产品包装等方面。下面主要从产品包装角度说明系列化的应用。

系列化包装是现代化包装设计中较为普遍、较为流行的形式。它是将同一个企业或同一个商标、牌名的不同种类的产品用一种共性特征来统一设计,可用特殊的包装造型特点、形体、色调、标识等统一设计,形成一种统一的视觉形象。

### 2.4.3.1 产品的多样化促成产品包装的多样化和系列化

在现代生产领域,企业界致力于开发新品种,新产品开发速度快、时间短、收效高。同时,与之相适应的包装界致力于向消费者提供更方便、识读性更强的多样化和系列化的包装设计已成为必然。以食品工业为例,人们对食品消费需求向多规格、多样化、特色化的方向发展,因此,食品加工业已将费用投向开发更灵活和机动的包装线上。这充分说明产品的系列化生产与包装的系列化实施对企业的快速发展起到了有力的推动作用。美国制药业最先采用了防盗开封口包装。随着近年来药品的多样化发展,防盗开封口系列化包装有增无减。这种确保产品品质的安全包装已广泛应用于食品、饮料等上面,并推广到了世界各地。

### 2.4.3.2 个性化、专业化、特色化设计不断促成系列化包装

企业的灵魂就是创新,Tech Pack 公司就是典型的代表企业。公司在巴黎附近成立了一

个创新中心，专门用于研发新的概念和新的产品原型。Slim 彩妆盒就是其中一例，它可以 180°打开，透明简洁，里面的产品一目了然。生产商还将产品名称"Sexy"的四个字母展示在透明彩妆盒内，每个字母中放入不同颜色的唇彩，这样不但降低了包装的成本，节约了能源，而且与倡导的绿色设计也不谋而合。先进的包装技术开发设计与人性的结合，促使系列化的包装设计成为必然。

意大利生产商 Global Tube 推出了一种全新的软管理念，满足了消费者对可携带和便捷的要求。CombiCap 软管盖适用于防晒或粉底液等系列产品，此外还有第二个盖子用于封住其他产品，如唇膏。这样就可使企业从产品的包装设计流程到成本费用、设计费用降至最低；减少包装垃圾和装运成本，更有利于环境的保护；通过特殊设计的组件、系统来缩短生产时间，与供应商、制造商合作以最少的用料提供多种包装作业，促成系列化商品的整体价格低于单独购买的总价格，形成优势定位。这种理念业已成为诸多企业、商家静下心来考究的一个新思路。

实现产品系列化有重要的经济意义：①可以加速新产品的设计，发展新品种、提高产品质量，方便使用和维修，减少备品配件的储备量；②合理简化品种，扩大通用范围，增加生产批量，有利于提高专业化度；③缩短产品工艺装置的设计与制造的期限和费用。

**案例**

产品系列化最先应用成功的典型是美国通用汽车公司。美国福特汽车公司通过"简化"对汽车零件进行标准化，实现了 T 型福特汽车的大批量生产，创造了辉煌的业绩，到 1921 年，T 型车占据了美国 60％的汽车市场。当时美国的第二大汽车厂家通用汽车公司仅占据 12％的市场，面临被福特挤垮的危险。1923 年，A.P.斯隆就任通用汽车公司总经理后，认为由于消费水平的提高，市场需求将发生变化，过于单调的 T 型福特汽车将不再受欢迎。据此，他做出按价格、分档次、系列化开发的决策，从最低档次的大众车型，到高级车型，连续设计了 5 种车型，构成能满足各种不同消费水平的系列产品。5 年后，该系列产品战胜了 T 型福特汽车，通用汽车公司也成了世界上最大的汽车制造商。

## 2.5 模块化

最早对模块化进行研究的是西蒙（Simon），他提出了模块的"可分解性"，阐明了模块化对于管理复杂系统的重要性。

20世纪后期，市场竞争推动产品开发，经济的发展促成了需求的多样化。企业只有不断开发出符合市场需求的新产品，才能生存，而新产品也日趋复杂化、多样化，产品的经济寿命不断缩短。模块化是在这样的客观形势下产生的"以不变应万变"或"以少变求多变"的产品开发策略。模块化是针对复杂系统（产品或工程）开展的标准化。

## 2.5.1 模块的一般概念

### 2.5.1.1 模块

模块通常是由元件或子模块组合而成的、具有独立功能的、可成系列单独制造的标准化单元，通过不同形式的接口与其他单元组成产品，且可分、可合、可互换。

### 2.5.1.2 模块的种类

（1）功能模块

功能模块又可分为：基本功能模块、辅助功能模块、特殊功能模块等，而它们又可根据产品的特点进一步细分为功能更具体的模块。

（2）结构模块

依据模块在产品系统中所处的地位和模块之间的关系，可将模块划分为不同等级，叫作分级模块。这个分级体系通常包括高层模块、分模块（或子模块）、通用模块、专用模块等。

高层模块通常由相应分级系统中低一级的模块组成；最低等级的模块则由元件或分元件组成，元件或分元件的构成要素叫作负分元件，它是分级体系中最基本的模块元件。

## 2.5.2 模块化

模块化是以模块为基础，综合了通用化、系列化、组合化的特点，解决复杂系统类型多样化、功能多变的一种标准化形式。模块化是指解决一个复杂问题时把系统划分成若干模块的过程。每个模块完成一个特定的子功能，所有的模块按某种方法组装起来，成为一个整体，完成整个系统所要求的功能。模块具有以下几种基本属性：接口、功能、逻辑、状态，功能、状态与接口反映模块的外部特性，逻辑反映它的内部特性。在系统的结构中，模块是可组合、分解和更换的单元。

### 2.5.2.1 模块化设计

产品模块化也是支持用户自行设计产品的一种有效方法。产品模块是具有独立功能和输入、输出的标准部件。这里的部件，一般包括分部件、组合件和零件等。模块化产品设计方法的原理是，在对一定范围内的不同功能或相同功能、不同性能、不同规格的产品进行功能分析的基础上，划分并设计出一系列功能模块，通过模块的选择和组合构成不同的顾客定制的产品，以满足市场的不同需求。这是相似性原理在产品功能和结构上的应用，是一种实现标准化与多样化的有机结合，以及多品种、小批量与效率的有效统一的标准化方法。

（1）模块化设计的形式

模块化设计可有两种形式：①采用模块组合的方法，根据该产品或工程系统功能要求，选择、设计相应的模块，确立它们的组合方式。②在对各种不同类型、不同用途、不同规格产品进行功能分析的基础上，从中提炼出共性较强的功能，并据此设计功能模块，目的不仅仅是满足某种产品的需要，而是要它在更广的范围内通用。确定基型产品的结构和功能，提出对高层模块的要求。在市场调查基础上明确目标要求（性能和结构等）；确定拟覆盖的产品种类和规格范围（确定参数范围和系列型谱）。

确定分系统的结构和功能，对构成分系统的模块提出要求。

（2）模块化设计的步骤

设计或选用元器件，按尺寸、性能、精度、材料等形成系列并尽量标准化。根据分系统的要求，确定模块的结构和功能，对构成模块的元件提出要求。

（3）模块化设计的管理

在基型设计的基础上根据具体需要来发展变型。变型设计虽然可以基型为基础，尽量通用，但仍不能脱离功能分析。完成设计的各级、各类模块要建立编码系统，将其按功能、品种、结构、尺寸等特点分类编码，进行管理。

#### 2.5.2.2 模块化生产

这是由模块组装成所需产品的过程。有些产品是在工厂里完成装配之后，运送到用户处；有些产品或工程由于规模过于庞大而无法整体运输，可将各类模块配套之后，运到现场装配，如模块化变电所、模块化居室、模块化锅炉等。

#### 2.5.2.3 模块化的应用领域

模块化最初是由制造业提出来的，组合机床可以说是模块化机床的雏形，后来推广到电器制造、仪器仪表制造和各种高精度测试设备的设计和制造中。集成电路、大规模集成电路、超大规模集成电路是电子工业领域最典型也是最杰出的模块化成果。

#### 2.5.2.4 模块化的技术经济意义

模块化产品通过灵活调整模块来实现快速派生、更新换代或增减功能，这是以少变求多变的产品开发策略。

模块化基础上的新产品开发，实际上就是研制新模块取代产品中功能落后的模块，有利于缩短开发周期、降低开发成本、保证产品的性能和可靠性。

模块化设计、制造是以最少的要素组合最多产品的方法，它最大限度地减少了不必要的重复，又最大限度地重复利用了标准化成果。

① 产品维修和更新换代都可通过模块化来实现，不仅快捷方便，而且可减少用户损失，节约资源。

② 模块化产品的可分解性，模块化的兼容性、互换性和可回收再利用等，均属绿色产品的特性。

### 案例

大众汽车在 2012 年发布模块化汽车平台，将使用全新的 MQB 模块化研发平台技术，其最大的优势在于可以减少 20% 的成本。随后，越来越多的汽车生产商纷纷加入这一行列的竞争。

MQB 模块化平台，即德文的 Modularer Querbaukasten，用英文表示为 Modular Transverse Matrix，即横置发动机模块化平台。与传统的汽车平台概念相比，MQB 模块化平台已不再局限于多款车型共享相同的物理底盘结构，而是以衍生性更强的核心模块为基础，允许对前悬、后悬、轴距甚至悬架结构等进行不同组合。因此，大众 MQB 模块化平台可以升级涵盖 A 级到 C 级的众多车型。大众基于 MQB 模块化平台推出了超过 60 款车型。

MQB 模块化平台的应用改变了传统的汽车生产线概念，同平台车型零部件共享比例可达到整车零部件的约 60%，这样的设计有利于共线生产，降低生产成本。通过模块化生产，可以提高不同车型之间的零部件通用化率，从而降低成本和缩短开发制造时间。可以将大众 MQB 模块化平台比喻成一个拥有众多拓展接口的架子，将这个架子作为基础，就可以拓展出各种不同尺寸的车型。这些车型共享相同的底盘平台，其核心部件为发动机模块。尽管这些车型拥有截然不同的外形、尺寸、轴距或者轮距，但它们的发动机舱布局都是一样的，并且很多结构上的零部件都可以通用。这样做的好处很多，最明显的优势是可以大幅降低新车研发的成本和时间，同时也降低了生产厂家在生产不同车型时采购零部件的难度。

MQB 模块化平台最明显的成效莫过于可以缩短车型开发时间，可在短时间内推出大量的同平台车型，迅速对市场需求做出反应，零部件通用性越强，消费者寻找起来就越容易，售后保养成本也会更低。大众 MQB 模块化平台的最大受益者是生产厂家，由于其灵活的衍生特点和通用化理念，厂家研发新车型所需要的资金和时间都大幅减少。新车成本的降低将直接影响销售价格，允许厂家使用更高的配置增强竞争优势。因此，普通消费者也成为大众 MQB 模块化平台战略的间接受益者。

## 质量与标准化

### 本章小结

标准化的方法是标准化内容的存在方式。标准化有多种形式,每种形式都表现出不同的标准化内容。简化是缩减事物的类型数目并预防不必要的复杂化,目的是更好地满足需求并减少资源浪费。系列化是标准化的高级形式,它通常包括三个相互联系的内容,即产品基本参数系列、产品系列型谱设计和产品系列设计,均具有产品发展规划的作用。统一化就是实现一致性,目的是建立共同遵守的秩序。模块化综合了通用化、系列化、组合化的特点,可应对复杂系统类型多样化、功能多变的标准化新形式。

### 扩展阅读

#### 房地产产品系列化、标准化带来的启示

万科集团在北京房山开发了两个楼盘,一个是"中粮万科长阳半岛",另一个是"京投万科新里程"。长阳半岛是中粮地产和万科集团合作开发的百万平方米大盘,项目从2010年7月面市以来,销售额超过50亿元。新里程项目距离长阳半岛很近,是一个只有1 000余套房的小项目。如果对照新里程项目的户型,我们会发现几乎所有户型都能在毗邻的长阳半岛中找到同样的。也就是说,新里程的户型几乎就是从长阳半岛项目"搬"过来的。

其实,不只是万科集团,几乎所有一线房地产开发企业都已经形成了多个产品系列和多条产品线,并在不同城市的不同项目上进行着标准化连锁、复制开发。例如:

- 万科的城市花园系列、四季花城系列、金色系列、TOP系列;
- 保利的花园系列、林语系列、山庄系列;
- 绿城的玫瑰系列、丹桂系列、百合系列、御园系列;
- 万达的广场系列、华府系列;
- 龙湖的滟澜山系列、天街系列、大城小院系列。

而且,不仅是一线房企,就连第二、第三梯队的大中型房地产企业,以及相对低调的央企地产企业,近年来也逐渐形成了自己的产品系列,也开始了标准化产品线的连锁、复制开发。例如,金地的"格林"系列(格林小镇、格林春天、格林春晓等),世茂的滨江豪宅系列(在上海、福州、南京、武汉、哈尔滨等城市均开发沿江豪宅),阳光100的"新城"系列,世纪金源的"世纪城"系列等。地产央企中,如华侨城的"华侨城"系列,中粮的"大悦城"系列,华润置地的"万象城"系列、"橡树湾"系列等。

**复习与思考**

1. 质量标准化方法有哪些?
2. 如何理解统一化的经济意义?
3. 模块化设计的形式有哪些?

# 第 3 章

# 质量标准的制定

## 关键词

- ☑ 规范性要素
- ☑ 资料性要素

## 学习目标

- ☑ 掌握质量标准制定的对象和程序;
- ☑ 掌握标准的结构、要素和层次;
- ☑ 了解编写标准的原则;
- ☑ 掌握编写标准的方法;
- ☑ 学会使用标准编写软件。

## 案例导入

2008年,中国部分地区出现了婴幼儿食用三鹿牌婴幼儿配方奶粉后患上泌尿系统结石的病例,经调查发现,是因被一种名为三聚氰胺的化学物质污染所致。三聚氰胺俗称蛋白精,主要用于涂料、塑料、黏合剂、纺织、造纸等工业生产中。三聚氰胺为何会出现在奶粉中?根据当时的国标《婴幼儿配方食品和乳粉蛋白质的测定》(GB/T 5413.1-1997),奶粉中蛋白质的含量是通过测定其含氮量来确定的。于是部分奶制品企业为了谋取利益,把用于工业的三聚氰胺添加在奶粉中,以提高氮的含量,从而使牛奶在检测蛋白质含量时达标。

质量标准化的主要作用是通过制定和实施标准来实现的。如果标准制定不科学、不合理，不仅不能体现标准的作用，甚至还将产生严重后果。因此，我们需要了解标准制定的原则、程序、结构、要素等内容，以便正确地制定标准。

## 3.1 质量标准制定概述

质量标准是指规定产品质量特性应达到的技术要求，是生产、检验和评定质量的技术依据。产品质量特性一般以定量表示，例如强度、硬度、化学成分等；所谓标准，是指为了在一定的范围内获得最佳秩序，对活动或其结果规定共同的和重复使用的规则、导则或特性文件。企业为了使生产经营能够有条不紊地进行，从原材料进厂一直到产品销售等各个环节，都必须有相应标准作保证。这些标准不但包括各种技术标准，而且还包括管理标准，以确保各项活动的协调进行。每一个起草标准的人员在起草标准前，必须首先明确制定标准的对象，清楚编制标准需要遵循的基本原则，以及制定标准的程序和方法。

### 3.1.1 质量标准化对象

#### 3.1.1.1 对标准化对象的理解

所谓标准化对象，是指"需要标准化的主题"。这一内涵界定中，有两个关键词。第一个是"主题"，即回答"针对什么而制定标准"，需要标准化的主题可以是某一具体事物，如材料、系统、程序、协议、方法或活动等，也可以是多项具体事物所构成的整体的共同属性、本质和普遍规律，如鞋子的尺码和耐用性的标准化等。标准化对象决定了标准的名称、范围及标准技术要素的选择。当然，在质量标准的编写过程中，标准的名称将随着标准内容的进一步明确而调整得更加准确，标准的范围也将随着标准内容的完成而得到补充和完善。第二个是"需要"，即回答了"为什么制定标准"。也就是说，在众多的"主题"中，只有"需要"标准化的，才能成为标准化对象。"需要"的主体包括企业、消费者和政府三类。企业为了提升质量、提高管理效率和水平、促进创新而制定和实施质量标准，是质量标准的直接使用者，是质量标准需要的直接主体；消费者出于对自我利益的保护，要求企业按质量标准生产产品、提供服务，是质量标准的间接需要主体；政府部门及相关机构，为促进社会经济发展，充分发挥质量标准的本质作用，在对质量标准产生的必要性进行论证和把关的基础上进行质量标准的制定、宣贯和监督。政府监督的要求是正式质量标准产生的必要条件。

#### 3.1.1.2 确定质量标准化对象需要考虑的内容

质量标准化的对象不同，标准的内容也不同。确定质量标准化对象时，应从以下几个方面考虑。

第一，标准需求分析。标准化对象的确定是标准制定工作的第一项任务。前面提到只有"需要"标准化的，才能成为标准化对象。因此衡量哪些对象需要标准化是十分重要的问题，只有建立对需求迫切性的评估程序，使需求分析充分到位，才能使标准精准且及时地反映市场需求。需求分析可以从标准化的目的和用途、实施标准的可行性、制定标准的适时性等方面考虑。

第二，考察是否具备标准的特点。从标准的定义可知，标准需要具备"共同使用"和"重复使用"两个特点，因此必须考察所确立的标准化对象是否同时具备了这两个特点，缺少任何一个特点都不适宜作为标准发布。

第三，了解本领域的技术发展状况。应随时掌握本领域的技术发展动向，尤其是新技术、新工艺、新发明，为确定标准化对象做好充分的技术准备。

第四，考虑与有关文件的协调。要考虑新项目与现行标准、法规、法律或其他文件的关系，并评估它们的特性和水平，判断是否需要在技术上进行协调，在此基础上决定是否开展新的标准项目。

### 3.1.2 编写质量标准的基本方法

编写质量标准的基本方法主要有自主研制标准、采用国际标准和国外先进标准。

#### 3.1.2.1 自主研制标准

自主研制标准，是指标准的编写不是以翻译国际标准为主，标准的文本结构框架不以任何一个文件为基础的编制标准的模式。在编写标准之前，应广泛收集国外的相关资料，尤其是相关的国际标准和国外先进标准，作为标准中相关指标、方法的参考。

#### 3.1.2.2 采用国际标准和国外先进标准

采用是以国际质量标准和国外先进质量标准为基础制定本国质量标准的一种文本转换形式。这里所讲的"采用"与一般意义上质量标准的采用具有不同的含义。通常所说的质量标准的采用，实际上是指"质量标准的应用"，即质量标准在生产、贸易等方面的使用。

我国加入WTO时，承诺我国的质量标准要符合《WTO/TBT协议》的规定，包括起草质量标准要以国际质量标准为基础。我国的经济已经逐渐融入世界经济体系，在采用国际质量标准时，注重分析研究国际质量标准的适用性是十分必要的。

## 资料 3-1

在采用国际标准时,应明确标示国家标准和国际标准的一致性程度。一致性程度标识代号见表 3-1。

表 3-1 标准一致性程度标识代号

| 一致性程度 | 等同 | 修改 | 非等效 |
|---|---|---|---|
| 代号 | IDT | MOD | NEQ |

等同:指国家标准与国际标准的技术内容和文本结构相同,但允许进行诸如标点符号、增加资料性要素、增加单位换算内容等最小限度的编辑性修改。

修改:指国家标准与相应的国际标准存在技术性差异,或者文本结构变化,或者以上两种情况都存在,但这些差异均被明确说明。

非等效:指国家标准与国际标准的技术内容和文本结构不同,但这些差异没有在国家标准中清楚地说明,或者国家标准中只保留了少量或不重要的国际标准的条款。

一致性程度为"非等效"时,不属于采用国际标准。

(1) 采用情况

① 编辑性修改。编辑性修改是指在不变更标准技术内容条件下允许的修改。编辑性修改包括与现有的标准系列一致而修改标准的名称,增加资料性要素,页码改变,删除或修改国际标准的资料性要素,删除或替换国际标准的参考文献中的文件等。

② 技术性差异。技术性差异是指国家标准与相应的国际标准在技术内容上的不同,包括修改、增加或删除技术内容,如改变标准的范围、技术要素等。这种技术差异需要被明确标示和说明。

③ 结构变化。结构是指标准的章、条、段、表、图和附录的排列顺序。结构变化包括顺序前后的调整、删除或增加标准中的章、条、段、表、图和附录等。文本结构变化需要有清楚的比较。

(2) 采用国际标准的要点

在采用国际标准时,关注国际标准的适用性非常重要。主要包括以下几个方面。

① 关注国际标准的版权。在采用国际标准时,需要关注各个国际标准组织有关出版社的版权、版权使用权和销售的政策文件规定。WTO 提倡以国际标准为基础起草本国的国际标准,没有提出"采用"的概念。"采用"国际标准的概念来源于 ISO/IEC 指南 21。我国作为 ISO 的团体成员,将 ISO 发布的标准采用为国家标准是免费的,但我国在采用 ISO、IEC 外的其他国际标准组织发布的标准或出版物时,需要关注相关组织有关出版物的版权、

版权使用权和销售的政策文件规定。

② 关注国际标准的特殊用途。ISO、IEC 发布的标准或出版物，绝大部分是提供给团体使用的，成员团体可以将它们转化为国际标准。但是 ISO、IEC 发布的文件中有一些是为满足它们自身开展工作的需要制定的，也有一些是为其他组织专门制定的，这些都不适合转化为我国标准。所以，采用国际文件之前需要认真研究和分析国际文件的特殊用途。

③ 关注国际标准内容的性质。ISO、IEC 是国际性的非政府组织，它们发布的标准中的有些内容，在我国可能属于强制性国家标准的内容。因此，在采用时需要特别注意国际标准内容。凡是相应的内容在其他强制性国家标准中已经明文规定的，在采用国际标准的我国推荐性国家标准中，不论指标如何都不应再保留，实施时应按照强制性国家标准的规定执行；只有在强制性国家标准中没有规定的，即我国法律、法规不涉及的内容，在采用国际标准的我国推荐性国家标准中可以结合国情采用。

④ 精准翻译，规范编写。在采用国际标准时，需要进行精准翻译，以保持与原文一致。在此基础上，进行深入研究，充分论证，确定采用的类型和一致性程度，并按照 GB/T 1.1-2020《标准化工作导则 第 1 部分：标准化文件的结构和起草规则》的规定编写标准。

## 3.1.3 编写质量标准的目标、基本要求及主要原则

### 3.1.3.1 目标

制定质量标准的目标是规定明确且无歧义的条款，以便促进贸易和交流。

### 3.1.3.2 基本要求

为了实现编写质量标准的上述目标，编写质量标准时应满足以下基本要求。

① 在其范围所规定的界限内按需要力求完整。任何一项标准都在其"范围"内做到内容完整，满足标准的客观主体和主观主体的需要。

② 表达清楚、准确。标准的条文应该用词准确、严谨、逻辑性强。严禁模棱两可，防止不同的人从不同的角度对标准内容产生不同的理解，从而造成标准实施过程中的差异，影响其一致性。另外，在制定标准时，不但要考虑标准本身表述清楚、准确，还要考虑到相关标准之间或一项标准的不同部分之间关系清楚、相互协调。

③ 充分考虑最新技术水平。根据 GB/T 20000.1-2014，最新技术水平是指根据相关科学、技术和经验的综合成果判定的在一定时期内产品、过程和服务的技术能力的发展程度。在制定标准时，标准中所规定的内容应是在充分考虑技术发展的最新水平之后确定的。充分考虑并不是要求标准中所规定的各种指标或要求都是最新、最高的，但是，它们应是在对最新技术发展水平进行充分考虑、研究之后确定的。

④ 为未来技术发展提供框架。制定的标准要有一定前瞻性,要对技术的发展起到推动作用,因此不但要考虑当今最新的技术水平,还要为将来技术的发展提供框架,留有发展余地。

⑤ 能被未参加标准编制的专业人员所理解。参与标准制定的人员,因进行过深入思考并多次参与标准草案的讨论,对标准的内容非常熟悉,理解也较为准确。但是,标准的使用者更多的不是标准起草者,他们对标准理解的准确性将影响标准实施的效果,因此,标准的语言和表达形式应尽可能简单、明了、易于理解,避免使用深奥的词汇、方言和口语化的措辞。

#### 3.1.3.3 主要原则

标准在编制过程中应遵循的主要原则包括:统一性、协调性、适用性、一致性和规范性。

(1) 统一性

统一性是标准编写及表达的基本要求。统一性强调内部的统一,即一项标准内部或一系列相关标准内部的统一。这种统一将保证标准能被使用者无歧义地理解。统一性主要包括以下几个方面。

① 标准结构的统一。一项标准的某个部分或系列标准之间应使标准的结构尽可能相同,标准的章、条的编号也应尽可能相同。

② 文本的统一。类似条文应由类似措辞来表达,相同条文应由相同的措辞来表达。

③ 术语的统一。在每项标准或系列标准内,某一给定概念应使用相同术语。对已经定义的概念应避免使用同义词。每个选用的术语应尽可能只有唯一的含义。

以上这些要求对保证标准的可理解性将起到积极的作用,"结构、文本和术语"的统一,将避免同样的内容因不同表达而使标准使用者产生误解,也便于标准的翻译和传播。

(2) 协调性

各标准之间不是独立的,而是一个由广泛的内在联系所构成的标准体系,各标准间只有相互协调、相辅相成,才能充分发挥标准的系统功能,获得良好的系统效益,达到所有标准整体协调的目的。因此,标准之间的协调性是编制标准的重要原则之一。标准的编写应遵守现行基础标准的有关条款,尤其涉及以下几个方面。

① 标准化原理和方法。

② 标准化术语。

③ 术语的原则和方法。

④ 量、单位及其符号。

⑤ 符号、代号和缩略语。

⑥ 参考文献的标引。

⑦ 技术制图和简图。

⑧ 技术文件的编制。

⑨ 图形符号。

对于某些技术领域，标准的编写还应遵循涉及下列内容的现行基础标准中的有关条款。

① 极限、配合和表面特征。

② 尺寸公差和测量不确定度。

③ 优先数。

④ 统计方法。

⑤ 环境条件及有关实验。

⑥ 安全。

⑦ 电磁兼容。

⑧ 符合性和质量。

**(3) 适用性**

适用性是指标准的内容便于实施，并易于被其他的标准或文件引用。

在起草标准时应考虑标准的实施。如果标准中有些内容拟用于认证，则应将它们编为单独的章、条或编为标准的单独部分，这样有利于标准的使用。另外还要考虑被其他标准引用。例如，在起草无标识的列项时，应考虑这些列项是否会被其他标准所引用。如果被引用的可能性很大，则应考虑是否改为带有标识的列项。如果标准中的段会被其他标准所引用，则应考虑改为条。

**(4) 一致性**

如果有相应的国际文件，起草标准时应以其为基础并尽可能地与国际标准保持一致。与国际标准的一致性程度分为等同、修改或非等效。

**(5) 规范性**

在起草标准之前应确定标准的预计结构和内在关系，尤其应考虑内容的划分。如果标准分为多个部分，则应预先确定各个标准的名称。为了保证一项标准或一系列标准的及时发布，从起草工作开始到随后的所有阶段应遵守相关标准的规定。

### 3.1.4 制定质量标准的程序

标准的制定是一个非常严谨的过程，要严格遵守标准的制定程序。ISO、IEC 在《ISO/IEC 工作导则》第 1 部分：技术工作程序中，对制定国际标准的程序做出了规定。下面以国家标准为例，介绍国家标准的制定程序。

按照《国家标准制定程序的阶段划分及代码》（GB/T 16733-1997）的规定，国家标准制定程序分为九个阶段：预阶段、立项阶段、起草阶段、征求意见阶段、审查阶段、批准阶段、出版阶段、复审阶段和废止阶段（见表3-2）。

表3-2 国家标准制定程序的阶段划分及代码

| 阶段代码 | 阶段名称 | 阶段任务 | 阶段成果 | 完成周期（月） | WTO对应阶段 | ISO对应阶段 |
|---|---|---|---|---|---|---|
| 00 | 预阶段 | 提出新工作项目建议 | PWI | — | — | 00 |
| 10 | 立项阶段 | 提出新工作项目 | NP | 3 | Ⅰ | 10 |
| 20 | 起草阶段 | 提出标准草案征求意见稿 | WD | 10 | Ⅱ | 20 |
| 30 | 征求意见阶段 | 提出标准草案送审稿 | CD | 5 | Ⅲ | 30 |
| 40 | 审查阶段 | 提出标准草案报批稿 | DS | 5 | Ⅲ | 40 |
| 50 | 批准阶段 | 提出标准出版稿 | FDS | 8 | Ⅳ | 50 |
| 60 | 出版阶段 | 提出标准出版物 | GB，GB/T | 3 | Ⅳ | 60 |
| 90 | 复审阶段 | 定期复审 | 确认、修改、修订 | 60 | Ⅴ | 90 |
| 95 | 废止阶段 | — | 废止 | — | — | 95 |
| 国家标准发布时确定的实施日期即为WTO第Ⅴ阶段的开始 | | | | | | |

为深化标准化工作改革，加强对国家标准制修订工作的管理，建立公开透明、快速反映市场需求的国家标准制修订机制，国家标准化管理委员会研制了"国家标准制修订工作管理信息系统"，并于2005年12月30日正式启用，此后国家标准的计划立项、阶段管理、报批及复审均实现了网上管理。

#### 3.1.4.1 预阶段

我国实行标准制修订的常年公开征集制度。任何单位、个人均可根据国家标准制修订计划项目的立项条件向标准化技术委员会或直接向国家标准化管理委员会提出国家标准制修订计划项目提案。这一阶段需要提供的材料包括"强制性国家标准项目建议书"或"推荐性国家标准项目建议书"。

国务院有关主管部门、行业协会、企业集团、各技术委员会和各省、自治区、直辖市标准化行政主管部门按照立项条件要求，提出标准立项建议。

国家标准化管理委员会根据国民经济和社会发展的需要，对计划项目建议的必要性和可行性进行论证和审查，指定相关标准化技术委员会对其进行必要性和可行性初审，并向社会公众征求意见。若新工作项目提案获得通过，则将该提案（包括标准草案或标准大纲，以及标准与其他标准相互协调的关系等）上报国务院标准化主管部门；若新工作项目提案未获得通过，则放弃该提案。

#### 3.1.4.2 立项阶段

立项阶段是标准新工作项目的确立阶段。国务院标准化主管部门收到新工作项目建议后，将审查和协调这些新工作项目建议，对这些建议进行汇总、审查和确定。若新工作项目建议获得通过,则下达《制定国家标准项目计划》给归口的标准化技术委员会。没有归口标准化技术委员会的,下达给指定的业务相关的标准化技术委员会。若新工作建议经审查和协调没有获得通过,则返回提出者。

国家标准计划情况可以通过"国家标准化管理委员会"官方网站进行查询。

### 3.1.4.3 起草阶段

起草阶段是标准的编写阶段。标准起草阶段需要提供的材料包括"标准编制说明"和"标准草案"。该阶段有以下两项任务。

（1）成立起草工作组

标准草案由承担任务的相应标准化技术委员会组织起草。负责起草草案的单位应当具备相应的能力,可以是科研单位、企业,也可以是社团、协会组织等。标准的负责起草单位应指定项目负责人,并及时研究确定参加该项工作的人员,组成起草工作组。工作组应由具有一定技术水平和实践经验,比较了解全面情况的标准化人员和生产、科研等各方面的代表组成。

（2）编制标准征求意见稿及"编制说明"

工作组成立后,要经过调查研究、实验认证,开始起草标准草案征求意见稿。标准草案的编写应符合 GB/T 1.1-2020 的规定。在起草标准草案的同时要编写"编制说明",以及有关附件。编制说明的主要内容一般包括以下几项。

① 工作简况：包括任务来源、协作单位、主要工作过程、国家标准主要起草人及其所做的工作等。

② 标准编制原则和确定国家标准主要内容（如技术指标、参数、公式、性能要求、实验方法、检验规则）的依据；修订国家标准时,应增列与旧国家标准水平的对比。

③ 主要试验（或验证）的分析、综述报告,技术经济论证,预期社会经济效益。

④ 采用国际标准或国外先进标准的程度,以及与国外同类标准水平的对比情况,或与测试的国外样品、样机的有关数据对比情况。

⑤ 与有关的现行法律、法规和强制性国家标准的关系。

⑥ 重大分歧意见的处理经过和依据。

⑦ 国家标准作为强制性国家标准或推荐性国家标准的建议。

⑧ 贯彻国家标准的要求和措施建议（包括组织措施、技术措施、过渡办法等内容）。

⑨ 废止现行有关标准的建议。

⑩ 其他应予以说明的事项。

#### 3.1.4.4 征求意见阶段

征求意见稿完成后，负责起草单位的负责人要对该征求意见稿、编制说明及有关附件进行审查，审查后的材料在国家标准化管理委员会或技术委员会登记，并印发各有关部门的主要生产、经销、使用、科研、检验等单位及大专院校征求意见。一般期限为两个月。

#### 3.1.4.5 审查阶段

审查阶段是由国务院有关行政主管部门或技术委员会收到标准草案送审稿后，对该草案进行初审，初审通过后，按下面的审查方式、要求和内容对标准草案进行审查。

**（1）审查方式**

标准的审查方式有两种：会议审查（会审）和信函审查（函审）。对技术经济意义重大、涉及面广、分歧意见较多的标准送审稿，以及强制性标准应该采用会审方式。对比较成熟的、各方面分歧意见不多的标准送审稿，可采用函审方式。具体采用哪种审查方式由组织者决定。

会议审查时，会议组织者（技术委员会秘书处、技术归口单位及部门）至少应在会议前一个月将会议通知、标准草案送审稿、编制说明及有关附件、意见汇总表等提交被邀请参加会议的单位和人员。

信函审查时，审查工作的组织者应在函审表决前两个月，将标准草案送审稿、编制说明及有关附件、意见汇总表及函审单寄交参加审查的有关单位和专家。

**（2）审查要求**

标准所涉及的领域如已经设立了标准化技术委员会，则应由技术委员会组织审查。在这种情况下，秘书处应将国家标准送审稿送委员会主任委员初审之后，提交全体委员会进行审查。审查时如需要表决，必须有全体委员的 3/4 以上同意方为通过。标准所涉及的领域如未设立标准化技术委员会，则由项目主管部门或其委托的技术归口单位组织审查。这时应邀请有代表性的生产、使用、科研、设计、检验、流通单位和大专院校的有关代表参加标准送审稿的审查。其中使用方的代表不得少于 1/4。会议审查如需要表决，必须有不少于出席会议代表人数的 3/4 同意方为通过。标准的起草人不能参加表决，其所在单位的代表不能超过表决者的 1/4。

函审时，必须有 3/4 回函同意方为通过。回函率不足 2/3 时，应重新组织审查。

会议审查后，要有对标准送审稿的审查结论。审查结论最好形成独立的文件，也可写在审查纪要或会议纪要中。

**（3）审查内容**

对标准草案送审稿应重点审查下列内容。

① 标准草案是否符合或达到预定的目的和要求。

② 标准草案与我国有关法律、法规、强制性标准是否一致。

③ 标准草案的技术内容是否符合我国有关方针政策和经济技术发展方向。
④ 技术指标和性能是否先进、安全、可行和经济合理,各项规定是否完整协调等。
⑤ 标准草案与有关国际标准是否一致。
⑥ 强制性标准实施日期的建议,以及标准实施的过渡方法。

#### 3.1.4.6 批准阶段

(1) 上报

标准草案送审稿经审查通过后,标准编写工作组应根据审查意见及时整理并提出标准草案报批稿及有关附件,填写"标准报批签署单",由标准负责起草单位技术负责人审查签字后,报技术归口单位或标准化技术委员会。

上报标准草案报批稿时,还应提供以下必要的附件。

① 标准编制说明。
② 审查会议纪要或函审结论。
③ 意见汇总及处理表。
④ 主要的试验研究报告。
⑤ 标准实施日期和贯彻措施建议。
⑥ 所采用的国内、国外标准原文或译文。

技术归口单位或标准化技术委员会在接到起草单位整理的标准草案报批稿后,要对技术内容和编写质量进行全面复核,并上报主管部门。主管部门对其程序和技术审查后,由国家标准技术审查机构对标准报批稿及报批材料进行技术审查,并提出审查意见和结论。

(2) 审批、发布

国家标准须经主管机关审批、发布后才有效。国家标准由国务院标准化行政主管部门审批、编号和发布。工程建设方面的国家标准由国务院工程建设主管部门审批,国务院标准化行政主管部门编号,国务院标准化行政主管部门和国务院工程建设主管部门联合发布。国家标准在审批通过后,在国家标准化管理委员会网站进行公告发布,已发布的公告可通过查询系统进行查询。

#### 3.1.4.7 出版阶段

在国家标准出版过程中,发现内容有缺点或错误时,由标准出版单位及时与负责起草的单位进行联系。如国家标准的技术内容需要更改,则应经国家标准审批部门批准。

#### 3.1.4.8 复审阶段

国家标准实施后,应根据科学技术的发展和经济建设的需要适时进行复审,复审周期一般不超过五年。国家标准复审后,通常有下述3种结果。

① 对不需要修改的标准确认其继续有效,不改变标准的顺序号和年号。当国家标准再

版时，在标准封面的国家编号下写明"×××年确认有效"字样。

② 需修改的国家标准作为修订项目，列入计划。修订国家标准顺序号不变，将年号改为修订后发布的年号。

③ 已无存在必要的国家标准，由标准化技术委员会或相关部门对该国家标准提议废止。

#### 3.1.4.9 废止阶段

已无存在必要的国家标准，由国务院标准化行政主管部门予以废止。

以上九个阶段为通常情况下的国家标准制定程序的阶段划分。

## 3.2 质量标准的具体内容

标准是一种规范性文件，标准编写的体裁格式，章、条编号，文字结构与表达方式都有统一规定。国家标准 GB/T 1.1 对此做了详细说明。

针对一个标准化对象，可以制定一项标准，也可以制定一组系列标准；而一项标准又可以有两种表现形式：作为一个整体出版的单独的标准和分若干部分出版的标准。无论是单独出版的标准还是分若干部分出版的标准，在内容划分上应遵循相同的规则。

### 3.2.1 标准的结构

#### 3.2.1.1 要素

一项标准无论涉及的标准化对象是什么、范围如何、叙述内容多少，都是由各种要素构成的。标准的要素主要有以下两种分类方式。

**（1）按要素的性质划分**

根据要素的性质划分，可分为"规范性要素"和"资料性要素"（见图 3-1）。

规范性要素是"要声明符合标准而应遵守的条款的要素"。也就是说，要声明某一产品、过程或服务符合某一项标准，并不是说要符合标准中的所有内容，而只是要符合标准中的规范性要素的条款。要遵守这一标准，就要遵守该标准中的所有规范性要素中所规定的内容。

规范性要素可进一步划分为"规范性一般要素"和"规范性技术要素"。规范性一般要素是指位于标准正文前面的三个要素，即标准的名称、范围和规范性引用文件。规范性技术要素是标准的核心部分，也是标准的主要技术内容，如术语和定义、符号和缩略语、要求、规范性附录等。

```
                                    ┌─ 名称
                    ┌─ 规范性一般要素 ─┼─ 范围
                    │                └─ 规范性引用文件
      ┌─ 规范性要素 ─┤
      │             │                ┌─ 名称
      │             │                ├─ 术语和定义
      │             └─ 规范性技术要素 ─┼─ 符号和缩略语
      │                              ├─ 要求
标准的要素┤                              ├─ ……
      │                              └─ 规范性附录
      │
      │             ┌─ 资料性概述要素 ─┬─ 封面
      │             │                ├─ 目次
      │             │                ├─ 前言
      └─ 资料性要素 ─┤                └─ 引言
                    │
                    │                ┌─ 资料性附录
                    └─ 资料性补充要素 ─┼─ 参考文献
                                     └─ 索引
```

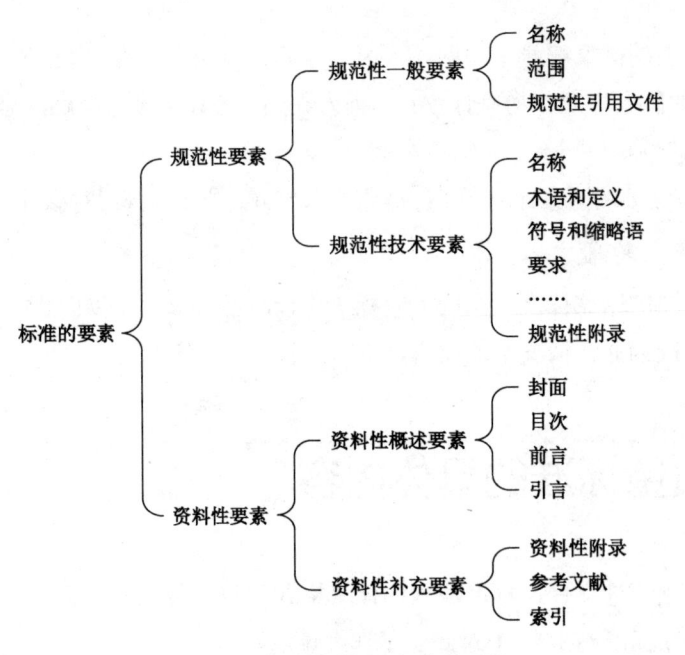

图 3-1  按照性质划分标准的要素

资料性要素是"标识标准、介绍标准、提供标准的附加资料的要素"。也就是说，在声明符合标准时无须遵守的要素。这些要素在标准中存在的目的，并不是要让标准使用者遵照执行，而只是要提供一些附加资料。

资料性要素可进一步划分为"资料性概述要素"和"资料性补充要素"。资料性概述要素是介绍其内容、背景、发展情况以及本标准与其他标准的关系的要素，包括封面、目次、前言和引言四个要素。资料性补充要素是提供附加信息，以帮助理解或使用标准的要素，是位于标准正文之后除规范性附录之外的资料性附录、参考文献和索引三个要素。

（2）按要素的状态划分

根据要素在标准中是否必须存在的状态来划分，可划分为"必备要素"和"可选要素"（见图 3-2）。

```
                        ┌─ 封面
              ┌─ 必备要素 ┼─ 前言
              │         ├─ 名称
  标准的要素 ─┤         └─ 范围
              │
              └─ 可选要素：除上述四个要素之外的其他所有要素
```

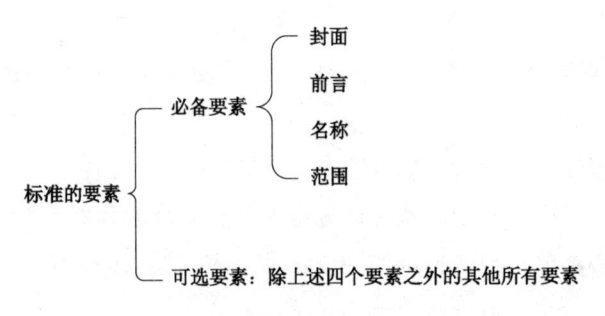

图 3-2  按照状态划分标准的要素

必备要素是在标准中必须存在的要素，如封面、前言、名称、范围。可选要素是在标准中由特定标准的具体条款决定存在与否的要素。也就是说，在某些标准中可能存在，在另外标准中可能不存在的要素。除上面四个要素之外，其他要素都是可选要素，如规范性引用文件等。

#### 3.2.1.2 条款

（1）条款的类型

标准中的条款分为 3 种类型。

① 陈述型条款：表达信息的条款。

② 推荐型条款：表达建议或指导的条款。

③ 要求型条款：表达如果声明符合标准需要满足的准则，并且不允许存在偏差的条款。

（2）条款的表述方式

在标准的编制过程中，上述 3 种不同类型的条款是通过使用不同的句式或助动词来表达的。

① 陈述型条款的表述。陈述型条款可以通过汉语的陈述句或利用助动词来表述。

利用一般陈述句提供信息。例如，"章是标准内容划分的基本单元"就是用陈述句解释"章"的含义。

利用助动词"可"或"不必"，表示在标准的界限内允许的行为或行动步骤。例如，"一个层次中有两个或两个以上的条时才可设条"，表明只有符合条件（具有两个或两个以上的条）才"允许"设条。

利用助动词"能"或"不能"，表示由材料的、生理的或某种原因导致的能力。例如，"在空载的情况下，机车的速度能达到 200 km/h"，表示机车在速度方面具有的能力。

利用助动词"可能"或"不可能"，表示由材料的、生理的或某种原因导致的可能性。例如，"标准的某些内容可能被法规引用"，表示标准有被法规引用的可能性。

② 推荐型条款的表述。推荐型条款是表达建议或指导的条款，通常用"宜"或"不宜"来表达，表示在几种可能性中推荐特别适合的一种，不提及也不排除其他可能性；或某个行动步骤是首选的但未必是所要求的；或不赞成但也不禁止某种可能性或行动步骤。例如，"温度不宜高于 25 ℃"，表示温度高于 25 ℃ 是不赞成的。

③ 要求型条款的表述。要求型条款可以通过汉语的祈使句或利用助动词来表述。表达要求型条款的助动词有"应"或"不应"。

由上述可见，使用不同的助动词可以表示不同类型的条款。通常使用的助动词有 5 类。表 3-3 给出了为表述各类条款所使用的助动词及其等效表述。

表 3-3  各类条款使用的助动词及其等效表述

| 条款 | 助动词 | 等效表述 | 功　　能 |
|---|---|---|---|
| 要求 | 应 shall | 应该 只准许 | 表达要求型条款，表示声明符合标准需要满足的要求 |
| | 不应 shall not | 不得 不准许 | |
| 推荐 | 宜 should | 推荐 建议 | 表达推荐型条款，表示在几种可能性中推荐特别适合的一种，不提及也不排除其他可能性，或表示某个行动是首选的但未必是所要求的 |
| | 不宜 should not | 不推荐 不建议 | |
| 陈述 | 可 may | 可以 允许 | 表达陈述型条款，表示在标准的界限内所允许的行动步骤 |
| | 不必 need not | 无须 不需要 | |
| 陈述 | 能 can | 能够 | 表达陈述性条款，陈述由材料的、生理的或某种原因导致的能力 |
| | 不能 can not | 不能够 | |
| 陈述 | 可能 could | 有可能 | 表达陈述性条款，陈述由材料的、生理的或某种原因导致的可能性 |
| | 不可能 could not | 没有可能 | |
| 在"允许"的情况下，不能使用"可能"或"不可能" 在"允许"的情况下，不能使用"能"代替"可" | | | |

注："可"是标准所表达的许可，而"能"是指主客观原因导致的能力，"可能"则指主客观原因导致的可能性。

### （3）条款内容的表达形式

在表述条款的内容时，可以根据不同的需要采取不同的表达形式。条款内容的表达形式主要有条文、注和脚注、示例、图、表等。

① 条文。条文是条款的文字表达形式，是最常用的形式。标准中的文字应使用规范汉字，标点符号的使用应符合《标点符号用法》（GB/T 15834-2011）的规定。

② 注和脚注。注和脚注是标准的辅助表达形式，通过解释性或说明性的文字，为准确理解和使用标准提供帮助。注和脚注通常使用文字表述，条文中注和脚注的内容是资料性的。

③ 示例。示例是条款的另一种辅助表达形式，可用文字、图、表等形式表达，其内容是资料性的。

④ 图。图是条款的一种特殊表达形式，可以使表述更加清晰、直观、易懂。

⑤ 表。表也是条款的一种特殊表达形式，相对于文字表达更为简洁明了，便于对比和理解。

## 3.2.2 标准要素的编写

### 3.2.2.1 封面

每项标准均应有封面（见图 3-3）。在标准封面上需要标示以下内容。

图 3-3 封面

- 标准的层次；
- 标准的标志；
- 标准的编号；
- 被代替标准的编号；
- 国际标准分类号（ICS 号）；
- 中国标准文献分类号；
- 备案号（不适用于国家标准）；
- 标准名称；
- 标准名称对应的英文译名；
- 与国际标准的一致性程度标识。

以国家标准为例，封面的内容有"中华人民共和国国家标准"字样和标准的标志、中文名称、英文名称、ICS 号（国际标准分类号）、中国标准文献分类号、标准编号、被代替标准的编号、发布日期、实施日期、发布标准的部门等。其他级别的标准的封面一般包含标准的编号、名称、发布部门、发布日期及实施日期等内容。

"部分"是一项标准被分别起草、批准发布的系列文件之一。部分是标准中十分重要的一个层次。ISO、IEC 通过把标准划分为部分，将同一个标准化对象的各个方面或内容放在同一个标准号之下的不同部分中，这样既方便了标准的管理，又方便了标准的使用。我国标准也借鉴了 ISO、IEC 的这一做法，重视标准中部分的使用。

**（1）部分的划分原则**

标准划分为部分制定，可参考以下原则。

① 基本原则。在以下特殊情况下，可在相同的标准顺序号下将标准划分为若干个彼此独立的部分。

- 标准篇幅过长；
- 后续部分的内容相互关联；
- 标准的某些部分可能被法规引用；
- 标准的某些部分拟用于认证。

② 考虑使用方的需求。当标准化对象的不同方面可能引起不同相关方的关注时，应区分这些不同方面，最好将它们编制成一个标准的若干单独的部分，例如：

- 健康和安全要求；
- 性能要求；
- 维修和服务要求；
- 安装规则；
- 质量评定；
- 考虑使用的方式。

③ 若标准化的对象可以分为若干特定方面，可将这些方面分别制定为标准的几个部分。

**（2）注意事项**

① 部分的编号应位于标准顺序号之后，使用阿拉伯数字从 1 开始编号，如"第 1 部分："，而不能写为"第一部分"。部分的编号与标准顺序号之间用下脚点相隔，如 9999.1，9999.2 等。部分的编号和章条的编号一样，是一项标准的内部编号。

② 部分的名称只能用分段式，至少要有主体要素和补充要素两段组成。

③ 在第 1 部分的前言中应说明标准的预计结构，并且在标准每一部分的前言中，列出所有已经发布或计划发布的其他部分的名称，而不必说明标准的结构。

如果标准有对应的国际标准，还应在封面上标明一致程度的标识，一致性程度的标识由对应的国际标准编号、国际标准名称（使用英文）、一致性程度代号等内容组成。当国家标准的英文名称与国际标准名称相同时，则不必标出国际标准名称。

**3.2.2.2　目次**

目次为可选要素。如果标准内容多、篇幅长、结构较复杂，可设置目次，这样便于阅读和使用。目次应位于封面之后，用"目次"做标题。目次中的内容及次序为：

- 前言；
- 引言；
- 章的编号、标题；
- 条的编号、标题（需要给出条时，才列出，并且只能列出带有标题的条）；
- 附录的标识、附录的性质（即"规范性附录"或"资料性附录"，在圆括号中给出标题）；
- 附录章的编号、标题（需要给出附录的章时才列出）；
- 附录条的编号、标题（需要给出附录的条时才列出，且只能列出带有标题的条）；
- 参考文献；
- 索引；
- 图的编号、图题（需要时列出）；
- 表的编号、表题（需要时列出）。

具体编写目次时，在列出上述内容的同时，还应列出其所在的页码。目次中所列出的要素均应使用完整的标题。"术语和定义"一章的术语不应在目次中列出，因为术语不是条的标题。

（1）章

章是标准内容划分的基本单元，是标准或部分中划分出的第一层次，因而构成了标准结构的基本框架。在每项标准或每个部分中，章的编号应从"范围"一章开始。编号应使用阿拉伯数字，并从 1 开始，这种编号一直延续到附录之前。每一章都应有标题，标题位于编号之后，并与其后的条文分行。

（2）条

条是对章的细分。凡是章以下有编号的层次均被称为条。

① 条的编号。条的设置是多层次的，最多可划分为五个层次。条的编号采用阿拉伯数字加下脚点的形式，如 3.1，3.1.1 等。同一层次中有两个或两个以上的条时才可以设为条，如没有 4.1.2 条，就不应该设置 4.1.1 条。应避免无标题条再分条。

② 条的标题。条有标题时，标题应写在编号后面（编号与标题或文字之间空一个字的间隙），单独占一行。章和条的编号都应顶格排。原则上，第一层次的条都应该有标题。同一层次的条有无标题应统一。如 10.1.1 有标题，则 10.1.2，10.1.3 等也应有标题。对于不同章中的条或不同条中的条，标题的设置可以不一致。

对于无标题的条，可将首句中的关键术语或短语标为黑体，以标明所涉及的主题。但这类术语或短语不应列入目次。

③ 条的划分原则。

第一，段与段之间涉及的内容明显不同，为了便于区分，可将它们分成彼此独立的条。

第二，当某一章或条的几段内容中的某段可能被本标准或其他标准所引用时，尤其是本标准内部就需要引用时，应考虑设立条，这样通过直接引用相应的条编号就可达到准确引用的目的。

**(3) 段**

段是章或条中不编号的细分部分。段没有编号,这是区分段与条的明显标志。在标准中应尽量避免出现"悬置段"。"悬置段"是指在章标题或条标题与下一层次条之间设段。

**(4) 列项**

列项是具有并列含义的句子。列项可以是"段"中的一个层次,它可以在标准的章或条中任意段里出现。

列项可以无编号,也可以有编号。无编号时,在列项的各项之前使用破折号或圆点。当需要对列项的内容进行识别时,则在每一项前用带半圆括号的小写拉丁字母顺序编号,如 a)、b) 等,如还要对已经用字母编号的某项进一步细分,则应使用带半圆括号的阿拉伯数字,如 1)、2) 等。

列项的特征是要有引语,并且引语所引出的内容应是并列关系。同时要注意它与条的编号的不同。在列项的各项中,可将其中的关键术语或短语标为黑体,以标明各项所涉及的主题。这类术语或短语不应列入目次;若有必要列入目次,则不应使用列项的形式,而应采用条的形式,将相应的术语或短语作为条标题。

**(5) 附录**

附录是标准层次的表现形式之一。附录分为两类:一类是"规范性附录",另一类是"资料性附录"。

在编写标准时,遇到以下情况,应该作为附录。

① 部分独立内容篇幅过长。当标准的某些内容与其他相关章、条比较,内容相对独立且篇幅过长,影响了标准结构的整体平衡,可将这些内容单独编写在一个附录中。

② 对条款的补充或细化。可将标准正文中涉及某项内容的部分规定单独编写在一个附录中,进一步补充或详细说明标准中相应条款的要求。

③ 附加的技术内容。对于标准中附加的但又是必须涉及的技术内容,为了突出主要技术内容,可将其编写在一个附录中。

④ 复杂的示例。若标准中给出的示例较为详细或复杂,通常应编写在一个附录中。

⑤ 提供资料性的信息。对于一些不太适合通过"注"和"脚注"表达的解释或说明,如篇幅太长、有图表等,编写在附录中是较为合适的。

⑥ 说明与国际标准的技术性差异或结构变化。

**3.2.2.3　前言**

前言是资料性概述要素,同时也是必备要素。即每项标准均有前言。前言应位于目次(如果有的话)之后,引言(如果有的话)之前。前言的作用是提供与"怎么样"有关的信息,主要陈述与本文件相关的其他文件的信息。

## （1）前言的内容

根据前言的作用，前言一般应依次包括下列内容：

- 对标准结构的说明；
- 标准编制所依据的起草规则；
- 标准代替的全部或部分其他文件的说明；
- 与国际文件、国外文件关系的说明；
- 有关专利的说明；
- 标准的提出信息（可省略）或归口信息；
- 标准的起草单位和主要起草人；
- 标准所代替标准的历次版本发布情况。

## （2）注意事项

- 前言中不应该包含要求和推荐型条款；
- 前言中不应包含公式、图及表；
- 前言中不应包含"范围"一章的内容；
- 前言中不应规定配合使用的文件；
- 前言中不应阐述标准制定的意义、立项情况、编制过程等。

前言示例如图 3-4 所示。

GB 12693—2010

前　言

本标准代替GB 12693-2003《乳制品企业良好生产规范》和GB/T 21692-2008《乳粉卫生操作规范》。
本标准对应于国际食品法典委员会（CAC）CAC/RCP 1-1969, Rev.4-2003 Recommended International Code of Practice General Principles of Food Hygiene及CAC/RCP 57-2004 Code of Hygienic Practice for Milk and Milk Products，本标准与CAC/RCP 1-1969, Rev.4-2003、CAC/RCP 57-2004的一致性程度为非等效；同时参考了欧盟法规（EC）No. 852/2004 On the hygiene of foodstuffs及（EC）No. 853/2004 Laying down specific hygiene rules for food of animal origin。
本标准与GB 12693-2003和GB/T 21692-2008相比，主要变化如下：
——标准名称改为《乳制品良好生产规范》；
——对适用范围进行了调整，强调了适用于各类乳制品企业；
——修改了标准条款框架；
——强调了在原料进厂、生产过程的食品安全控制、产品的运输和贮存整个生产过程中防止污染的要求；
——对生产设备进行了调整，从防止微生物、化学、物理污染的角度对生产设备提出了布局、材质和设计要求；
——取消了实验室建设中的硬件要求；
——增加了原料采购、验收、运输和贮存的相关要求；
——强调了生产过程的食品安全控制，并制定了控制微生物、化学、物理污染的主要措施；
——增加了包装材料及其使用要求；
——增加了关键控制点的控制指标、监测以及记录要求；
——增加了产品追溯与召回的具体要求；
——增加了记录和文件的管理要求。
本标准的附录A为资料性附录。
本标准所代替标准的历次版本发布情况为：
——GB 12693-1990、GB 12693-2003；
——GB/T 21692-2008。

图 3-4　前言

### 3.2.2.4 引言

引言是可选的概述要素。引言主要回答"为什么",包括为什么制定该标准、该标准的技术背景如何等。

**(1) 引言的内容**

引言的内容与前言不同,可包括以下几个方面。

- 编制标准的原因;
- 标准技术内容的特殊信息或说明;
- 专利的声明。

**(2) 注意事项**

- 引言位于前言之后;
- 引言不包含要求;
- 引言一般不分条,也不编号。当引言内容需要分条时,应仅对条编号,编号为0.1, 0.2 等;
- 引言中如果有图、表、公式或脚注等均应使用阿拉伯数字从1开始对它们进行编号。

引言示例如图 3-5 所示。

```
GB/T 20014.5—2008
                            引 言
  食品安全不仅关系到消费者的身体健康和生命安全,而且还直接或间接影响到食品、农产品行业的
健康发展。因此,食品安全是对食品链中所有从事食品生产、加工、储运等组织的首要要求。
  作为食品链的初端,水果和蔬菜种植过程直接影响农产品及其加工食品的安全水平。为达到符合法
律法规、相关标准的要求,满足消费者需求,保证食品安全和促进农业的可持续发展,提出以下要求:
  0.1 食品安全危害的管理
  本标准采用危害分析与关键控制点(HACCP)方法识别、评价和控制食品安全危害。在水果和蔬菜
种植生产过程中,针对不同作物生产特点,对作物管理、土壤肥力保持、田间操作、植物保护组织管理
等提出了要求。
  0.2 农业可持续发展的环境保护要求
  本标准提出了环境保护的要求,通过要求生产者遵守环境保护的法规和标准,营造农产品生产过程
的良性生态环境,协调农产品生产和环境保护的关系。
  0.3 员工的职业健康、安全和福利要求
  本标准提出了员工职业健康、安全和福利的要求。
  本标准将内容条款的控制点划分为3个等级,并遵循表1原则:
                            表1
```

| 等级 | 级别内容 |
| --- | --- |
| 1 | 基于危害分析与关键控制点(HACCP)的食品安全要求 |
| 2 | 基于1级控制点要求的环境保护、员工福利的基本要求 |
| 3 | 基于1级和2级控制点要求的环境保护、员工福利的持续改善措施要求 |

图 3-5 引言

### 3.2.2.5 范围

范围为必备要素。它用于简要说明一项标准的对象和涉及的相关方面、适用范围和领域,必要时可指出标准不适用时的界限。范围应能作为标准的内容提要来使用。

范围的内容分为两部分：一部分阐述标准中"有什么"，即标准化的对象；另一部分阐述标准能"有什么用"，即标准化的适用性。

编写"有什么"的内容时应明确标准化对象，也就是要说明对什么制定标准。用非常简洁的语言对标准的主要内容做出提要式的说明，具体编写时要前后照应。"前"是指范围之前的标准名称，在标准名称中有的内容，在范围中一定要有；标准名称中写不下的内容，在范围中一定要补全。"后"是指范围之后的规范性要素，对于标准中规范性要素，要按照章的顺序将章的标题恰当地、有机地组织到"有什么"的条款中。

"有什么用"阐明标准化的适用性或标准化的适用领域，由此指明标准的适用界限。要阐述标准本身有什么用，而不是描写标准所涉及的标准化对象有什么用。

范围示例如图3-6所示。

1 范围

本标准适用于以牛乳（或羊乳）及其加工制品等为主要原料加工各类乳制品的生产企业。

图3-6 范围

#### 3.2.2.6 规范性引用文件

规范性引用文件是规范性一般要素，也是可选要素，用来列出标准中规范性引用的文件。只要标准中有规范性引用文件，则应作为第2章。

(1) 规范性引用文件的内涵

所谓规范性引用，是指标准中引用了某文件或文件的条款后，这些文件或其中的条款即构成了标准整体不可分割的组成部分，也就是说，所引用的文件或条款与标准文本中规范性要素具有同等的效力。

✓ 资料3-2

> 资料性引用是指标准中引用了某文件或某文件的条款后，这些文件的内容并不构成引用它的标准中的规范性内容，使用标准时，并不需要遵守所引文件中被提及的内容。提及这些文件的目的只是提供一些参考信息或资料。如果需要，可将资料性引用的文件列入"参考文献"中。

(2) 标准中规范性引用的表述

规范性引用一般表述为："×××应符合×××的规定"；"×××应按照×××的要求"。

(3) 引用的方式

引用方式有注日期引用和不注日期引用两种方式。注日期引用就是在引用时注明了所引文件的年号或版本号。凡是使用注日期引用的方式，表示仅注日期版本的内容适用于引用它的标准，该标准以后被修订的新版本中的内容不适用。不注日期引用是在引用时不提及所引文件的年号或版本。凡是使用不注日期引用的方式，表示引用文件是最新版的。

（4）规范性引用文件一章的引导语

规范性引用文件一章中，在列出所引用的文件之前应有一段固定的引导语，即：

"下列文件对于本文件的应用是必不可少的。凡是注日期的引用文件，仅所注日期的版本适用于本文件。凡是不注日期的引用文件，其最新版本（包括所有的修改单）适用于本文件。"

（5）注意事项

● 不列入不能公开得到的文件；

● 不列入起草过程中依据或参考过的文件等，这些只能作为"参考文献"列在后面；

● 不列入尚未发布的标准或尚未出版的文件；

● 引用文件的排列顺序为：国家标准、行业标准、地方标准、国内有关文件、ISO 标准、IEC 标准、ISO 或 IEC 有关文件、其他国际标准及其他国际有关文件，国际标准、ISO 标准、IEC 标准按标准顺序号排列，行业标准、地方标准先按标准代号的拉丁字母顺序排列，再按标准顺序号排列；

● 如果引用的文件可在线获得，宜提供详细的获取和访问途径。应给出被引用文件的完整网址。为了提供溯源性，宜提供源网址。

规范性引用文件示例如图 3-7 所示。

2　规范性引用文件

本标准中引用的文件对于本标准的应用是必不可少的。凡是注日期的引用文件，仅所注日期的版本适用于本标准。凡是不注日期的引用文件，其最新版本（包括所有的修改单）适用于本标准。

图 3-7　规范性引用文件

### 3.2.2.7　术语和定义

术语和定义在非术语标准中为可选要素，若标准中以"术语和定义"为标题单独设一章，则其为该标准的规范性技术要素。

（1）术语的选择

非术语标准中的术语，只限该标准使用，其选择可考虑以下几个方面。

① 理解不一致的术语，如在不同语境中有不同解释，或在标准中使用了通用技术术语的特定含义时。

② 列入"术语与定义"中的术语应是标准中多次使用的术语。

③ 尚无定义或需要改写已有定义的术语。

### （2）术语和定义的引导语

标准中"术语和定义"根据不同的情况，选择不同的引导语。标准中界定的术语和定义，可采用"下列术语和定义适用于本文件"的字样。对其中采用其他文件中界定的术语和定义，可采用"GB/T××××以及下列术语和定义适用于本文件"的字样。

### （3）术语条目的内容

术语条目至少包含以下 4 项内容。

① 条目编号。

② 术语。

③ 英文对应词。

④ 定义。

#### 3.2.2.8 要求

要求为可选要素，在规范性技术要素中，它的使用频率最高。"要求"这一要素所表述的内容和形式是不固定的。根据编写标准的目的，其内容可以表达"结果"，即"是什么"，也可以表达"过程"，即"怎么做"，其形式可以是条文、图或表。

要求示例如图 3-8 所示。

**8 原料和包装材料的要求**

**8.1 一般要求**

8.1.1 企业应建立与原料和包装材料的采购、验收、运输和贮存相关的管理制度，确保所使用的原料和包装材料符合法律法规的要求。不得使用任何危害人体健康和生命安全的物质。

8.1.2 企业自行建设的生乳收购站应符合国家和地方相关规定。

GB 12693—2010

**8.2 原料和包装材料的采购和验收要求**

8.2.1 企业应建立供应商管理制度，规定供应商的选择、审核、评估程序。

8.2.2 企业应建立原料和包装材料进货查验制度。

8.2.2.1 使用生乳的企业应按照相关食品安全标准逐批检验收购的生乳，如实记录质量检测情况、供货方的名称以及联系方式、进货日期等内容，并查验运输车辆生乳交接单。企业不应从未取得生乳收购许可证的单位和个人购进生乳。

8.2.2.2 其他原料和包装材料验收时，应查验该批原料和包装材料的合格证明文件（企业自检报告或第三方出具的检验报告）；无法提供有效的合格证明文件的，应按照相应的食品安全标准或企业验收标准对所购原料和包装材料进行检验，合格后方可接收与使用。应如实记录原料和包装材料的相关信息。

8.2.3 经判定拒收的原料和包装材料应予以标识、单独存放，并通知供货方做进一步处理。

8.2.4 如发现原料和包装材料存在食品安全问题时应向本企业所在辖区的食品安全监管部门报告。

图 3-8　要求

#### 3.2.2.9 参考文献

参考文献为可选要素。为了便于查询,需要将标准中资料性引用的文件列出时,可设置"参考文献"这一要素。

根据需要可将下列文件列入参考文献:
- 标准条文中提及的文件;
- 标准条文中的注、图注、表注中提及的文件;
- 标准中资料性附录提及的文件;
- 术语和定义一章中在定义后的方括号中标出的术语和定义所出自的文件;
- 摘抄形式引用时,在方括号中标出的摘抄内容所出自的文件;
- 标准编制过程中依据或参考过的文件。

#### 3.2.2.10 索引

索引为可选要素,当有索引时,索引应作为标准的最后一个要素。索引一般以标准中的"关键词"作为索引对象,以关键词的汉语拼音顺序为索引顺序,并引出对应的章条、附录编号和(或)表的编号。

## 3.3 质量标准编写软件

### 3.3.1 TCS 的由来

质量标准不仅要求内容准确合理,而且格式也需要统一规范。标准制定人员在撰写标准的过程中,常常需要花费大量的时间和精力去校对和调整格式。即便这样,仍不能保证编写出来的质量标准完全符合格式要求。因此,为便于质量标准编写人员编写出符合 GB/T 1.1-2020 要求的标准,GB/T 1.1-2020 在修订过程中,基于以往成功经验,国家标准化管理委员会(以下简称国标委)用软件技术把 GB/T 1.1-2020 的要求融入其中,同时开发了 TCS 2009,在标准发布的同时向参加培训学习的标准化工作人员发放了 TCS 2009,使标准编写人员在编写标准过程中,不用随时查阅 GB/T 1.1-2020,将标准制定人员从烦琐的格式校对工作中解脱了出来。随后在使用中,国标委针对发现的问题又发布了 TCS 2010。

标准编写软件 TCS 2009 和 TCS 2010 实际上就是一种排版辅助工具(即标准模板),使用 TCS 软件进行标准的编写是非常简便且高效的。

## 3.3.2　TCS 2010 的特点与使用方法

TCS 2010 采用.doc 文件，文件的体积小，运行方式改为随 Word 一起运行，即双击打开一个 Word 文档，如果识别为标准文档，则自动加载相应的功能按钮，否则不加载。

### 3.3.2.1　TCS 2010 的特点

（1）适应多个版本的办公软件，与 Word 完美融合

它能够自动选择 Word 版本，选择顺序为：Word2007、Word2003、WordXP、Word2000。如果没有安装 MS Word 任何版本，系统会提示"请安装 MS Office2007"。

注意：千万不要用 MS Word 以外的编辑软件，如 WPS。而且，编辑好的标准（TCS）也不要用 WPS 打开。

（2）符合 GB/T 1.1-2020 对标准编写的新规定

对编排格式进行了调整，例如：调整了"章标题""条标题""图的编号和图题""表的编号和表题"的前后空行的规定；对目次中显示的标准中不同层次要素是否退格做出要求。用此软件编写的标准，完全符合 GB/T 1.1-2020 的规定。

（3）良好的用户操作界面

界面设计友好，如添加"封面"的操作、菜单的使用等都较方便。开发了常用的标准编写工具，设计了直观的图标，用户可以轻松自如地完成标准编写工作。

（4）新增功能

① 排版打印——提供了"双面打印"功能，可自主选择"单面打印"或"双面打印"，并加入了"预览"功能，使用户在打印前看到文件编辑情况。

② 表格——加入"插入表格"的功能，用户单击相应菜单栏即可插入规定的表格，比用户需按照 GB/T 1.1-2020 去设置不同表格框线更方便。

③ 公式——新增内容，共设有"插入公式""公式编号""更新公式编号"三项功能。

④ 索引——新增内容，根据需要可方便地标记索引项，可在索引页面上自动生成符合规定的索引。

（5）改进了某些功能

① 封面——界面简洁，需填写的地方均有提示，操作简单（灰色区域）。

② 目次——自动生成，改进了两点：一是自动向上勾选，二是"自动过滤"无标题条。

③ 附录——更简化的目录生成，选择附录输入标题后，可自动到目录位置。

④ "样式"能够自动识别正文和附录。

### 3.3.2.2　TCS 的使用方法

TCS 2010（在 TCS 2009 基础上的修改版）安装好后，单击工具栏的"TCS"按钮，就

可以新建标准了。

① 启动"TCS"工具后的文档将显示如下内容。

- 菜单栏有三项增加内容；
- 工具栏增加三大块工具按钮；
- 文档内容显示如图 3-9 所示，红线圈出内容。

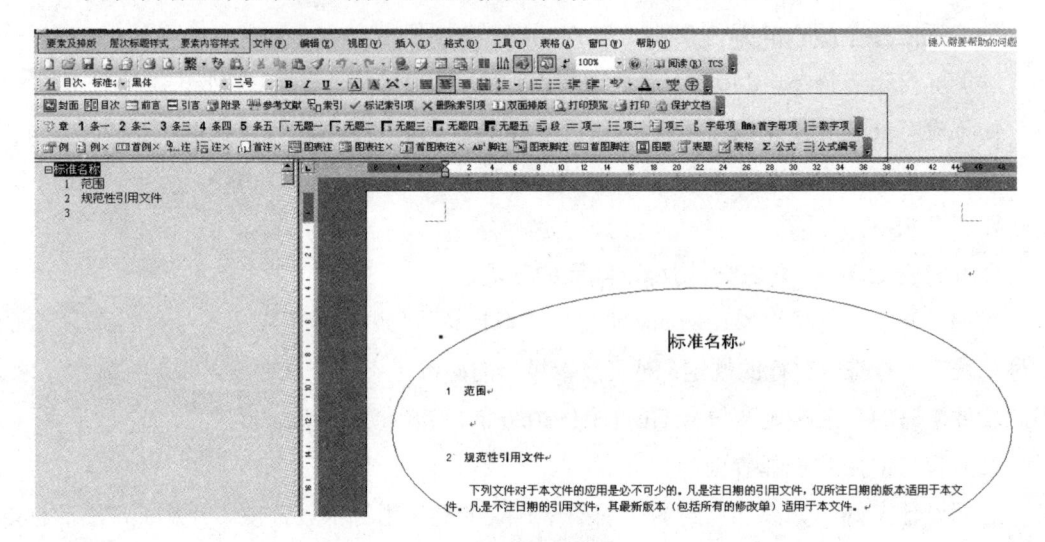

图 3-9　文档内容显示

② 针对"范围""规范性引用文件"等章节进行正文内容的编写。

③ 选择工具栏相应的"章、条一、条二"等工具按钮进行章节编写（见图 3-10 红线圈出内容）。

图 3-10　"TCS"章节选择

④ 前言生成。选择"前言"按钮生成标准文件的前言结构，如图 3-11 所示。

⑤ 目次生成。待标准正文内容编辑完成后，选择"目次"按钮生成标准文件的目录，在可选目次内容中一般勾选"一级条标题"（见图 3-12）。建议在文件内容发生变更后，再次生成目录以便更新。目次最终生成图如图 3-13 所示。

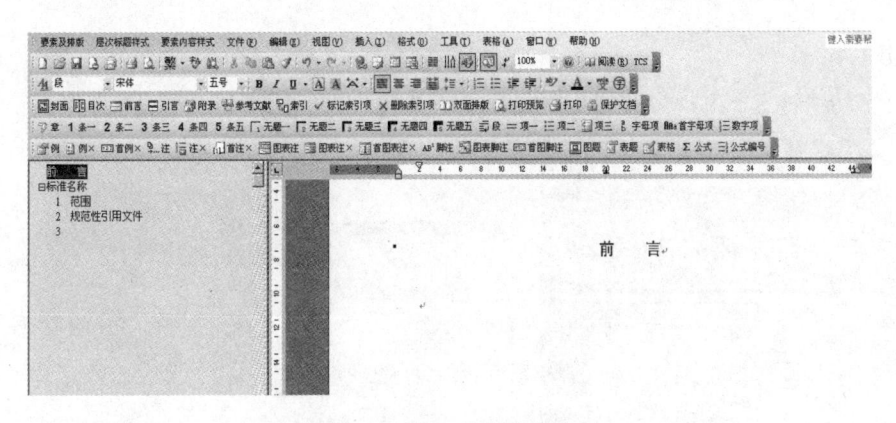

图3-11 "TCS"前言的选择

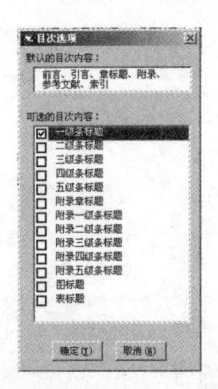

图3-12 "TCS"目次选择

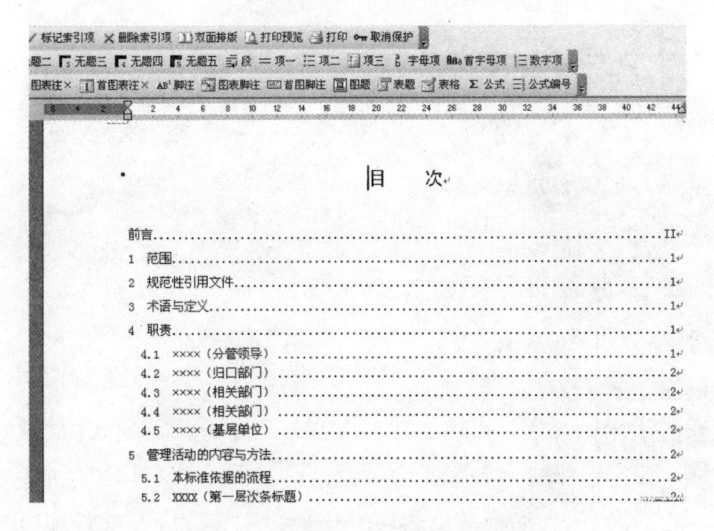

图3-13 "TCS"目次最终生成图

⑥ 规范性附录生成。选择"附录"按钮,根据附录内容选择"规范性附录"(见图 3-14),并输入附件标题名称,若附录是图,则在图下选择"图题"按钮生成图标题格式;若附录是表,则在表格上选择"表题"按钮生成表标题格式。

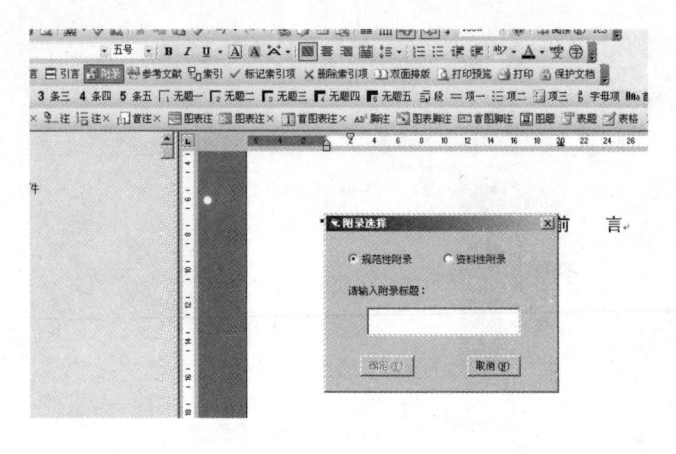

图 3-14 "TCS" 规范性附录生成图

⑦ 资料性附件生成。根据附录内容选择"资料性附录"(见图 3-15),并输入附件标题名称。

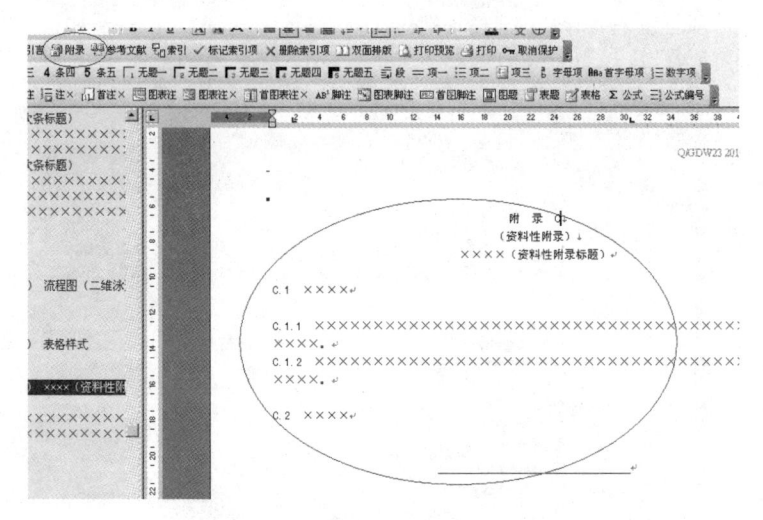

图 3-15 "TCS" 资料性附录生成图

⑧ 封面生成。单击封面按钮,出现标准封面选项。如图 3-16 所示,为选择"企业标准"封面效果。

```
ICS 点击此处添加ICS号
点击此处添加中国标准文献分类号
```

# Q/ZSD09

**中国水利水电第九工程局有限公司企业标准**

Q/ZSD09 2XXX—2013

---

## XXXXXXXXXX 管理标准

点击此处添加标准英文译名

点击此处添加与国际标准一致性程度的标识

文稿版次选择

2013－12－20 发布　　　　　　　　2014－01－01 实施

中国水利水电第九工程局有限公司　　发布

图 3-16　"TCS"标准封面

### 3.3.2.3　注意事项

（1）编写封面

在灰色框中填写相应的内容，封面产生后，模板会保护文件从而不能编辑封面，可选择"取消保护"对封面进行修改。

（2）编写目录

标准完成前，可重新更改目录（也可以最后生成目录）。

（3）编写前言

前言要用"中国水利水电第九工程局有限公司"统一的三个前言，即：技术标准前言、管理标准前言、工作标准前言。

（4）编写标准正文

正文可以从其他 Word 文件中复制、粘贴，但不能将原文的格式一起复制、粘贴（即回车符），否则会出现格式混乱。

① 标题文字不能与段的文字一起复制、粘贴。

② 封面、目录和索引不能从其他文件中粘贴。

③ 前言、引言、正文、参考文献和附录的内容应在按本模板建立相应要素后，再粘贴过来。

④ 表格插入时，已自动增加了表头、表注和表的脚注各一行，故在"请输入行数"的选择框中仅输入数据所需的行数，多余的可自行删除。

⑤ 编写附录。光标位于正文中任何位置，附录会自动添加在正文之后并自动按"A、B……"编号，光标位于任何附录中，则新附录会自动添加在该附录之后并自动按该附录编号顺延编号。

⑥ 插入 VISIO 编制的流程图。打开流程图，在菜单栏第一行"编辑"中，有"复制绘图"，单击后打开标准需要的流程图位置，点亮光标，"粘贴"即可。

## 本章小结

本章介绍了质量标准制定应遵循的原则和规范，质量标准制定的依据包括 GB/T 16733-1997、GB/T 1.1-2020 及其他相关标准。本章的主要内容包括以下几个方面。

① 标准化对象是需要标准化的主题。

② 标准的编写有两种方式：自主研制和采用国际标准。

③ 编写标准的原则包括统一性、协调性、适用性、一致性和规范性。

④ 按照《国家标准制定程序的阶段划分及代码》（GB/T 16733-1997）的规定，国家标准制定程序分为九个阶段，即预阶段、立项阶段、起草阶段、征求意见阶段、审查阶段、批准阶段、出版阶段、复审阶段及废止阶段。

⑤ 质量标准的要素根据其性质，可划分为"规范性要素"和"资料性要素"。规范性要素是"要声明符合标准而应遵守的条款的要素"，包括"规范性一般要素"（名称、范围、规范性引用文件等）和"规范性技术要素"（术语和定义、符号和缩略语、要求、规范性附录等）；资料性要素是"标识标准、介绍标准、提供标准的附加资料的要素"，包括"资料性概述要素"（封面、目次、前言、引言等）和"资料性补充要素"（资料性附录、参考文献、索引等）。

⑥ 标准的要素根据其状态，可划分为必备要素和可选要素。必备要素是在标准中必须存在的要素，包括封面、前言、名称、范围；其他为可选要素。

⑦ 质量标准的层次划分和设置采用部分、章、条、段和附录等形式。

⑧ 质量标准的编写必须满足 GB/T 1.1-2020 的要求，使用标准编写软件 TCS 2009 或 TCS 2010 可以方便且高效地进行标准的编写。

## 复习与思考

1. 什么是标准化的对象?
2. 如何解释标准化对象应同时具备"共同使用"与"重复使用"这两个特点?
3. 请简述编写质量标准的几种基本方法及其相应的含义。
4. 请简述采用国际标准来编写质量标准时应从哪些方面关注国际标准的适用性。
5. 请简述编写质量标准的主要原则及其相应的含义。
6. 质量标准制定的程序包括哪几个阶段?各阶段所对应的任务是什么?
7. 标准的要素可以按照"要素的性质"或者"是否必须存在的状态"进行划分。

(1) 标准的要素按照其性质可以划分为哪两类要素,相应的作用是什么?

(2) 如果标准的要素根据"是否必须存在的状态"进行划分,那么所划分出的必备要素指哪些要素?

8. 质量标准的封面包含哪些内容?
9. 质量标准的层次是如何安排的?
10. 如何使用 TCS 2010 进行标准的编写?

# 第 4 章

# 质量竞争与联盟

## 关键词

- ☑ 技术标准联盟
- ☑ 联盟标准

## 学习目标

- ☑ 掌握标准联盟和技术标准联盟的相关概念和发展现状；
- ☑ 理解基于质量标准的市场博弈；
- ☑ 了解质量标准联盟的参与主体及作用路径；
- ☑ 了解质量标准联盟的形成动因；
- ☑ 了解质量标准联盟的模式；
- ☑ 理解质量标准联盟的合作竞争博弈模型；
- ☑ 掌握质量标准联盟的运作机制。

## 案例导入

电压力锅是20世纪末出现的一种新型烹调器具，它结合了电饭锅和压力锅的优点，具有安全、环保、节能的特点。20世纪80年代以来，电压力锅产品逐步受到市场及消费者的青睐，并得以快速成长。1991年，中国科学院教授王永光发明了"全密封自动多功能电烹锅"，其发明专利（ZL91100026.7）获得授权后，彻底解决了压力安全问题，成为国内"框式结构"电压力锅的基础专利技术。2004年,美的集团购买了王永光发明专利的独家许可和分许可权利,正式进军电压力锅制造业,在不到两年时间内,占领了国内三成以上的市场份额,使顺德电压力锅制造业占据了国内市场的主导地位。2006年,顺德成为全国最大的电压力锅生产基地,占全国市场份额的60%以上。

与此同时,国内一些地区却冒出多家生产电压力锅的企业,这些企业不但涉嫌侵犯知识产权,而且由于部分企业生产条件较差,欠缺必要的安全标准,容易产生严重的安全隐患。而在这一时期,创迪电器公司、怡达电器公司和爱德电器公司等几家主要的电压力锅生产企业也纷纷遭遇专利纠纷,漫长的诉讼给企业带来了极大困扰。

面对这种情况,顺德区知识产权管理部门决定介入,主动与专利诉讼各方谈判,引导企业以行业健康发展大局为重,以消费者安全利益为重,求大同,存小异,共同将电压力锅产业做大做强。在各方共同努力下,专利诉讼最终达成和解。2006年10月13日,美的、创迪、怡达、爱德4家企业共同签署了专利联盟协议书,宣告电压力锅专利联盟正式成立。联盟秘书长邹永强认为,良好的管理机制和稳定的核心专利是专利联盟运作的基础。

联盟成立之初,就草拟制定了《电压力锅专利联盟协议》。2012年,经全体成员同意,联盟重新修订了《电压力锅专利联盟协议》,明确了联盟机构设置、议事机制和民主决策机制,此外,《电压力锅专利联盟协议》还明确了专利池管理机制,专利许可、新成员加盟的条件和要求,维权基金的使用和分配,专利维权工作的权利和义务等相关内容。历经一年多努力,顺德电压力锅标准冲刺国际标准修订圆满完成。2013年7月11日,顺德区市场安全监管局发布消息称,IEC(国际电工委员会)已正式颁布实施电压力锅新国际标准。

(资料来源:"顺德电压力锅:从专利联盟走向标准制定",南方网,2013年7月26日)

## 4.1 质量标准的市场博弈

在市场条件下,质量的竞争与博弈不可避免,作为质量管理系统中的重要部分,供应链中各主体间的质量标准竞争也表现出其活跃性。本书主要从供应链中制造商和供应商角度来探究市场条件下的质量博弈。

核心企业总是致力于在保证一定原材料质量的前提下尽量压低进货价格，很少会考虑供应商所获得的利益。因此质量问题构成了制造商和供应商的谈判矛盾。供应商知道自己的生产质量水平，拥有信息优势，而制造商却处于信息劣势。在供应链环境中，企业的行为和决策变得尤其复杂。对于同一条供应链中的企业，只要他们确认开放信息传播渠道并使其共享能给双方带来好处，双方就可能突破传统的企业界限进行合作。

首先，要合理选择供应商。企业在选择供应商之前应当根据顾客的需求特点和公司的发展战略建立一些筛选标准，在所能选择的范围内谨慎评估。其次，制造商与供应商要达成共识。企业与供应商形成密切合作伙伴关系，为共同的组织目标努力。为获得更强的竞争优势和利润，企业的决策应该从整个供应链合作最优的角度出发，实现全局最优化，而不仅仅是各节点各自目标最优。许多企业想把成本降低或利润增加建立在损害供应链其他成员利益基础上，显然是这些企业没有意识到将自己的成本简单地转移到上游或下游并不能使其增加竞争力，反而会损害整个供应链的竞争力。所以，这种想法是不可取的。供应链中的企业既要保证自身利益不受侵犯，又要实现供应链绩效最好，同时还要保证行业质量的提高，实现良性循环，这使得企业决策变得非常复杂。如何有效地把供应链成员自身和整个供应链绩效结合，科学分析企业具体决策，显得尤为重要。

### 4.1.1 纳什均衡模型

质量问题是制造商和供应商谈判的重点对象之一。变化迅捷、竞争激烈、不确定性强的市场要求制造商和供应商双方要精诚合作、优势互补，才能继续保持和发展各自的竞争优势。现代企业的竞争是供应链之间的竞争，因而制造商和供应商在质量谈判的博弈同时，还应该注意供应链的绩效。

制造商和供应商都是理性的人，追求的都是自己效用的最大化，因此，不管是制造商还是供应商在博弈中都不具有绝对的权威。即无论制造商和供应商在双方合作中的讨价还价能力如何，一方都不能强迫另一方接受自己的意见或主张。

假设供应链中存在相互合作关系的两个企业，即供应商和制造商构成博弈中的两个局中人。供应商在博弈中有两种战略选择：提供高质量产品和低质量产品。制造商在博弈中也有两种策略选择：购买和不购买，并且二者皆可独立采取战略。假设高质量产品的单位销售价格为 $P_H$，生产成本为 $C_H$。由于对产品质量的认定，制造商相对于供应商在时间上是严格滞后的。因此，若供应商可以以次充好，即低质量产品也用高质量产品的价格 $P_H$ 销售，则生产低质量产品的生产成本为 $C_L$。约定制造商购买高质量和低质量产品所获得的收益分别为 $B_H$ 和 $B_L$。

为了方便讨论，当供应商提供高质量产品，若制造商购买，则供应商和制造商各自的收益为 $P_H - C_H$，$B_H - P_H$；若制造商不购买，则供应商和制造商各自的收益为 $-C_H$，0。当供应商提供低质量产品，若制造商购买，则供应商和制造商各自的收益为 $P_H - C_L$，$B_L - P_H$；若制造商不购买，则供应商和制造商各自的收益为 $-C_L$，0。其中，$C_H > C_L > 0$，$B_H > B_L > 0$ 成立。且 $P_H - C_L > P_H - C_H > 0$，即只要产品能销售出去，供应商采用两种战略中的任意一种都有利可图；$B_H - P_H > 0$ 而 $B_L - P_H < 0 < B_H - P_H$，也就是说制造商高价买高质量产品合算，高价买低质量产品则会受到损失。供应商与制造商的质量博弈支付矩阵如图 4-1 所示。

|  |  | 制造商 | |
|---|---|---|---|
|  |  | 购买 | 不购买 |
| 供应商 | 高质量 | $P_H - C_H$, $B_H - P_H$ | $-C_H$, 0 |
|  | 低质量 | $P_H - C_L$, $B_L - P_H$ | $-C_L$, 0 |

图 4-1　质量博弈支付矩阵

通过画线求解，从图 4-1 支付矩阵来看，这个博弈的唯一的纳什均衡是（低质量，不购买），即供应商和制造商同时采取不合作策略。这表明供应商和制造商在一次性交易中，双方从个人理性的角度出发，都将选择背叛行动以获取最大的利益，但此时双方的收益各为 $-C_L$ 和 0，并没有达到帕累托最优。

但是在现实生活中双方都是理性人，就会出现重复博弈。所谓重复博弈，是指在一个动态博弈中同样结构的博弈重复多次，其中每次的博弈都称为"阶段博弈"。考虑到重复博弈的情况，供应商和制造商的策略就会发生变化。（高质量，购买）才是帕累托最优状态。

供应链中的成员企业追求最大利益的行为，常常不能实现供应链总体利益最大，也常常不能实现个人自身利益最大化，这就是供应链中存在的"双重边际化"现象。换句话说，纳什均衡并不一定导致帕累托最优状态。解决问题的一个办法是双方事前签订一个合同规定：如果供应商提供低质量产品，那么赔偿金额应该足够大并足以补偿制造商的损失；如果提供高于合同标准的产品，那么制造商将会给供应商一定的奖励。如果赔偿金额足够大，使供应商选择提供高质量产品的收益大于提供低质量产品的收益，那么供应商将选择合作。如果制造商预期合同能被执行，那么其将选择购买供应商的产品，合作出现。但在现实当中，这样的合同可能是不可行的，或者因为事前没有签订一个完备的合同，或者因为事后难以得到足够的证据证明供应商的欺骗行为。如果制造商预期合同得不到执行，那么其最优选择仍然是不买，合作就不会出现。

但是，即使完备的合同不可行，如果双方能够建立长期的战略合作伙伴关系，那么单阶段博弈就会变为重复博弈，制造商与供应商之间的博弈均衡就有可能走出"纳什均衡"，如果博弈重复无穷次且每个参与者有足够的耐心，任何短期的机会主义行为的所得都是微不足道的，供应商有积极性为自己建立一个乐于合作的声誉，那么供应商与制造商就会采取合作的策略。

## 4.1.2 完全信息重复博弈过程

为了更方便地描述和分析供应链质量中博弈制造商与供应商的合作关系模式，首先介绍以下重要概念。

定义 1：重复博弈具有如下 3 项基本特征：①前一阶段博弈不改变后一阶段博弈的结构；②所有参与人都能观测到博弈过去的历史；③参与人的总支付是所有阶段博弈支付的贴现值之和。

定义 2：令阶段博弈 $G=(A_1,A_2,\cdots,A_n,\pi_1,\pi_2,\cdots,\pi_N)$，存在一个纳什均衡 $e=(e_1,e_2,\cdots e_n)\in A$，$q=(q_1,q_2,\cdots,q_n)$ 为一可行的行动向量且满足 $\pi_i(q)>\pi_i(e),\forall i\in N$。令 $\delta$ 为参与人的贴现系数，我们假定每个人的贴现系数都相同，则当 $\delta$ 接近于 1 时，$q$ 是无限次重复博弈 $G^\infty(\delta)$ 在均衡路径上的一个子博弈完美均衡。

该定理说明，任何一个严格帕累托优于纳什均衡的可行的支付向量都是无限次重复博弈的一个特定的子博弈完美均衡。特别是当 $\delta=1$ 时，所有参与人将只关心他们的长期平均支付水平，可行的个人理性支付集合也就将与无限次重复博弈的子博弈均衡的长期平均支付集合相重合。

定义 3：重复博弈的完美"无名氏定理"：令 $G^\infty$ 为一个无限次重复博弈，并且支付是以长期平均支付的标准来衡量，则 $v$ 是 $G^\infty$ 的某个特定的子博弈完美均衡的平均支付，当且仅当 $v$ 可行且满足个人理性。

制造商和供应商之间进行三阶段的不对称信息动态博弈（见图4-2），过程如下：

第 1 阶段：制造商设计合同参数。制造商提供一个关于质量管理的合同 $(t,\pi,\alpha)$，这里：$t=(t_1,t_2,\cdots,t_N)$，$\pi=(\pi_1,\pi_2,\cdots,\pi_N)$，$\alpha=(\alpha_1,\alpha_2,\cdots,\alpha_N)$；供应商得到合同信息，信息空间可能是供应商的质量类型或其他更复杂的沟通（交流）过程，当然，供应商不暴露其真实的质量类型。

第 2 阶段：供应商选择接受或拒绝合同。若供应商拒绝合同，则博弈终止。

第 3 阶段：接受合同的供应商根据合同的规定条款（参数）进行博弈，选择使自己效用最大化的行动方式。

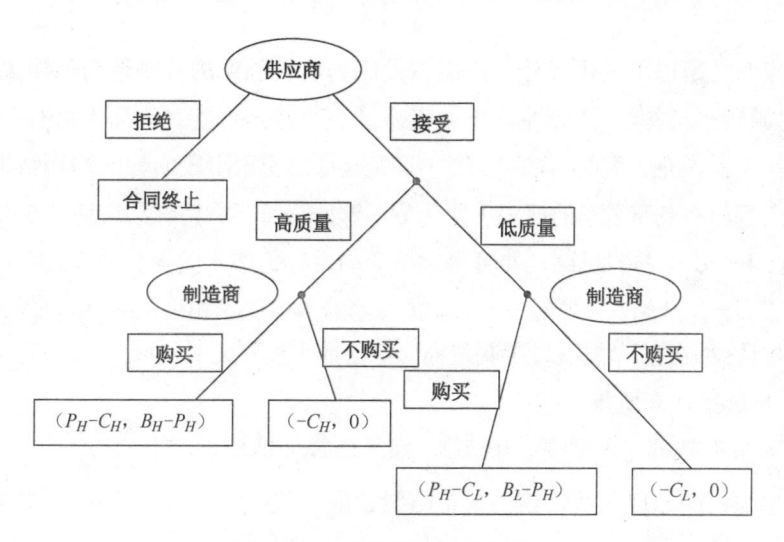

```
                    供应商
              拒绝         接受
        合同终止    高质量      低质量
              制造商              制造商
        购买    不购买    购买    不购买
    ($P_H-C_H$, $B_H-P_H$)  ($-C_H$, 0)
                    ($P_H-C_L$, $B_L-P_H$)  ($-C_L$, 0)
```

图 4-2　三阶段不对称信息博弈

可以清楚地看到,制造商能够按照自己的意愿更换供应商,但是更换合作伙伴也是有成本的,新合作伙伴的供货质量和供货稳定性、承受风险的能力及供应商的道德问题,都会给制造商带来新的风险。从这个角度来说,制造商更愿意和自己熟悉的供应商合作。对于合作中供应商的"道德风险问题",制造商可以通过与供应商签订长期合同的方法来解决,即与供应商重复交易。

"无名氏定理"告诉我们:只要博弈的参与人有足够的耐心(即贴现系数 $\delta$ 足够大),任何一个一次博弈的可行的个人理性支付都是一个有贴现的无限次重复博弈的子博弈完美均衡的结果。将供应商与制造商的质量博弈模型的原博弈设定为类似囚徒困境的一次性静态博弈。当供应商和制造商之间博弈重复进行时,不再采取简单的冷酷策略,而是某种"以牙还牙"策略:如果供应商提供了低质量产品从均衡路径上偏离,占了制造商一次便宜,那么制造商将永远不再购买供应商的产品。

如果供应商选择提供低质量产品,其得到的本期收入为 $P_H - C_L$,但如果被制造商发现,那么制造商将不再购买供应商的产品,这样供应商随后每期的收入将永远为 $-C_L$,所以供应商提供低质量产品的总期望收入如式 4-1 所示。

$$E_{供低} = P_H - C_L - \delta C_L - \delta^2 C_L - \cdots = P_H - \frac{C_L}{1-\delta} \quad (式 4-1)$$

如果供应商选择提供高质量产品,其得到的本期收入为 $P_H - C_H$,而且制造商会一直与供应商达成长期合作伙伴关系,所以供应商此时的总期望收入如式 4-2 所示。

$$E_{供高} = P_H - C_H + \delta(P_H - C_H) + \delta^2(P_H - C_H) + \cdots = \frac{P_H - C_H}{1-\delta} \quad (式 4-2)$$

因此,只要 $\frac{P_H - C_H}{1-\delta} \geq P_H - \frac{C_L}{1-\delta}$,即 $\delta \geq \frac{C_H - C_L}{P_H}$,则供应商会一直信守承诺提供高质

量产品。供应商之所以不提供低质量产品,是因为害怕因此失掉制造商。如果一旦提供低质量产品,"破罐子破摔"(永远生产低质量产品)也是最优的,因为不再有制造商购买他的产品。也就是说 $\delta$ 充分大时,(高质量,购买)是每一次阶段博弈的均衡结果。

假定供应商和制造商之间的博弈重复无穷多次,在每一次博弈结束前,双方都预期有 $\delta$ 的可能性进行下一次交易的机会,并且每次博弈的内容仍按照图 4-1 所示的博弈矩阵进行。每个参与人都从合作开始,只要对方合作,就一直合作下去。如果供应商 $i$ 在第 $t$ 次提供了低质量产品,并且被制造商 $j$ 发现,则制造商 $j$ 将选择永远不购买供应商 $i$ 提供的产品。其中:

$Q_0$:总是选择(高质量,购买)

$Q_1$:在 $t=0$ 时选择(低质量,购买),然后选择(低质量,不购买)

令 $\delta$ 为参与人的贴现系数,该简单策略组合的期望收入分别由式 4-3、式 4-4 给出:

$$\pi(Q_0) = (\pi_{供}(Q_0), \pi_{制}(Q_0)) = (\frac{P_H - C_H}{1-\delta}, \frac{B_H - P_H}{1-\delta}) \qquad (式4-3)$$

其中:

$$\pi_{供}(Q_0) = P_H - C_H + \delta(P_H - C_H) + \delta^2(P_H - C_H) + \cdots = \frac{P_H - C_H}{1-\delta}$$

$$\pi_{制}(Q_0) = B_H - C_H + \delta(B_H - C_H) + \cdots = \frac{B_H - C_H}{1-\delta}$$

$$\pi(Q_1) = (\pi_{供}(Q_1), \pi_{制}(Q_1)) = (P_H - \frac{C_L}{1-\delta}, B_L - P_H) \qquad (式4-4)$$

其中:

$$\pi_{供}(Q_1) = P_H - C_L - \delta C_L - \delta^2 C_L - \cdots = P_H - \frac{C_L}{1-\delta}$$

$$\pi_1(Q_{制}) = B_L - P_H + 0 = B_L - P_H$$

从上面的推理可以看出:如果供应商能够信守承诺给制造商提供高质量产品,那么在下一阶段,制造商将继续购买供应商产品,这样供应商和制造商的期望效益都将最大化;如果供应商违背承诺向制造商提供了低质量产品,那么制造商将不再购买供应商的产品,这样,双方都会受到损失。因此,提供高质量产品(遵守承诺)是供应商的最优选择。如果博弈重复无限次或者每次结束的概率足够小,即 $\delta$ 充分大,帕累托最优(高质量,购买)是每一次阶段博弈的均衡结果,那么供应商和制造商就走出了一次性博弈的"囚徒困境",出现了供应链合作所期望的"双赢"局面。

## 4.2 质量标准联盟的概念

单个企业由于在技术、资金上的局限性,要想实现独占标准策略是非常困难的。

Farrell 和 Saloner 认为只有实力相当强的公司才有可能利用自身的市场实力独立创立一个通用的技术标准，否则就会选择以显性或隐性的方式参与技术标准联盟。由于在标准的竞争中失败的概率很大，同时标准对企业又如此重要，因为一旦被排斥于标准之外，对企业就意味着灭亡。而联合制定标准虽然使企业的收益减少了一部分，但是也极大地降低了风险，同时还可以分担成本。企业要使一个标准成为最后的行业标准，成本巨大。从开始的技术开发，到后来的市场推广，以及辅助产品的开发与推广，不仅需要大量的资金，更需要相关的人才和市场优势，很多时候根本不是一个企业可以负担的。

标准一般由政府部门或标准化组织制定。然而，随着技术进步的加速和创新周期的缩短，由行业领先企业结成标准联盟共同创立标准正成为标准化领域的一种重要趋势。标准联盟既是推动技术标准创立的新兴组织，也是推动产业生命周期从早期阶段走向成熟阶段的重要手段。标准联盟的出现有着深刻的技术经济背景，是技术进步、市场竞争和企业博弈共同作用的产物。

近年来，越来越多的国家开始意识到参与国际标准竞争的重要性。在复杂的国际环境中，为了在国际标准化活动中争夺更多的话语权，包括我国在内的一些国家开始渐渐研究、制定本国标准化战略，以争取在国际标准化活动中的发言权和实质参与权，提高本国技术标准对国际标准的影响力，寻求公平合理的国际标准和规则。为了提高产业的整体质量水平，促进产业结构的升级，提高质量标准的竞争力，提升我国企业在国际竞争中的地位，标准联盟正成为标准化领域的一个重要发展趋势。

## 4.2.1 质量标准联盟概述

### 4.2.1.1 质量标准联盟的内涵

联盟标准一般是指联盟成员企业通过协商一致，制定同一技术指标要求的企业产品标准，经标准联盟共同批准，并由国家标准化主管部门登记备案，共同使用和重复使用的一种规范性文件，其外在表现形式为企业产品标准。联盟标准通常比国家标准要高，目的是有利于规范企业间的有序竞争，提高产业的整体质量水平，促进产业结构的升级，同时进一步提升本联盟企业的行业形象。

标准联盟是围绕标准成立的一种战略联盟，强调联盟在创新行为方面的作用。技术标准化联盟指出技术标准是一个动态扩散过程，联盟的目的是技术标准化，因为只有技术标准不断被接受，基于这种标准的联盟才能获得市场的最终承认。

质量标准联盟即标准的领导者通过战略联盟的方式将标准进行市场扩散，是标准竞争的常用方式，质量标准之间的竞争往往表现为不同质量标准联盟之间的竞争。同时，这种标准联盟也是解决知识产权和标准化矛盾的主要形式。

目前，对于质量标准联盟的研究还主要集中在技术标准联盟方面，下面主要从技术标准联盟的角度来探究质量标准联盟的构建和运行。技术标准联盟是技术联盟的更高阶段，它主要关注的是统一的技术标准、技术规范、彼此之间的"接口"技术等。相对而言，战略联盟主要涉及联盟内企业的广泛合作与竞争的问题，而技术标准联盟制定标准的过程则涉及市场、政府、企业联盟等众多组织的互动。技术标准联盟的主要任务是确立基础研究合作战略，形成优势产业和重点领域的具有竞争力的技术标准，确立产品技术的合作战略，共同承担技术研发的风险，加强知识产权保护，促进品牌建设。

#### 4.2.1.2 国内外标准联盟发展现状

标准联盟起源于 20 世纪 80 年代，以美国、日本、欧盟等国家和地区为代表的信息通信技术联盟。综合对于标准联盟研究时所采用的定义，并结合《标准化工作指南 第 1 部分：标准化和相关活动的通用术语》（GB/T 20000.1-2014）中标准的定义，可将标准联盟定义为：标准竞争的一种重要手段，目的是使本联盟所支持的质量标准不断得到接受，并最终获得市场承认。质量标准联盟是企业为了促进质量标准的制定所形成的战略联盟，联盟中各企业经过谈判协商达成协议，从而形成一种契约关系，最终得出结论。质量标准联盟在本质上是一系列许可协议的集合体，是一种典型的契约型联盟。质量标准联盟是多家企业共同发起一项质量标准，并将标准以进行市场扩散为战略目标而形成的联盟组织，其中以具有较强 R&D 实力和关键技术知识产权的企业为核心。

当前，世界各国纷纷制定本国的标准化战略，力图在国际标准竞争中占据主动权。标准联盟是标准化战略中最为常用的竞争手段之一。一方面，联盟成员之间通过技术协调互补、协作研发，解决产权矛盾等手段，可更快地使技术得到成熟；另一方面，技术标准的倡导者可以通过联盟的方式将标准进行市场扩散，使本联盟所支持的技术标准不断得以接受，并最终获得市场承认。

随着对技术标准以及知识产权认识的不断加深，标准联盟的重要性已经引起了我国政府和企业的高度重视，并已开始积极组建技术标准联盟，从而改善我国在国际标准竞争中的被动地位。因此，政府组织和支持了基于第 3 代移动通信技术的 TD-SCDMA 联盟、基于 3C 融合的闪联联盟、基于数字音视频编解码技术的 AVS 产业联盟、基于下一代互联网技术的 IPV6 产业联盟等以企业为主体的标准化制定工作组，本质上，形成了以企业为主体的技术联盟。在我国兴起的技术标准联盟大部分产生于信息产业、新材料等高技术产业。

2003 年开始，我国产业技术联盟以较快的速度增加，这与我国加入 WTO 后国家全面提升自主创新能力和国际竞争力的迫切要求是密切相关的。以北京地区为例，北京地区技术联盟从 20 世纪 90 年代末开始萌芽，经过二十余年的发展，各类技术联盟呈现出稳定发展和增长的态势。总数从 1999 年的 4 家迅速增加至 2022 年的 106 家，成员单位超过 11 148 家，2/3 以上的成员为企业。在 106 家联盟中，技术标准联盟约占 30 家。

国际上的技术标准联盟面向全球市场，吸引了各国的优秀企业参与，其根本目的是促进联盟标准的确立和扩散。在发达国家，尤其在电子、信息技术、通信等高新技术领域，以企业为主体结成的技术标准联盟是工业标准制定的重要力量。这样的组织如数字生活网络联盟、欧洲数字电视广播联盟等，在联盟的战略和运作方面，有着成熟和成功的经验，值得我们学习和借鉴。

## 4.2.2 质量标准联盟的参与主体

以企业为主体的联盟制定技术标准，面向潜在的市场，制定的标准具有很强的市场适应性，在制定过程中各方广泛参与、协商一致、透明和公正，满足参与各方的利益和要求。对于参与的企业，基于不同的参与角色，预期获得各自的不同利益，实现多方共赢。

一些大的国际化公司非常热衷于建立标准制定联盟，因为他们在开展业务时，很多方面需要新的技术标准或商务模式的推行。然而，许多联盟是由小公司发起建立的，因为这些小公司意识到，只有联盟，才能汇聚各方资源，实现因其规模所限而无法实现的目标。

标准联盟与合作网络的参与主体非常广泛，以信息与通信产业为例，其主要包括主体制造商、网络运营商、供应商、互补品制造商、内容与服务提供商、基础结构及其他资产提供商、协会与标准组织、相关政府部门及研究机构等。按照参与主体在联盟网络中的地位与作用，可大体划分为主导企业、供应商、互补品制造商与用户，以及其他参与主体等三个层级。上述主体发起、组织或参与技术标准化联盟的力量来自他们各自拥有的专有技术、知识产权、生产能力、市场地位、网络能力和政策影响等要素和资源；同时，这些主体和要素还要借助于网络市场和业界交换信息与协调，所以，市场与行业力量也都是联盟与合作不可或缺的要素。所有这一切共同构成联盟与合作体，它们围绕共同的技术标准化过程，以不同的方式和路径发挥着自己的作用。

#### 4.2.2.1 质量标准联盟主要参与主体的作用和路径

标准联盟中的主导企业是指那些发起技术标准化，拥有基本知识产权或特殊网络地位，能主导和控制标准化过程的产业领袖企业及其群体。他们主要是产业的主导制造商及其战略伙伴，在电信产业中，还包括主要的网络运营商和服务提供商。主导企业的战略作用主要通过以下路径表现出来。

路径一：主导企业的产品客户基数直接影响标准的市场前景和竞争效果。高技术产品具有系统性质，网络效应显著，影响甚至决定生产网络的规模与成败。因此，标准往往以模块方式提出。联盟内部合作建立标准，而联盟之间的标准战却依然激烈。所以，主导企业的实力、客户基数和市场规模是一项标准成功建立与采用的前提与基础。

路径二：主导企业的知识产权及其战略对技术标准化合作有着重大影响。标准联盟与合作的关键内容与环节在于知识产权，尤其是基本知识产权的交叉许可及其所有权配置谈判。基本知识产权不仅是主导企业彼此关注和交易的焦点，代表了它们各自的战略能力，在一定程度上，主导企业的基本知识产权管理及其研究、开发战略还成为塑造整个产业市场结构和标准化联盟网络结构的关键。

路径三：首先，对于知识产权的不同态度和策略有着不同的绩效，不同的基本知识产权战略决定了它们在标准战中的成败。所以，主导企业往往通过提出交叉许可条件、决定成员资格和规定政策条款等来控制和主导合作网络。其次，主导企业的供应链及互补关系管理也决定了其产品市场网络、互补品供应网络的规模与稳定程度，从而直接影响主导产品各环节的价值创造能力、水平以及相应技术标准的竞争力。

路径四：主导企业应该是产业技术和产业发展的领头羊，它们的研究与开发水平、技术创新能力及其产业合作和区域合作战略，将通过技术标准化的水平、绩效及其发展能力直接推动产业的技术能力与技术进步。

#### 4.2.2.2 供应商、互补品制造商与用户的网络选择与合作路径

供应商、互补品制造商与用户的网络选择对于技术标准化合作的过程与绩效影响很重要。供应商或网络服务提供商和互补品制造商本身就是产品网络的重要组成部分，影响有关的技术标准化合作和联盟结构。这类参与主体与用户的网络选择与合作路径有如下几个方面。

第一，通过网络效应影响主导产品的市场规模，从而影响技术标准的竞争成败。其中，直接的网络效应主要来自主导产品自身的模块性和供应链的系统性，间接的网络效应则主要来自互补品市场的发展。正是网络效应使系统产品同时具有生产的规模经济和消费的规模经济，而这又与用户的选择和消费者福利联系起来，共同促进网络产品市场的规模收益递增效果，带来所谓标准竞争的赢者通吃现象。

第二，在高技术和复杂技术领域，供应商和互补品制造商构成技术系统和联盟网络竞争力的有机部分，因而直接影响技术标准化的发展。Palmberg 等针对 IT 技术及其产品市场特点，提出由"技术系统"和"能力组合"构成一个整体框架以反映这一产业的技术及其产品的系统性和网络性，由此体现出供应商和互补品制造商等参与技术创新和标准化合作的过程。

第三，技术系统是指具有一定层次和结构的不断演化的有机技术整体。由围绕特定技术而密切关联的若干技术单元组成。能力组合则是从产品或市场一侧，相关参与者集群用以选择、认可、扩散和商业化开发利用新的创意或创新的一种共同的基础结构。这种共同

的基础结构实际上就是一套技术标准。前者反映创新的供给，突出基础技术体系；后者反映对创新的成功选择，强调市场扩散能力。作为一个整体的两个部分，"技术体系"引入或体现结构张力的认知维度和组织与制度维度。其中，"认知维度"是从技术机会的起源和性质角度描述一套互补的技术能力组合，它们共同构成"设计空间"，强调的是不同技术和创新之间的互补性。

第四，用户乃至最终消费者虽然很少直接参与技术标准化过程，但他们却是影响标准化合作绩效的重要因素。用户通过网络选择影响产品市场规模和相应标准的竞争力，是用户作用于标准化过程的主要方式。由于最终用户的分散性，不可能满足每个个体对产品技术和性能的要求。因而，消费者团体或消费者协会通常能发挥代表作用，通过集体行动来影响标准化过程中的技术选择。

第五，在信息技术条件下，用户需要标准以使由不同生产者开发的产品能互相连接，并能在系统之间转换软件、数据和应用。然而，正式标准的发展过程并不总会及时考虑用户的需要。成本和复杂性不允许用户在标准发展的长时期内参与进来。另外，当标准以分割的或不完整的方式发展时，用户也难以应用它们。所以，需要研究新的方法和工具以使用户能实现互用多个生产者提供的系统产品。

#### 4.2.2.3 其他参与主体的作用与路径

在技术标准化过程中，行业（贸易）协会或标准化组织，政府、大学和研究机构等其他主体也会以不同的方式和路径发挥各自的作用。

**（1）行业（贸易）协会或标准化组织**

行业（贸易）协会在标准的发展与采用过程中起着重要的作用，有时甚至直接成为标准化组织者。行业协会在标准化过程中所起的作用主要包括建立数据库、提供相关信息、执行有关政策、制定合作制度和协会规则、协调成员关系及处理协会对外关系等。协会在标准化实践中面临的主要问题是专利与知识产权纠纷以及反托拉斯政策的实施。

在标准化过程中，当协会及其成员拥有相应的知识产权时，有关的法律问题包括：如果知识产权阻止或明显妨碍了非成员竞争者，那么协会所拥有的知识产权许可就不应该只限于其成员；不能禁止采用行业协会的标准，即使这种标准基于其成员的专有权利，也不能禁止采用；等等。

近年来，许多标准化组织采用强硬的知识产权公开政策，要求参与标准建立活动的企业公开其专利技术以确认是否会与现有知识产权发生标准冲突。与此同时，知识产权政策还要求成员企业无偿或以合理的费率许可与其标准相关的专利。所以，在标准化过程中，协会是协调者、代表甚至是标准化过程的直接组织者，它们必须考虑采用上述公开和许可政策。此外，当协会的标准或确认程序过于严格或成本过高以至中小企业竞争者无法承受时，协会还不得不应对反托拉斯法的制裁风险。

(2) 政府、大学和研究机构

政府、大学和研究机构在标准化过程中的作用不可或缺。

首先，产业政策、技术创新政策、知识产权政策和标准化政策都直接引导和规范着企业和产业的标准化活动。进而，在标准化过程中，尤其是在重大国际标准的合作过程中，国家力量乃至最高决策层都会支持、干预甚至直接出现在谈判桌上。

其次，质量标准联盟需要政府部门的大力支持。特别是在我国，民族产业相对国外大企业竞争力不足，在加入 WTO 以后，更需要政府在政策、资金和宏观调控上给予支持，并对国内企业起到引导、协调和保护的作用。在我国，需要调整相应的法律条文，界定非营利的标准制定联盟的法人身份，并以法律条文的形式对其自主的市场行为以保护，政府只是通过认可机制和合格评定程序进行管理，减少或消除行政干预。同时，政府的标准化管理部门需要为标准制定联盟给予特殊政策，支持以企业为主体制定标准，给企业联盟制定的技术标准以正式的认可，使企业联盟适应市场变化，提高其标准应对市场的灵活性。在应对国外企业或技术的竞争中，政府能够利用合理的规则（如《技术性贸易壁垒协定》）对本国标准制定联盟予以保护。

最后，大学和研究机构参与技术创新和技术标准化的主要方式是与企业合作 R&D、承担政府研究项目并将成果（如专利技术等）向产业转移，以及参与企业的市场研究等。近年来，"企业—大学—政府"的互动关系研究已经成为技术创新网络研究的重要主题，受到越来越多的关注。

## 4.2.3　质量标准联盟的形成动因

企业战略联盟形成的一般动因包括在联盟中共享资源或业务行为、在联盟中共享知识和技能、在联盟中共同分担风险、在联盟中实现组织成员之间的相互学习和技术创新。

### 4.2.3.1　共同贡献专利技术和集成用户安装基础

质量技术标准实际上是专利的组合，是一个"专利池（patent pool）或专利包"，技术的高综合性和集成性使单个企业依靠自身能力实现重大技术突破越来越难，某一企业完全垄断一项产品全部制造技术的可能性也越来越低，现实是几个大企业共同拥有制造一项产品的核心技术。通过组建标准联盟，拥有核心技术的企业将自己的专利技术共同"贡献"出来，进行"专利联营"，获取高于单项专利技术带来的垄断利润。此外，标准化成功的关键是需要一定规模的用户安装基础，而安装基础又依赖团体的市场力量。团体的市场力量与协作者的绝对规模、品牌在目标市场的重要性、信誉、销售渠道分布密切相关。当支持该项技术的市场力量增强时，标准化成功率也将随之提高。许多标准联盟采取半开放式结构,鼓励广大技术采用者作为外围层成员加入,就是借助技术流行效应的产生扩展用户安装基础,从而推动标准化进程。

#### 4.2.3.2 共担标准化风险

技术标准化过程分为技术开发和技术推广两阶段,因此,技术标准化风险可以划分为存在于这两阶段的技术开发风险和标准强网络效应产生的致命杀伤力风险。在标准的技术开发阶段,多个单位在技术创新全过程或某些环节共同投入、共同参与,这有利于缩短创新周期,共同分享技术成果,提高研发成功率,降低开发成本,从而降低创新风险。在技术推广阶段,标准之争中鹿死谁手尚不确定,而且"赢家通吃"的结果迫使那些在标准竞争中失败的企业退出市场。因此,竞争的残酷性使企业联合起来,选择竞合战略。

#### 4.2.3.3 创造顺轨创新效应

所谓顺轨创新就是顺沿着企业的技术轨道进行技术创新,使企业的技术创新呈现连续性、衍生性和有序性。技术轨道则是由技术范式所限定的技术进步的轨迹,企业只有在作为产业的主导技术范式即技术标准所规定的轨道上创新,才能避免技术上的"卡脖子"风险,顺应技术的发展和变革。设定技术标准不仅仅是对一个或几个生产技术设立必须符合要求的门槛,重要的是它建立了一个产品技术的主导设计范式制约企业技术轨道,使与产业技术标准相容的企业技术能力具有可持续性,而与产业技术标准不相容的企业技术能力必受破坏,创造顺轨创新效应。

技术标准联盟利用成员集成的技术和市场实力,以及经济系统内部技术扩散过程中的先发优势和正反馈机制,可以迅速垄断一些新技术领域,推动技术标准成为事实标准。联盟成员能及早明确核心技术体系的设计范围,及时调整或开辟正确的技术轨道,使之符合技术范式,有计划地进行研究和开发,使各种资源的配置和应用趋于优化甚至达到最优,实现顺轨创新。而技术标准联盟外的企业往往缺乏预测技术发展主流趋势的条件,无力主动开展顺轨创新,难以把握技术发展走向而被迫退出市场。

#### 4.2.3.4 消除技术/产品使用者顾虑

一方面,经济学家哈尔·瓦里安(Hal Varian)指出:"技术标准能减少消费者面临的技术风险,从而加速技术的普及。"技术标准联盟成立的目的之一就是统一技术标准,刺激市场增长,消除消费者顾虑,扭转消费者观望态度,引导消费者购买,从而使联盟企业获得盈利。另一方面,热衷于参与技术标准联盟的不仅是产品的制造商,还包括技术/产品的使用者。他们参与技术标准联盟,一是避免技术被套牢,由此参与标准设定;二是为了减少对销售商的依赖性,排除销售商专用性条件的限制;三是追求企业内外部硬件和软件之间无缝协调运转,并避免不兼容产品导致的巨额成本。

### 4.2.4 质量标准联盟的模式分析

曾德明、方放和王道平从企业关系的角度出发,并根据技术标准设定两阶段中参与者的数量及其行为活动将技术标准联盟模式划分为混合式、多企业协作式和折中妥协式 3 种。

#### 4.2.4.1 混合式技术标准联盟

混合式技术标准联盟是指单个企业自主技术研发与多企业协作技术推广相结合来设定技术标准。无论研发的技术是前导技术还是后发技术,技术开发企业和伙伴企业通过市场协作,借助协作者市场上的优势地位,凭借较大规模的用户安装基础和品牌信誉,以最新技术迅速占领市场,或抓住被竞争对手忽视的机会,以扩大市场应用来对抗竞争对手的技术优势,使顾客产生使用上的依赖性,直至成为市场上的事实标准。

在此模式中,企业通过自己的实验室、研究所和技术攻关小组开发技术,灵活性较强,能使开发企业独自享有专利权。但是,企业独自创新,投入的启动值较小,在很大程度上限制了技术创新。而且当今世界全球性的技术竞争不断加剧,企业在技术开发活动中面对日益复杂的技术问题,技术的综合性和集成性越来越强,只有实力超强的企业才有可能利用自身的实力独自开发技术标准,而一般情况下是多个公司签订协议进行技术协作开发。

#### 4.2.4.2 多企业协作式技术标准联盟

多企业协作式技术标准联盟是指多个企业组建技术标准联盟,技术开发和技术推广均有多个企业参与。技术标准联盟中的企业分为核心企业和外围企业。核心企业拥有技术标准所需的必要专利或是技术推广目标市场的绝对市场份额。拥有核心技术的企业,贡献必要专利形成"专利池"。进行专利联营,驱动技术的开发,避免了企业间的双边交叉许可中效率低下的弊端。同时,企业通过资源共享和优势互补,降低了创新风险。制定标准不仅需要技术专家,还需要正确反映市场需求的市场主导者和标准使用者的参与,利用联盟的集体市场力量,(销售渠道、品牌信誉、生产能力等)保证标准化的最终成功。市场主导者的用户规模和强大的品牌效应不仅给技术标准的推广提供了广阔的安装基础,而且提高了用户对技术的信赖度。外围企业是参与技术标准联盟的使用者。使用者的加入增强了市场力量,网络外部性产生的正反馈效应也将有利于技术在市场上流行。

**案例**

蓝牙联盟是多企业协作式技术标准联盟的典型实例。蓝牙联盟的核心成员是 Eriesson、IBM、Intel、Nokia 和 Toshiba。其中,Nokia 和 Ericsson 是技术的驱动者,扮演了技术专家的角色,基本保证了标准的迅速开发。五大核心成员在蓝牙主要的两大目标市场即移动电话和个人计算机中占有很大的份额,为这两大目标市场提供了强大的初始用户安装基础。而且，IBM和Toshiba对笔记本和个人计算机的市场需求很熟悉，代表了标准重要的使用者，确保了与市场需求相一致。在蓝牙联盟的外围企业层面，蓝牙联盟允许单个企业作为采用者加入，并可无偿使用其知识产权，这吸引了大量企业在早期就采用此技术规范。

#### 4.2.4.3 折中妥协式技术标准联盟

折中妥协式技术标准联盟是指两三个联盟成员企业分别自主开发了技术，这些不同的技术路线、不同的技术方案在折中、妥协下达成通用标准协议，然后联盟成员把这个通用的技术标准引入市场。因为成员企业期望最终达成的通用标准能兼顾各方利益，所以技术标准的诞生往往是一个艰难的过程。

这种技术标准联盟模式大大减少了企业的市场竞争风险，降低了参与企业的损失。技术标准的最后统一和确定是新技术开发成员之间博弈的结果，博弈的过程中协作大于竞争和冲突。因为最后只有一项技术得到支持，所以各个企业的产权技术的兼容性非常重要。为了最小化技术折中不可避免产生的"牺牲"，协作者必须发现产权技术间的最有效结合点或妥协点，因此，协作中的企业必须具备互相兼容的技术。

技术标准联盟三种模式的比较见表4-1。

表4-1 技术标准联盟三种模式的比较

| 模　式 | 技术研发企业个数 | 技术研发企业行为 | 技术推广企业个数 | 技术推广企业行为 |
| --- | --- | --- | --- | --- |
| 混合式 | 单个 | 自主研发 | 多个 | 协作推广 |
| 多企业协作式 | 多个 | 协作研发 | 多个 | 贡献必要专利，协作推广 |
| 折中妥协式 | 多个 | 自主研发 | 多个 | 技术兼容 |

## 4.3 质量标准联盟的合作竞争

### 4.3.1 质量标准联盟合作竞争概述

#### 4.3.1.1 标准竞争中的"网络效应"

标准竞争区别于传统产品竞争最显著的特征就在于其所具有的"网络效应"，网络效应对标准竞争的结果产生重要影响。尤其在信息时代，ICT产业中，通信、计算机、互联网等高新技术中网络效应更是无处不在，在这样的经济背景下，网络效应理论为标准竞争的研究提供了崭新的视角。

"网络效应"一般是指"当一个用户消费一种产品所获得的效应随着该产品的消费者数

量及其兼容辅助产品的消费量增加而上升时，就认为存在着网络效应"。在网络效应的作用下，技术标准扮演着非常重要的角色，它能够增强用户的信心，减少未来市场的不确定性。因此，市场对于标准化的需求也尤为强烈。

在完全竞争市场条件下，企业会根据自身目标和收益等方面来选择是否组建标准联盟，下面通过博弈模型来研究不同市场结构下企业采用合作竞争战略的动机和实施合作竞争战略的前提条件。

### 4.3.1.2  $N$ 个对称企业合作竞争的博弈模型

首先考虑多个对称企业合作竞争的博弈模型，当企业利润最大时各企业的均衡产量、市场总产量、价格和利润函数。

假定市场中存在 $N$ 个对称规模的企业，记企业的集合为 $N=\{1,2,\cdots,n\}$，企业 $i \in N$ 的边际成本相等且为常数，为了不失一般性，可以令边际成本等于 0，企业生产的是同质产品，进入和退出市场是自由的，因此，可以把该市场视为完全竞争市场。

网络效应是由于其他用户的参与而给产品带来的附加效应，网络效应是产品使用者数量的函数。具有网络效应的产品，其产品效应主要由两部分组成：产品的单独效应和网络效应。单独效应是在没有其他使用者的情况下，产品自身发挥的效应。由于网络效应产品的特殊性，这里，我们引入 Economides 对网络效应函数的基本假定，假设预期的市场销售规模为 $S$，用网络效应函数 $f(S)$ 来表示消费者的总支付意愿。尤其是，在预期的市场销售规模为 $S$ 的情况下，消费者的总支付意愿将从 $P(Q;0)$ 增加到 $P(Q;S)=P(Q;0)+f(S)$。

企业 $i \in N$ 面对的逆需求函数为：

$$P(Q;S) = A - Q + f(S) \quad \text{（式 4-5）}$$

其中 $A$ 为常数，$Q = q_i + \sum q_j$，则企业 $i$ 的利润函数为：

$$\text{Max } \pi_i(q_1, q_2, \cdots, q_N) = q_i P(Q;S) \quad \text{（式 4-6）}$$

当企业利润最大时得出各企业的均衡产量、市场总产量和利润分别为：

$$q_i = [A + F(S)]/(n+1)$$

$$Q = n[A + F(S)]/(n+1)$$

$$\pi_i = [A + F(S)]^2/(n+1)^2$$

设完全实现的预期市场销售规模为 $S^*$，则

$$S^* = Q(S^*) \Leftrightarrow S^* = n[A + f(S^*)]/(n+1) \quad \text{（式 4-7）}$$

对 $Q(S^*)$ 一阶求导，得：

$$\mathrm{d}(S^*)/\mathrm{d}n = S^*/\{n[n+1-nf'(S^*)]\} > 0 \Leftrightarrow f'(S^*) < (n+1)/n$$

可以发现，随着企业数目的增多，市场总产量也随之增多。

企业 $i \in N$ 的利润可以变成：

$$\pi_i^* = [A + f(S^*)]^2 / (n+1)^2 = (S^*/n)^2 \quad \text{（式 4-8）}$$

对 $\pi_i^*$ 一阶求导，得：

$$\mathrm{d}\pi_i^* / \mathrm{d}n = S^{*2}[nf'(S^*) - (n-1)] / [n^3(n+1 - nf'(S^*))] > 0 \Leftrightarrow (n-1)/n < f'(S^*) < (n+1)/n$$

因此在网络效应较强的情况下，企业数目越多，企业的利润越高，因此企业有动机邀请更多的企业进入市场，组建联盟。网络效应越大，企业实施合作竞争战略的意愿越强。

#### 4.3.1.3 双寡头企业合作竞争的博弈模型

为了简化模型，我们在这里只针对双寡头企业在同质和异质产品情况下的合作竞争博弈模型进行介绍。

**（1）同质产品企业合作竞争的博弈模型**

双寡头市场结构中生产同质产品企业合作竞争的博弈模型，假定 $q_i$ 代表第 $i$ 个企业的产量，$i \in (1,2)$，$P(Q;S)$ 表示逆需求函数，此时总产量 $Q = q_1 + q_2$，企业 $i$ 的利润函数为 Max $\pi_i(q_1, q_2) = q_i P(Q;S)$，在均衡条件下企业 $i$ 的产量和利润分别为：

$$q_i^c = \frac{1}{3}[A + F(S)] \quad \text{（式 4-9）}$$

$$\pi_i(q_1^c, q_2^c) = \frac{1}{9}[A + f(S)]^2 \quad \text{（式 4-10）}$$

如果企业选择组建联盟，合作控制产量 $Q$ 然后平分利润，在这种行为下，利润最大化的总产量为：

$$Q^* = \arg\text{Max } Q\{(A + f(S) - Q)Q\} = \frac{1}{2}[A + f(S)] \quad \text{（式 4-11）}$$

在该条件下，每个企业的产量和利润分别为：

$$q_i^* = \frac{1}{4}[A + F(S)] \quad \text{（式 4-12）}$$

$$\pi_i^* = \frac{1}{8}[A + f(S)]^2 \quad \text{（式 4-13）}$$

但是这里的 $(q_1^*, q_2^*)$ 并不是纳什均衡，因此双方没有动机进行合作，每个企业都可以选择合作或者不合作，同样也可以根据对方在选择古诺均衡产量时确定本企业的最优产量，因此就会出现多种合作竞争的可能性。由此可以发现，两个企业共有 3 个产量水平，出现 9 种可能的情形，这 9 种情形可以构造成表 4-2 的博弈支付矩阵。

博弈支付矩阵中每行对应企业 1 的一种策略，每列对应企业 2 的一种策略。每个方框内有两个数字，第一个数字是企业 1 的利润，第二个数字是企业 2 的利润。为了方便起见，省略了计算结果中企业的产量和利润中的公因子，企业产量省略了 $[A + f(S)]$，企业的利润省略了 $[A + f(S)]^2$，消费者预期的市场销售规模越大，企业的利润越大。

表 4-2　同质产品企业合作竞争策略的博弈支付矩阵

| 企业 1 | 企业 2 | 博弈支付矩阵 | | | | | |
| --- | --- | --- | --- | --- | --- | --- | --- |
| $q_1^* = 1/4$ | $q_2^* = 1/4$ | 1/8 | 1/8 | 5/48 | 5/36 | 3/32 | 9/64 |
| $q_1^c = 1/3$ | $q_2^c = 1/3$ | 5/36 | 5/48 | 1/9 | 1/9 | 7/72 | 7/64 |
| $q_1^c(q_2^*) = 1/3$ | $q_2^c(q_1^*) = 1/4$ | 9/64 | 3/32 | 7/64 | 7/72 | 3/32 | 3/32 |

我们可以采用双画线法来求解矩阵博弈，可以发现，上述矩阵博弈的纳什均衡是 $(q_1^c, q_2^c) = \left\{\frac{1}{3}[A + f(S)], \frac{1}{3}[A + f(S)]\right\}$，每个企业获得的利润均为 $\frac{1}{9}[A + f(S)]^2$。如果企业采取合作策略，$(q_1^*, q_2^*) = \left\{\frac{1}{4}[A + f(S)], \frac{1}{4}[A + f(S)]\right\}$，则每个企业都可以获得更高的利润 $\frac{1}{8}[A + f(S)]^2$，尽管企业选择合作策略得到的利润要比不合作竞争策略得到的多，但是由于从表中可以观察出，在每次一方不合作而另一方合作的情况下，不合作方得到的利润都大于合作得到的利润，从而博弈的结果会使企业选择不合作竞争策略，实现纳什均衡。合作策略虽然是帕累托最优策略，但是在静态博弈中无法实现。这说明企业的个体理性导致集体的非理性，企业不可能组成一个自愿性的、无强制约束的联盟。

下面，我们加入时间的因素，改变两个企业博弈的方式，将原来的一次博弈改为重复博弈，从动态角度分析重复博弈是否能够导致合作策略的发生。

定理（有限重复博弈）：令 $G$ 是阶段博弈，$G(T)$ 是 $G$ 重复 $T$ 次的重复博弈（$T < \infty$）。那么，若 $G$ 有唯一的纳什均衡，则重复博弈 $G(T)$ 的唯一子博弈精炼纳什均衡结果是阶段博弈 $G$ 的纳什均衡重复 $T$ 次（即每个阶段博弈出现的都是一次性博弈的均衡结果）。

上述定理表明，只要博弈的次数是有限的，重复本身并不改变博弈的均衡结果。第 $T$ 次博弈实际上就是 $G$，均衡是 $(q_1^c, q_2^c)$，双方在均衡状态下的利润依然是 $\frac{1}{9}[A + f(S)]^2$。

然后，我们考虑无限次重复博弈的情形。

定理（无限次重复博弈）：令 $G$ 是阶段博弈，$G(\infty, \delta)$ 是以 $G$ 为阶段博弈的无限次重复博弈，参与人 $i$ 的总支付定义为 $\pi_i = \pi_i(1) + \delta \pi_i(2) + \delta^2 \pi_i(2) + \cdots$，其中，$\pi_i(t)$ 是参与人 $i$ 在第 $t$ 次博弈实现的支付，$\delta = 1/(1+r) \in (0,1)$ 是贴现因子（Discount Factor），$r > 0$ 是相邻两次博弈时间间隔内的利息率。

在无限次重复博弈的情况下，参与人无法确定对方在某个特定对局中将如何选择，唯一能使用的信息就是它们相互作用的历史。如果企业一直采取竞争的战略，那么，企业最好也是竞争。无限次重复博弈隐含了合作竞争的观点，强调了竞争威胁和惩罚在促成和维系合作过程中的重要作用，指出在参与人有足够的耐心的条件下，即贴现因子越接近于 1，则联盟中合作伙伴的总支付水平越高，联盟也越稳定。每次博弈采取合作策略 $(q_1^*, q_2^*)$ 是无

限次重复博弈 $G(\infty,\delta)$ 的均衡结果，双方在均衡状态下的利润是 $\frac{1}{8}[A+f(S)]^2$。双方都一直采用合作战略，无人愿意率先打破双方合作的纳什均衡。该定理隐含的前提条件是参与人的眼光要足够长远，即要考虑未来利益，将时间因素向未来无限延伸。

由此我们得出结论：在生产同质产品的双寡头企业合作竞争博弈模型中，企业实施合作联盟策略可以获得更高的利润，但是合作策略均衡只出现于无限次重复博弈中。因此企业从长远利益角度来说，组建标准联盟可以更大限度地实现企业利润。

（2）异质产品企业合作竞争的博弈模型

下面讨论生产异质产品的企业合作竞争的情形。在 ICT 产业中，异质产品之间最关键的问题就是兼容性问题。在市场中同时存在不同技术标准的情况下，企业是否选择相同的技术标准主要取决于它能否从中获益。

① 两种产品互不兼容。假定双寡头垄断企业生产的产品互不兼容，但是可以完全替代。$P(Q;S)$ 表示逆需求函数。由于产品互不兼容，各个厂商预期的市场销售规模仅仅与自身的产量有关，用 $q_i$ 代表第 $i$ 个企业的产量，网络效应函数变为 $f(q_i)$，令 $f(q_i)=\theta q_i$，$\theta$ 表示网络效应因子，$\theta \in (0,1)$，$i \in (1,2)$。企业 $i$ 的逆需求函数为 $P(Q;q_i)=A-Q+f(q_i)$。

此时总产量 $Q=q_1+q_2$，企业 $i$ 的利润函数为 $\text{Max}\pi_i(q_1,q_2)=q_i P(Q;q_i)$。

在互不兼容的情况下，企业 $i$ 的均衡产量和利润分别为：

$$q_i^I = \frac{A(1-2\theta)}{4(1-\theta)^2-1} \quad \text{（式 4-14）}$$

$$\pi_i^I(q_1^I,q_2^I) = Aq_i + (\theta-2)q_i^2 \quad \text{（式 4-15）}$$

② 两种产品相互兼容。在双寡头垄断企业生产的产品互相兼容的情况下，网络效应随着用户的网络规模的增加而增加，网络效应函数 $f(q_1)=f(q_2)=\theta Q$，这里 $Q=q_1+q_2$，企业 $i$ 的逆需求函数为 $P(Q;q_i)=A-Q+f(q_i)$。

在均衡条件下，企业 $i$ 的产量和利润分别为：

$$q_i^D = \frac{A}{3(1-\theta)} \quad \text{（式 4-16）}$$

$$\pi_i^D(q_1^D,q_2^D) = Aq_i + 2(\theta-1)q_i^2 \quad \text{（式 4-17）}$$

通过以上分析，我们得出企业 $i$ 在不兼容和兼容情况下的均衡产量和利润分别为 $q_i^I, \pi_i^I, q_i^D, \pi_i^D$。

其中，两个均衡产量的比值为：

$$Z = \frac{q_i^D}{q_i^I} = \frac{A}{3(1-\theta)} \times \frac{4(1+\theta)^2-1}{A(1-2\theta)} = 1 + \frac{\theta}{3(1-\theta)} \quad \text{（式 4-18）}$$

两个均衡利润的差值为：

$$T = \pi_i^D - \pi_i^I = Aq_i + 2(\theta-1)q_i^2 - Aq_i - (\theta-2)q_i^2 = \theta q_i^2 \quad \text{（式 4-19）}$$

由于 $\theta \in (0,1)$，所以 $Z = 1 + \dfrac{\theta}{3(1-\theta)} > 0$，$T = \theta q_i^2 > 0$。

由此我们可以推出如下结论：在不考虑边际成本的情况下，不管产品是否兼容，双寡头垄断企业都具有相同的生产规模和竞争实力，平分整个市场。两个产品兼容时的均衡产量和利润都高于不兼容时的均衡产量和利润。说明双寡头垄断企业在产品技术标准和兼容性方面组建标准联盟可以提高企业的产量和利润，不仅有助于提高合作企业整体的竞争能力，而且有助于提高社会资源配置效率。

## 4.3.2 质量标准联盟对产业质量的推动作用

### 4.3.2.1 提升整个区域产业的质量和市场竞争力

随着全球经济一体化进程的加快，市场竞争愈演愈烈，产业集群的竞争优势日益凸显，但是区域产品质量安全问题也逐渐显露出来，暴露出企业行业自律和部门管理中存在的问题。联盟标准通过行业协会或企业联盟的形式，制定统一的规则，避免了无序恶性竞争，有利于整个区域产业质量提升和整体竞争力的提升。

### 4.3.2.2 调结构、转方式促进产业转型并淘汰落后产能

加快经济转型，推动高质量发展是党的二十大提出的重要任务，也是中央政府应对国内外深刻而复杂的变化、保持经济平稳较快发展的重要实践。组建标准联盟，实施联盟标准，应该是转方式、调结构促进产业转型的有力手段。

### 4.3.2.3 发挥标准联盟的作用

小企业存在标准化人才匮乏、标准化水平低的问题，通过企业标准联盟，借助联盟的标准化优势，使小企业的管理标准、工作标准得以有效制定和实施，标准化管理体系得到有效建立和运行，能够在较短的时期内有力地提升标准化水平。

### 4.3.2.4 提升企业的科技竞争力

目前，我国中小企业众多，研发能力、水平不高，研发资金投入不足，研发人才缺乏，这些问题严重制约了中小企业的科技创新和技术进步。通过企业标准联盟，抱团发展，能有效地整合各个企业的科技研发力量，提升企业科技成果创新的速度和效率。制定联盟标准，借助其制定速度快的优势，有利于科研成果迅速转化为生产力，同时，联盟的生产能力可以迅速转化为产能，降低科研成本。而成本的大幅降低，可提升企业的市场竞争力，加快科技成果转化的时间和科技进步的进程。

### 4.3.2.5 为转化为国家标准、行业标准打下基础

目前，我国标准存在标龄过长和标准滞后的问题，部分标准已不适合当前技术进步的

要求，同时由于标准化历史欠账过多，有大量的国家、行业标准急需修订，所以联盟标准的制定一方面可以解决部分产品无标可依的问题，提升区域产品质量；另一方面也可以适应产品升级换代和产业发展需要，为今后国家或行业标准修订奠定基础，甚至可以主导起草国家或行业标准，抢占标准的话语权和制高点，从而促进区域产业发展。

**案例**

2006年10月，广东顺德万家乐燃气具有限公司和万和集团有限公司结束了十余年的不良竞争，以标准为媒介，推出了"冷凝式燃气热水器"，这一世界领先的国内区域性联盟标准，对规范行业竞争秩序、树立"顺德标准"品牌具有重要意义。企业联合起来走规模化、标准化、品牌化的发展道路，共享企业间资源，分散技术研发与标准运作风险，从而提高了整个区域产业的产品质量。

### 4.3.3 质量标准联盟的运行机制

企业之间通过组建技术联盟获得新的竞争优势，越来越多的企业开始与合作伙伴甚至竞争对手缔结技术联盟，以求在资源共享、风险共担、优势互补的基础上进行技术创新、强化竞争优势。组建企业技术联盟是一项复杂的工程，从技术联盟伙伴的选择、时机的把握、组建战略联盟的步骤、联盟运行，以及联盟策略等角度探讨企业应如何组建和管理技术联盟，显然具有重要的实践意义。

#### 4.3.3.1 质量标准联盟的组建

一般来说，产业的升级、融合和扩展，必定会涉及标准的升级和创新，这个时候，如果能把握机会，组建企业联盟，树立相应的标准，则更容易占领新兴市场，完成超越。

标准升级针对的是已有的产业标准，该标准往往已经形成强大的市场力量，当产业面临升级和扩展的时候，就会形成一系列标准空白，抓住这种机会制定的标准，如果推广成功，就会有很大的影响力。

标准创新针对的是新兴产业。最典型的例子是闪联，闪联通过将不同的设备互联，而形成关联应用，通过设备之间的互动操作打开更多的增值空间。这种制定标准的方式，没有直接的利益冲突，推广相对容易，同时，推广成功以后，会促进更大的产业诞生，因而具有很大的影响力。

另外，企业联盟的成员直接影响着联盟的结构和运作，也是联盟在组建时需要着力的环节。联盟要求开放，对成员的选择是多多益善的，但是对于核心成员的选择，还是需要有一定的要求。

首先是核心成员应有自己的核心竞争力。企业的核心竞争力具有持久性、不可复制性和延展性。核心竞争力是一种扎根于企业组织内部的、能获得超额收益并不断使自己立于竞争优势地位的能力。它实际上也是企业联盟巨大的战略资源，有了这样的能力，企业联盟就能具有足够的行业号召力，就可以从小到大，有力地抢占市场。产业联盟的发起者一般都是这样的企业。

其次是应该保持联盟的多维性，一个产业联盟应该是包括技术、制造、营销等多个环节，每个环节都既有竞争又有合作，实现产业链各个环节的资源共享和优势互补已成为共识，"竞合"区别于"竞争"，是"竞争"的高层次状态，是竞争对手在诸多要素上优势互补，实现资源共享、市场共拓。

#### 4.3.3.2 质量标准联盟运作的一般模式

质量标准联盟实质上是一系列许可协议的集合体，专利技术的所有者与技术标准管理机构之间、技术标准管理机构与技术标准的使用者之间，甚至专利技术所有者与使用者之间通过签订一系列许可协议，将各自的权利、责任和义务写入协议中，联盟各成员之间由此形成一种契约关系，技术标准联盟的运作模式如图4-3所示。

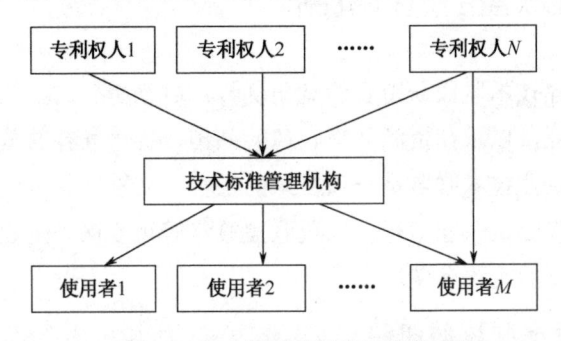

图4-3 技术标准联盟的运作模式

从本质上看，质量标准联盟是一种系统化的交易机制，它整合联盟成员的相关专利并向联盟外的第三方或在联盟内统一进行许可。

质量标准联盟的运作模式中包含了三大主体、两个许可过程，其中两个许可过程所产生的一些许可协议是连接这三大主体的纽带。专利技术的所有者、技术标准的管理机构和技术标准的使用者构成技术标准联盟的三大主体。

技术标准管理机构必须出面向专利持有人申请获得必要专利的许可，这是技术标准管理机构的职责之一。标准的使用者从技术标准联盟获得技术许可显然要比自己同各个知识产权人逐个谈判获得技术许可便利得多。因此会吸引许多的标准使用者。标准使用者若想获得专利许可，可向技术标准管理机构提出申请，获准后，管理机构按标准联盟统一格式的许可协议实行统一的许可收费，进行对外技术许可。

多个专利权人向技术标准管理机构进行专利许可，技术标准管理机构将多个技术专利所形成的技术标准"打包"许可给相关的技术标准使用者,这便构成了技术标准联盟的两个主要许可过程。在管理机构负责统一对外技术许可的同时,可以允许专利权人单独进行自己相关专利的双边许可工作,这可能导致出现图 4-3 中专利权人 $N$ 直接将专利 $N$ 许可给使用者 $M$ 的情况。另外,技术标准管理机构在专利许可的过程中,同时还负责收取和支付许可费用,其一是从专利权人等知识产权人处获得许可后的付费问题,其二是统一对外许可后的收费问题。

#### 4.3.3.3 质量标准联盟运作流程中的关键环节

（1）质量标准联盟的专利认定与获取

技术专利权作为一种独占权,是确保投资回报的法律保障。技术标准采用了专利技术,专利权人有权要求回报。结构与机制间具有很强的路径依赖性,只能以特定的技术方案实现,而这些技术方案又都不可避免地落入某些技术专利的保护范围,这些技术专利就被称为"必要专利"。

为了使标准的技术具有完备性,同时尽可能少地使用专利技术,这就需要确定技术标准中的必要专利,即技术标准联盟认定是建立技术标准必不可少但又被专利权人所独占的技术。对必要专利进行定义、识别和认定,这是一个必不可少的环节。技术标准联盟的技术专家小组通过识别和认定"必要专利",形成"必要专利集合体"。必要专利如此重要,使得技术标准联盟管理机构必须出面向专利持有人申请获得这些专利的许可。

（2）质量标准联盟的专利许可

技术标准联盟在许可模式上一般有两种策略：一是联盟管理机构不负责统一的对外技术许可,而是仅为被许可人提供专利信息,这种策略主要被 ISO 与 ITU 这类大型的国际标准化组织机构所采用；二是如 DVB 与 HAVI 标准均采用的由技术标准管理机构统一负责的对外技术许可模式。此外,3G Patent Platform 标准因第二代技术标准的特点,允许技术标准联盟成员在一定范围内同被许可人签订双边专利许可协议。一般认为,采用由技术标准联盟管理机构统一对外许可模式更好一些。

涉及技术标准联盟专利许可的一个关键而敏感的问题就是技术专利许可费的支付制度,它包括两个方向上的收费策略：其一是标准联盟从专利权人处获得许可从而支付费用；其二是统一对外许可收费问题。针对第一种情况的付费,联盟一般在必要专利认定的基础上,靠技术标准体系建立后对产业、产品的影响、每年支付给知识产权人的许可费,以及支付这些费用与标准体系今后发展的趋势来吸引权利人,并让其降低许可给标准体系的开价。

#### 4.3.3.4 质量标准联盟的运作策略

标准联盟实现其战略思路,必须在知识产权、标准制定、标准推广、产品开发、风险防范、会员发展等方面采取适合联盟这一特定的组织形式的运作策略。

(1) 知识产权策略

在技术标准联盟中，知识产权策略是核心问题。知识产权包括专利权、商标权和版权，其中最重要的是专利权。标准联盟一般设有专门管理知识产权的机构（或雇佣独立的法律服务机构），依据制定明确的知识产权管理策略、办法、流程进行知识产权的管理。

作为技术标准制定者，联盟在标准涉及的技术方案中尽量回避联盟外相关方的技术专利，对不可回避的必要专利，要获得其专利权人的许可，包括 RAND 许可或 RF 许可。同时，作为技术标准制定者，在对外推广标准时，要同时做出专利许可承诺。如果要收取许可费用，应有详细的许可费率计算办法。

虽然通过知识产权收费可以为联盟中的企业赢得利益，但是保护知识产权和标准推广会相互矛盾。对知识产权过度保护，不利于技术标准的推广。技术标准推广不利，不能成为行业内事实性标准，反而会影响产业联盟的战略性目标。因此，制定合理的、有利于联盟战略目标实现的知识产权政策是非常重要的。

(2) 标准制定策略

对于联盟制定的技术标准，要具备高度的市场适应性。在得到政府或国家有关法规的许可后，应发挥标准联盟制定标准的作用，制定联盟标准（协会标准或团体标准），快速、灵活地应对市场。同时将成熟的联盟标准提交给行业、国家或国际标准体系，申报成为行业标准、国家标准或国际标准。

(3) 标准推广策略

标准化不仅包括标准的制定，还包括标准的实施。对于技术标准联盟来说，技术标准的实施依靠基于市场行为的技术标准推广。一个合理的、有利于标准推广的知识产权策略是非常重要的。许多联盟或企业往往结合免费的或优惠的知识产权许可推广自己的技术标准，甚至自己提供免费资源、培训来帮助技术采用者使用自己的技术。

技术标准推广成功，并不是指将标准草案提交权威的标准化组织成为法定标准，比如国家标准、行业标准，关键是在行业内要有足够多的采用者，成为业界事实标准。

(4) 产品开发策略

对声明符合联盟制定的技术标准进行合格评定和产品认证，是联盟的重要活动，同时，它也是保护联盟的知识产权的一种手段，可以利用产品认证收取一定的费用。联盟可以申请独有的标识，通过严格测试验证，要求对声明符合技术标准的产品加注标识，形成品牌。联盟负责对品牌进行宣传、维护和建设。

(5) 风险防范策略

技术标准联盟的运作也会面临种种风险，所以应注重风险防范。导致战略失败的风险可能有以下几个方面：①联盟组织解体、失去联盟基础，联盟组织出现问题，联盟具有表面性，各成员不做实质性合作。②技术竞争失败：技术本身出现缺陷或漏洞，与同类技术竞争中处于下风，被更先进的技术击败。③标准推广失败：标准不能广泛推广，不能成为业界的事实标准。④产业链建设失败：产品研发实际投入不足，没有形成完整的产业链。

联盟中的企业，尤其是发起建立联盟的主导企业，因为没有占据产业链的上游位置或提供核心产品，在专利许可不能获得足够利益的情况下，难以实现发起建立联盟的目标。

（6）会员发展策略

技术标准联盟的战略目标是推广已有的技术，其成功与否很大程度上取决于是否有足够多的企业采用联盟的技术。因此，技术标准联盟应保持开放性，收取少量的会费，给予会员较大的优惠政策，以吸引更多的企业加入联盟。

## 本章小结

在复杂的市场竞争环境中，质量标准作为企业取得市场的关键要素越来越受到关注，更多企业选择组建质量标准联盟来实现利益共赢，合理分配市场资源，提高行业整体质量水平。本章介绍了标准联盟的相关概念和质量标准联盟的模式及运行机制，便于更好地了解标准联盟组建的动因及过程。另外，从供应链角度出发，进行企业间的基于质量标准的市场博弈分析，同时从博弈论角度分析了企业间联盟合作竞争的条件，结果表明质量标准联盟的组建可以提高企业的产量和利润，不仅有助于提高合作企业整体的竞争能力，而且有助于提高社会资源配置效率。

## 扩展阅读

### 闪联标准："一闪"互联——从标准化走向产业化

闪联标准联盟以标准为纽带形成了"中国大企业联合创新"的运作模式，这种模式目前在国内市场已蓬勃发展起来。对于闪联而言，这或许仅仅是开始，产业化正走在艰巨漫长的道路上，需要更多的企业参与，才能带动闪联产品真正走出国门。

对于闪联未来的发展，产业化是最大的挑战，产业化不仅是标准的生命力所在，也是标准推进成功与否的关键，更是闪联未来发展最大的目标。

如何让标准"落地"，未来更好地实现产业化，闪联联盟内部做了很多努力，包括成立闪联工程中心有限公司和工程实验室，以及更多的市场推广、协议栈开源等工作。

目前，闪联技术已经成功应用到智能电视、计算机、白色家电、移动设备等多类设备上，联想、长城、TCL、海信、康佳、创维、美的等厂家都在产品里预装了闪联协议，在国内得到广泛应用。

然而，闪联虽然在2003年就提出了互联互通的想法，但是由于受到技术的局限，互联互通的控制方式又比较复杂，因此闪联应用的优势并没有完全释放出来。

近年来，随着移动设备技术的快速发展，智能手机、平板计算机市场份额快速增长，为不同终端融合提供了发展契机。

在积极推进多屏融合的今天，我国终端厂商纷纷致力于开发支持多屏互动技术的终端产品，以实现内容、网络和终端的真正融合，提升用户体验。可以说，多屏融合已成为厂商提高竞争力、形成差异化、赢得市场的重要手段。这让闪联标准也得到了用武之地。

2011年5月，基于闪联标准的"享屏"多屏互动技术应运而生，并广泛应用在国内智能电视领域，这标志着闪联产业化进程进入了一个全新的阶段。

闪联"享屏"能够将手机、平板计算机变成智能电视的遥控器，实现跨屏操控，支持不同智能设备间跨网络内容共享。目前，闪联"享屏"多屏互动客户端已经在联想、海信、TCL、康佳、创维、同洲、九州、京东方、清华同方等公司的产品上预装，2011年累计预装量已超过100万台。闪联标准为各厂商智能化战略的实施提供了关键技术支撑，内嵌闪联"享屏"技术的智能电视逐步普及。

2012年，闪联在智能互联、智能用电、享屏社交电视、智慧教育、智能家居、智能办公等领域都加大了研发力度，为用户带来了全新的互联互通新体验。尤其是智能用电，对于全行业提升能效水平的家电业来说，是绝对的市场卖点。

除了IEC国际标准，闪联GB/T 29265系列国家标准已经发布26项，参与制定国家标准3项；发布行业标准7项、企业标准2项和团体标准11项。截至2018年年底，闪联共有成员单位260家，其中包括联想、TCL、康佳、长城、长虹、创维、清华大学、中国科学院计算所、三星、松下、飞利浦、LG和KETI等国内外知名企业、大学和科研院所。

闪联标准的真正意义在于产业化。工作组的目标初衷就是建立在实用性和通用性上，使得标准组织在对技术发展趋势深刻思考并主动追踪的同时，致力于开发新的商业机遇和用户价值，刺激新的消费需求，促进终端制造、信息提供等领域的创新实践。同时，基于同一技术标准，依据对联盟的贡献，主导企业通过谈判与协调，实现对市场的重新规划和分配。这种甄选机制吸引了有实力的厂商纷纷加入闪联，联盟不断扩大，又进一步增强了联盟对市场的控制，形成规模收益递增效应。从产业链的分布来看，闪联成员基本涵盖了从个人终端设备制造商、网络设备接入商到网络服务提供商以及底层技术开发商，初步形成了上中下游全方位的产业布局。另外，闪联产业联盟是开放式组织，不仅整合了国内的企业资源，也正在积极寻求利用国际资源，以提高闪联技术标准的全球竞争力。

**复习与思考**

1. 质量标准联盟的内涵是什么?
2. 质量标准联盟的参与主体有哪些?
3. 如何理解质量标准联盟的合作竞争?

# 第 5 章

# 质量标准与政府规制

### 关键词

- ☑ 质量标准
- ☑ 政府规制

### 学习目标

- ☑ 理解质量标准政府规制的产生、发展及其客观条件;
- ☑ 掌握产业损害的概念;
- ☑ 了解最低质量标准的含义。

### 案例导入

新华社北京 2024 年 3 月 5 日电 美国联邦航空局 4 日说,波音公司及其机身供应商势必锐航空系统公司在 737 MAX 客机制造的质量控制方面存在一些"不合规"情况。

美国联邦航空局发布声明说,对波音和势必锐做了 6 周审计,发现"多个情况",涉及这两家企业"可能没有遵从一些制造质量控制要求"。其中,波音在"制造流程控制、零部件运输和存储、产品控制方面"存在"不合规"情况。

美国联邦航空局已经向波音和势必锐发送审计

结果摘要。鉴于相关调查仍在进行，美国联邦航空局没有披露具体审计结果以及上述两家企业应采取的整改措施。

路透社援引波音公司的回应报道，依据美国联邦航空局审计结果及专家评估小组报告等，波音对"需要做的事情已有清晰认知"。势必锐表示，正与波音和美国联邦航空局沟通"相应整改措施"。

美国联邦航空局1月13日宣布对波音737 MAX系列客机制造进行审计。引发这一行动的"导火索"是1月5日美国阿拉斯加航空公司一架波音737 MAX 9型客机飞行时机舱一处门塞脱落。这架飞机紧急降落，未致人员伤亡。

此次险情发生后，美国联邦航空局要求美国航空企业运营或在美境内运营的所有波音737 MAX 9型客机停飞数周以接受安全检查，并限制波音公司在查清安全隐患前增产737 MAX系列客机。

一个航空专家评估小组上月26日发布调查报告，认定波音公司在企业安全文化方面存在问题。28日，美国联邦航空局在一份声明中要求波音公司在90天内制定全面的行动计划，以解决其"系统性质量控制问题"。

2018年和2019年，印度尼西亚狮子航空公司和埃塞俄比亚航空公司航班分别发生空难，总计346人丧生，失事飞机均为波音737 MAX 8型客机。波音737 MAX系列客机随后在全球多个国家和地区遭停飞近两年。

多起安全事故暴露波音公司诸多问题，也凸显一些美国企业治理失能、监管部门失察、偏狭产业政策反噬等深层次问题，成为美国制造业跌落神坛、走向衰落的典型案例。

（资料来源：美联邦航空局发现波音737 MAX品控"不合规"情况，新华社，2024年3月07日）

## 5.1 政府规制概述

### 5.1.1 政府规制

经济学理论认为，一个完整的规制体系包括规制主体、规制客体、规制目的与规制工具这四项要素。规制主体是指在整个规制体系中处于主导地位，面向规制客体利用规制工具实现规制目的的主体。规制客体指规制主体面向的对象总和，主要是指其他的经济主体。规制目的指规制体系所要达到的目的。规制工具指连接规制主体与规制客体的制度、手段、程序与方法。下面主要从规制主体的角度，即政府规制的角度去研究质量安全标准体系建设的问题。

一般来说，政府的概念有广义与狭义之分。广义的政府包括行政机关、立法机关与司法机关。狭义的政府主要指执行法律、负责组织国家政府的行政机关。

本书所研究的主要涉及狭义的政府内涵，即质量安全标准体系建设的国家各级行政机关，包括中央政府与地方政府。

规制，作为具体的制度安排，是政府对经济行为的管理或制约，是在市场经济体制下，以矫正和改善市场机制内在的问题为目的，政府依据有关法规制定并执行的直接干预市场配置机制或间接改变企业或消费者的供需决策的一般规则或特殊行为。它包括了市场经济条件下政府几乎所有的旨在克服广义市场失灵现象的法律制度，以及以法律为基础的对微观经济活动进行某种干预、限制或约束的行为。

政府规制可以分为经济性规制和社会性规制两种。经济性规制是在存在着自然垄断和信息不对称问题的部门，以防止无效率的资源配置的发生和确保需要者的公平利用为主要目的，通过被认可和许可的各种手段，对企业的进入、退出、价格、服务的质和量，以及投资、财务、会计等方面的活动所进行的规制。其主要范围有银行业、电信业、天然气传输业、铁路运输业等。社会性规制主要是指以保障劳动者和消费者利益为目的，通过制定标准去禁止或限制特定行为的规制。其中，包括为防止公害、保护环境而制定的系列环保法规，也包括对某些符合产业、经济和消费者利益的行为的支持与鼓励。例如，对质量好的产品授予"质量信得过"产品或"驰名商标"等支持性或保护性的措施等。其主要范围有医药卫生、劳动安全、环境保护、食品安全等。

## 5.1.2 质量标准政府规制的产生和发展

质量标准政府规制的研究对象是以"政府"为主体代表的社会质量标准公共机构，这是十分特殊的市场主体，其行为不同于纯粹的市场经济主体行为，质量标准政府规制建立在市场和市场效率基础之上。

#### 5.1.2.1 市场失灵下的技术标准政府规制

当技术标准竞争市场出现垄断、外部效应、信息不对称等现象时，市场机制不能发挥作用或不能正常地发挥作用，从而损失经济效率和社会福利。这时政府技术标准规制的介入有可能提高整个社会福利，假设政府是全体公众利益的代表，而非社会上某一特定部门（包括政府本身）的代表。当这一假设前提成立时，政府会在技术标准竞争市场失灵时通过经济和社会性规制保证市场的合理竞争，实现社会资源的高效配置；而当技术标准竞争市场失灵现象被解除或减轻，市场可以较高效地发挥作用时，政府则主动放松技术标准竞争规制以充分发挥市场配置资源的效率。但政府有时也会以一种公共技术标准规制需求者的身份进行讨价还价。

#### 5.1.2.2 行业控制下的技术标准规制

从技术标准规制的实践来看，技术标准规制也正朝着有利于生产者的方向发展——技术标准规制提高了行业内厂商的利润。行业控制规制理论或规制俘获理论认为：技术标准规制的提供适应了行业对规制的需求，即技术标准立法者受规制的行业所控制和俘获，而且技术标准规制机构即规制者也逐渐被行业所控制或俘获。

#### 5.1.2.3 供求决定技术标准规制

根据施蒂格勒《经济规制论》，运用经济学的基本范畴和标准分析方法，可以认为技术标准规制公共利益动机只是一种理想主义观念，技术标准规制的真正动机是政治家对规制的"供给"和行业部门对规制的"需求"相结合，以各自谋求其自身利益。

理论上，技术标准公共规制理论的一个重要假设是利益集团直接影响技术标准规制政策，但技术标准规制过程的复杂性及众多的参与者决定了利益集团对技术标准规制政策施加重大影响必须具备适当的条件。总之，公共技术标准规制理论在理解政府干预方面有重大作用，但任何规制理论都不是唯一正确的。

### 5.1.3 质量标准政府规制的客观条件

尽管公共技术标准规制理论尚需完善，但是面对现实中复杂的市场经济，人们的共识是：技术标准国家干预是必要的。因为市场存在着许多功能性缺陷，为了保持市场经济运行的有效性和公平性，为了修正和维护市场机制运行的有效机能，实现社会福利最大化，就必须对技术标准竞争市场进行国家干预。

关于市场失灵，当技术标准竞争中的市场均衡状态偏离帕累托最优配置，就会产生不完全竞争、外部非经济性、内部非经济性和不完全信息等市场失灵现象。

关于政府失灵，当社会福利函数低于社会生产可能性曲线，即福利函数中的技术标准公共规制制度降低了市场效率和社会福利，就会发生内生性政府失灵、外生性政府失灵、体制性政府失灵等政府失灵现象。

市场失灵是技术标准公共规制的必要条件，政府决策不失灵是技术标准公共规制的充分条件。市场失灵是一种客观存在，而政府决策不失灵则是人们的期望。技术标准公共规制的存在源于市场和政府都可能发生机制失灵。在市场失灵的情况下，技术标准公共规制的意义在于弥补市场不足或限制市场过度，以增进市场机制的效率和保证社会福利；在政府失灵的情况下，技术标准公共规制的意义在于放松规制和采用激励性规制，由市场机制来纠正政府的僵化行为，促进政府效率和保证社会福利。

经济学家趋向于将技术标准竞争中的市场失灵确定为三种原因：首先是外部性（正的或负的）；其次是经济活动受渐增的利润回报所影响即垄断因素；最后是由于买方和卖方之

间的信息不对称。

此外,技术标准政府规制施行过程中,也存在着规制失灵现象。下面以食品市场为例,分析技术标准政府规制中政府规制失灵的可能性及制度因素。与市场失灵相对应,政府规制也可能出现规制失灵。导致规制失灵的主要原因有规制者任职期限、自身利益、有限理性、有限信息等,甚至出现"规制俘获",即规制者被被规制者"收买"的现象。如近年来,频频出现的一些食品甚至药品事件中监管者涉嫌腐败的现象。在分析这种规制失灵的制度因素时,可以使用一个监管者(规制者:制定政府技术标准规制或据此稽查者)与假冒伪劣食品厂商(被规制者:制造不符合政府标准规制的产品生产者)的博弈矩阵模型进行解释。首先假设,$B$ 为假冒伪劣食品厂商在市场上销售不符合质量标准的劣质产品所获取的利润;$A$ 为假冒伪劣食品厂商被监管者查处时对其的惩罚,作为财政收入上交政府,$A>B>0$;假设监管者是风险中性的,$\omega$ 为其工资收入;$C$ 为监管者因食品不符合质量标准的安全事故可能受到的惩罚;$\alpha$ 为监管者因食品不符合质量标准的安全事故可能受到惩罚的概率;$\theta$ 是假设假冒伪劣食品厂商行贿的目的是期望双方"共赢",行贿金额为其所获利润的 $\theta$ 倍,$0<\theta<1$;如果监管者接受假冒伪劣食品厂商给予的贿赂,将会默许不符合质量标准的产品在市场上继续经营,形成监管者和假冒伪劣食品厂商的重复博弈,如果监管者拒绝了贿赂,将对假冒伪劣食品厂商给予更严厉的惩罚 $A'$,$A'>A$。并假设假冒伪劣食品厂商和监管者都是理性的参与人,博弈的信息结构为双方的共同知识。使用假冒伪劣食品厂商与监管者的博弈矩阵对围绕技术标准政府规制的食品安全质量事故制度成因进行分析(见表5-1)。

表5-1 围绕技术标准的食品安全质量事故制度成因分析
——假冒伪劣食品厂商与监管者的博弈矩阵

| 监管者行为 | 假冒伪劣食品厂商 | 博弈矩阵 | |
|---|---|---|---|
| 接受 | 行贿 | $[(1-\theta)B,(1-\alpha)(\theta B+\omega)-\alpha(C+\omega)]$ | $[B-A,\omega]$ |
| 不接受 | 不行贿 | $[B-A,\omega]$ | $[B-A,\omega]$ |

由表5-1可见,第一,在食品安全处于多部门监管的制度安排下,由于一些监管者权力寻租成本即惩罚 $C$、被惩罚的概率 $\alpha$ 比较小,假冒伪劣食品厂商与监管者在食品市场上合谋销售不符合强制性质量标准产品是博弈的均衡结果,这个均衡即为:(厂商,监管者)$=[(1-\theta)B,(1-\alpha)(\theta B+\omega)-\alpha(C+\omega)]$。第二,有必要探讨改变食品监管技术标准制度安排多部门监管的局面,建立综合性监管体系,从根本上解决不符合质量标准的劣质食品泛滥问题。

按常理论,如果市场失灵与规制失灵并存,应该"两害相权取其轻",但现实中情况往往并不如此。因为政府规制是主观人为的,比如一项规章尽管已经不合时宜,但它不会退出或被解除,它的退出很可能还会受到既得利益者的阻碍。这是市场失灵与规制失灵的重大区别。某些情况下,政府规制的综合效果可能反倒不如默认市场运行的自然结果。因此,在政府技术标准规制制度供给中，无论标准规制自身的设置，还是强制性标准规制的执行过程，对标准规制者的制约机制都很重要。

## 5.1.4 产业损害与政府规制

近年来，发达国家制定的质量标准越来越多，要求也不断提高，而且这些标准大多等同于国际标准。相比之下，我国商品质量的提升速度不及质量标准的提升速度，我国商品的质量表现为下降的势态。以出口商品的包装为例，几乎所有发达国家对进口商品的包装都要求节约能源，易于回收、再利用和自然降解，保护环境，有利于消费者健康，并以法定的形式规定了包装的材料（如不含铅、汞、镉等成分），建立存储制度以达到饮料容器的循环利用等。这意味我国产品在国外市场上要面对比以前更多的质量挑战。

我国已连续多年成为世界上受到反倾销反补贴调查最多的国家。由于反倾销主要是针对产品的低价而言，因此我国产业应努力走出低质低价的低谷，减少国外反倾销的诱因，防止授人以柄。

#### 5.1.4.1 产业损害定义

在国际贸易中，出口商品（或进口商品）在某进口国国内的大量销售，对该国国内相关产业的发展和建立造成威胁、阻滞，以致毁灭的过程称为产业损害。

#### 5.1.4.2 产业损害预警机制

产业损害预警机制是指通过对货物贸易、技术贸易和国际服务贸易中的异常情况进行连续性监测，分析和评估其对国内产业的影响，为适时采取必要措施提供资料和依据，为政府、产业和企业决策服务。

产业损害预警机制是政府宏观管理的重要组成部分，是产业损害调查与裁决工作的有机组成部分，它不同于传统的经济运行分析，也不同于一般意义上的进出口监测。产业损害预警机制是政府转变职能、依法行政、为产业和企业服务、切实维护产业安全的途径之一。它主要通过对货物进出口、技术进出口和国际服务贸易异常情况的连续性监测，分析其对国内相关产业的影响及影响程度，以动态分析的方法判断未来产业和贸易发展的趋势、变化，及时发布相关预警信息，提出利于产业发展、规避风险的政策建议，为政府主管部门、产业和企业决策服务，实现"为之于未有，治之于未乱"。建立和完善产业损害预警系统是有效运用贸易救济措施的基础性、前瞻性、预防性的重要手段，对维护国内产业安全具有重要的作用。

#### 5.1.4.3 产业损害预警模型与应用

下面根据我国奶业发展的相关数据，结合专家评分法计算了我国奶业产业损害预警指数。数据来源主要是《中国奶业年鉴》2014卷。

下面的指标体系设计主要以清华大学产业损害程度理论与计算方法课题组提出的指标为基本依据，损害预警指数指标见表 5-2。

表 5-2　损害预警指数指标

| 警情指标（权数 $X_i$） | 警兆指标（权数 $Y_j$） | 警　源　指　标 |
|---|---|---|
| 进口价格影响指数 | 勒纳指数 | 进口量、进口额 |
| | 进口价格增长率 | |
| 进口数量影响指数 | 贸易竞争力系数 | 进口额、进口量 出口额、出口量 销售额、销售量 |
| | 出口密度集 | |
| | 出口渗透率 | |
| | 出口优势变差指数 | |
| 国内产业增长指数 | 生产指数 | 劳动生产率变化率 |
| | | 产能利用率 |
| | | 产量变化率 |
| | 销售指数 | 库存率 |
| | | 市场占有率 |
| | | 销售增长率 |
| | | 价格变化率 |
| | 利润指数 | 销售利润率 |
| | | 净资产收益率 |
| | 就业指数 | 平均工资变化率 |
| | | 员工人数变动率 |

(1) 权数的获得

根据专家评分法计算出警兆指标的权数（$Y_j$）和警情指标的权数（$X_i$），专家评分法计算表见表 5-3。

表 5-3　专家评分法计算表

| 警兆指标的权数（$Y_j$） | | | | | | | | | |
|---|---|---|---|---|---|---|---|---|---|
| $y_1$ | $y_2$ | $y_3$ | $y_4$ | $y_5$ | $y_6$ | $y_7$ | $y_8$ | $y_9$ | $y_{10}$ |
| 0.04 | 0.1 | 0.09 | 0.04 | 0.05 | 0.08 | 0.18 | 0.18 | 0.13 | 0.11 |

由上表可知 $x_1 = 0.14$，$x_2 = 0.26$，$x_3 = 0.6$。

(2) 进口价格影响指数计算

勒纳指数=（价格-边际）/价格=$1/\varepsilon$，其中 $\varepsilon$ 为市场的需求价格弹性。根据公式，我们需要对进口乳品需求价格弹性进行计算，实际需要两个变量：进口乳品的需求变量和进口乳品的平均价格变量。根据奶业年鉴，我们选用 2009—2013 年进口乳品的平均价格和进口量。基本模型如下：

采用线性回归模型,即 $y=(a+b)x$。其中 $b$ 值就是我们需要的乳品价格弹性需求,利用 Eviews8.0 计算结果,如图 5-1 所示。

```
Dependent Variable: Y
Method: Least Squares
Date: 11/14/16   Time: 10:47
Sample: 2009 2013
Included observations: 5

Variable           Coefficient   Std. Error   t-Statistic   Prob.
   X                2.807281     0.239385    11.72704      0.0003

R-squared            0.806198    Mean dependent var      1083289.
Adjusted R-squared   0.806198    S.D. dependent var      500456.1
S.E. of regression   220315.6    Akaike info criterion   27.62037
Sum squared resid    1.94E+11    Schwarz criterion       27.54225
Log likelihood      -68.05092    Hannan-Quinn criter.    27.41072
Durbin-Watson stat   0.398315
```

图 5-1 Eviews 8.0 计算结果图

由图可知,$b = 2.8$。

$R^2 = 0.81$,说明方程拟合比较好,各项指标也均符合要求。国内对进口乳品的需求价格弹性大于 1,说明乳品进口是富有弹性的,并且对进口价格也是比较敏感的。$|\varepsilon| = 2.8$,则 $LI = 0.357$。

进口价格增长率=(本年产品平均进口价格-上年该产品平均进口价格)/上年该产品平均进口价格×100 %。根据奶业统计年鉴,我国 2012 年乳制品平均单价为 3 484.02 美元/吨,而 2013 年乳制品平均单价为 3 911.39 美元/吨。

根据公式计算,进口价格增长=12.26 %。

综上,进口价格指数=0.04×0.357+0.1×0.122 6=0.026 54。

(3)进口数量影响指数计算

贸易竞争指数(TC 指数)=(出口额-进口额)/(出口额+进口额)×100 %。根据统计年鉴,我国 2013 年乳制品进口额为 1 827 134.8 吨,出口额为 36 051.58 吨。根据公式计算,TC 指数=-96.13 %。

出口优势变差指数=(出口增长率-进口增长率)×100 %。根据统计年鉴,我国 2013 年乳制品进口增长率为 36.26 %,出口增长率为-19.7 %。根据公式计算,出口优势变差指数=-55.96 %。

进口渗透率=进口额/(销售额-出口额-进口额)×100 %。根据统计年鉴,我国 2013 年乳制品销售额为 4 572 095.2 万美元,根据公式计算,进口渗透率=15.63 %。

出口密集度=出口额/销售额×100 %。根据公式计算,出口密集度=0.125 %。

综上,进口数量影响指数=-0.961 3×0.09+0.001 25×0.04+0.156 3×0.05+(-0.559 6)×0.08=-0.123 42。

### (4) 国内产业影响指数计算

根据伊利、蒙牛和光明三家主营奶制品上市公司的 2014 年年度报表计算出下列指标平均值：

劳动生产率变化率=（本期劳动生产率/上期劳动生产率）×100 %，而劳动生产率=本期产品产值/本期生存该产品的平均人数×100 %。根据公式计算，劳动生产率变化率=21.228 %。

产能利用率=实际产量/理论产量×100 %。拟用实际处理能力与日处理能力之比代替产能利用率，计算得出三家企业平均产能利用率=75.215 %，产量变化率=23.8 %。

库存率=（本期库存量/上期库存量）×100 %，根据公式计算，库存率=12.439 %。市场占有率=36.469 %。

销售增长率=（本期销售收入增长额/上期销售收入）×100 %，根据计算公式，销售增长率=22.367 %。

价格变化率是利用年鉴中销售价格指数来计算的，价格变化率=0.478 %。

销售利润率=（本期利润总额/本期销售收入）×100 %，根据公式计算，销售利润率=4.315 %。

净资产收益率=（本期净利润/平均净资产）×100 %=15.212 %。

平均工资变化率=（本期生产该产品平均增长额/上期生产该产品平均工资）×100 %，根据公式计算，平均工资变化率=1.235 %，员工人数变动率=33.347 %。

综上，国内产业影响指数=0.18×（0.212 28+0.238+0.752 15）+0.18×（0.124 39+0.364 69+0.223 67+0.004 78）+0.13×（0.043 15+0.152 12）+0.11×（0.333 47+0.012 35）=0.409 02。

### (5) 奶业产业损害预警指数计算

奶业产业损害预警指数=0.026 54×0.14+（-0.123 42）×0.26+0.409 02×0.6=0.217 038 4。

根据程杰《区域产业损害预警机制的构建》一文中给出的警情界限（见表 5-4），初步判断出目前我国奶业的发展处于正常运行阶段。

表 5-4 警情指数表

| 警情界限 | 警情程度 | 指标颜色 | 国内产业状态 |
| --- | --- | --- | --- |
| 0.0~0.4 | 正常 | 绿色 | 运行正常 |
| 0.4~0.6 | 轻警 | 黄色 | 已受到威胁 |
| 0.6~0.8 | 中警 | 橙色 | 已存在损害或严重威胁 |
| 0.8~1.0 | 重警 | 红色 | 已存在严重损害 |

通过以上案例可以看出，我国乳制品应该努力提高产品的质量，从而提高国产奶粉的国内市场占有率。

#### 5.1.4.4 产业损害与政府规制

政府可以通过选择最佳产权清晰度和促进信息传递、降低产权界定技术难度来促进反倾销中负内部性问题的解决，政府的强制力是市场机制所无法比拟的，是弥补市场失灵的有效工具。

具体思路有以下几个方面。第一，明确界定政府规制的权力边界，这种边界就是要使政府既能调节市场失灵，又能有效规避政府失灵。政府行为要保持有限性、指导性和辅助性，政府作用的"度"必须限定在一定的市场结构与市场行为范围之内，确保经济发展所需的有效竞争。第二，政府规制要增加透明度，以保证对其进行有效监督和经济主体在信息占有上的对称性。第三，随着市场经济的发展，政府规制应以促进竞争为主要目标，保持规制者的高度独立性，避免规制者与被规制者利益高度趋同（规制俘获），从而提高规制质量和规制效率。

## 5.2 标准规制

### 5.2.1 逆向选择与最低质量标准规制

最低质量标准规制是一种常用的产品质量管制手段，进入市场的产品或劳务必须符合政府部门规定的最低质量要求。日常生活中有大量的例子，包括工业产品的安全标准，如电器、汽车、健康护理设备、纺织品、食品、药品的含量要求；专业技术人员的执业资格；工作场所设备的工效学要求；环境相关标准，如能源或燃料标准、材料处理或回收要求。那么，为什么自由放任的市场不能提供社会最优的产品质量水平，需要政府通过制定强制性标准对产品质量进行管制？传统上，芝加哥学派是反对政府制定最低质量标准对市场进行管制的，因为这种管制违背自由主义原则，并且容易被利益集团俘获。而 Leland 发表了《庸医、"柠檬"、职业执照：最低质量标准理论》一文，针对芝加哥学派的主张提出了不同观点，表明最低质量标准（如职业执照）有助于解决逆向选择问题，可以改进社会福利水平，给最低质量标准提出新的理论基础。这篇开拓性的论文发表之后，重新燃起了经济学家对最低质量标准研究的热情。到目前为止，已经涌现出大量相关的理论和实证研究文献。

Akerlof 研究表明，买方和卖方之间的信息不对称会导致逆向选择以及严重的市场失灵。比如，在产品市场上，卖方比买方掌握更多的产品质量信息。买方利用市场的一些统计数据来判断他们将要购买的产品的质量，并且愿意以平均质量的价格水平支付购买价格。在这种情况下，部分高于平均质量的产品将退出市场。由于高质量产品退出市场，导致市场上产品的平均质量下降。如此，买方愿意支付的购买价格也随着平均质量下降而下降，结果导致更多高质量的产品继续退出市场。如此循环反复，直到最后，产品市场上只剩下低质量的产品。Akerlof 解释了市场上低质量产品排斥高质量产品的机制，给出了低质量产

## 质量与标准化

品为什么能够排挤高质量产品的一种信息不对称解释模式。这与"劣币驱逐良币"的格欣雷法则在原理上非常相似。

当然，对于信息不对称理想的补救办法就是消除信息不对称。在一些情况下，重复购买、产品标识和其他一些形式都可以减少或消除不对称。但是，在很多情况下，消除信息不对称可能需要付出很高成本。所以，应该寻找减少质量扭曲更经济的方式，除市场机制外，政府干预也可能是一种有效的工具。Leland 表明最低质量标准可以解决逆向选择的现象，他研究发现，如果卖方提供产品或服务的机会成本是质量水平的减函数，那么最低质量标准一定会增加社会福利；如果卖方提供产品或服务的机会成本是质量水平的增函数，那么市场对质量变化更敏感，当需求弹性和提高质量的边际成本更低时，最低质量标准更可能使社会福利水平增加。但是，如果职业执照或者其他最低质量标准形式限制进入的话，可能会出现负面的影响，并且如果质量标准是由同行（或行业）自己设置，标准很有可能会过高。

与 Leland 模型不同，Shapiro 假设产品质量是内生的，他研究了完全竞争但信息不完全条件下，厂商的产品质量选择。模型假设消费者在购买之前不能观察到各个厂商产品的质量，只能根据该厂商在上一期提供产品的质量来预期下一期产品的质量。预期的产品质量不同，消费者的支付意愿也不同，或者说出价不同。每个厂商都可能削减当期产品的质量，降低成本，获得更高的利润，这就是所谓的"弃信战略"。但是，这样做的结果是降低厂商的声誉，使消费者对该厂商下一期产品质量的预期降低，支付意愿也随之降低。所以，厂商为了用激励保持良好的声誉，会提高当期的产品质量，这就是所谓的"守信战略"。但是，这样做的结果是减少了当期的利润。因此，厂商必须在生产高质量产品与低质量产品之间进行权衡，使厂商长期利润最大化。均衡的需求表中，高质量产品的价格会高于厂商的生产成本，Shapiro 把它定义为溢价，溢价可以看作声誉的回报或者保持质量的激励。法律规定的最低质量标准越高，高质量的溢价越低（因为最低质量高的话，弃信战略就缺乏吸引力），提高质量标准时就存在正的"信息外部性"。因此提高最低质量可以降低高质量产品的均衡价格，增加使用高质量产品的消费者的剩余。但是，本来选择购买低质量标准产品的消费者会产生直接损失。所以制定最优的标准时必须对收益与损失进行权衡。

Garella 和 Petrakis 研究了最低质量标准与消费者信息的关系。与一般模型不同，他们同时考虑了横向差异化和纵向差异化，以及两家厂商和多家厂商等各种不同情况。模型假设消费者的信息是不完全的。每个消费者可以知道自己的消费效用。消费者的支付意愿受到信息影响，但是模型中厂商没有进行任何可以消除信息影响的认证活动。厂商博弈分为三个阶段，第一阶段选择质量水平，第二和第三阶段选择价格。他们研究表明：如果厂商是对称的，导入最低质量标准总是能够提高均衡质量，增加消费者的支付意愿。消费者观察到的平均期望质量增加，提高了厂商改善质量的投资回报。最低质量标准使社会总福利增加。如果厂商是不对称的，低效率的厂商改善产品质量的成本更高。在一个不受管制的行业里，均衡时存在不同的产品质量水平。本质上，最低质量标准对质量和利润的影响与对称情形下相同。

如果市场存在信息不对称，合适的最低质量标准规制可以增加社会福利。在静态环境下，如果厂商进行价格竞争，那么最低质量标准可以增加社会福利；如果厂商进行产量竞争，那么最低质量标准会减少社会福利。在动态环境下，最低质量标准的影响结果不确定。一言以蔽之，实施最低质量标准的必要条件是市场失灵。但这不是政府对市场进行质量管制的充分条件。因为，按照公共选择理论的观点，政府也会失灵。所以，综合上述信息可以发现未来的研究应该有以下几个方向。

第一，前人研究都有一个隐含假设：政府是"仁慈的计划者"，并且实施标准不存在任何成本，也没有监督困难。假设政府同样是经济人，标准由政府来设置，那么由于种种原因，标准可能会被有意设置得过高或过低，没有达到社会最优。比如在一个对政府不作为没有严格问责的社会里，政府可能会设置过高的标准，留出寻租空间，使执行人员获得一定的权力和利益。

第二，在有限理性假设下，消费者的偏好时间不一致，自我约束成了消费者行为研究的焦点。因为人的理性"缺陷"，自由家长主义或非对称家长主义成为新的管制理论基础。人们在有些时候会自愿地减少选择项。如果消费者在选择产品质量时是有限理性的，那么政府通过限制低质量的产品进入市场，可以使消费者获益。

第三，我国与一些发达国家的市场环境存在较大差异，虽然我国政府在很多行业都已经实施最低质量标准，但是实际效果尚不清楚。所以，细致收集国内市场数据，开展规范的实证研究是一个非常具有现实意义的课题。

## 5.2.2 政府最低质量标准规制的经济学逻辑

为什么要设置质量标准？能否通过市场竞争自发形成质量标准？这是引发质量标准规制探讨所无法回避的基本问题。在传统的市场经济理论中，竞争性市场上出售的产品被假定为同质，换句话说，厂商所提供的产品是"完全标准化"的，而且，这种质量标准可以无成本地为购买者（消费者）所知晓。

但是，经济学的进展至少告诉我们两个关键的认识：市场上出售的产品并不完全是同质的，消费者对于产品质量信息的获得并不是无成本的。差异化的产品竞争是现代市场竞争的主流形态，横向的产品多样化和纵向的产品质量差异化均意味着，市场并没有直接"告诉"消费者产品的品质水平，而是消费者需要花费成本去获取。有时候这种成本是如此之高，以至于消费者根本不知道其所购买产品的确切质量水平。在此情况下，Akerlof 的"柠檬理论"告诉我们一个最为直观的结果，那就是这样的市场将蜕化为一个充斥着次品的市场。这显然并不是一个有效率的市场结果。

尽管大量的研究揭示，长期的市场收益贴水将鼓励厂商提供货真价实的商品，从而缓解"次品市场"问题。但是长期的市场收益贴水仅仅为市场竞争形成分离均衡提供了可能性，并不能必然保证市场上高质量产品将替代低质量产品。Gabszewicz 和 Thisse 的经典研究也表明，厂商面对高质量产品市场竞争时，采取低质量策略有助于避免激烈的市场竞争，从而实现产品的纵向差异化。

为什么市场分离均衡和产品质量纵向差异化仍然不是有效率的市场结果？其原因至少有以下三个。

其一，某些产品的消费具有高的负外部性，个体成本低于社会成本。例如，食品、药品及与安全生产相关的产品等。这些产品低质量意味着高风险，而个体对风险发生所承担的成本在很大程度上要低于社会成本。如果低质低价产品在市场上销售，不仅会增加个人的消费风险，更为重要的是，这些风险最终还可能会转化为更大的社会风险。例如，食品、药品安全问题及生产安全问题，政府可能要为此承担比个人更巨大的成本。

其二，某些产品的消费主体并不具有足够的理性能力，消费者无法按照理性选择和消费产品，从而必须给这类产品提供最低的质量保证。最典型的是儿童产品。由于儿童本身不具有产品最低质量选择的行为能力，低质低价产品的流通对购买者（家长）而言可能会以理性面对，但是对真正的消费者（儿童）而言，则并非如此。因此，政府有必要按照某一技术标准设置这类产品的最低质量标准。

其三，某些产品质量差异信息的获得具有高昂的成本，消费者难以承担信息获取的成本，必须依靠政府的最低质量标准作为质量信号。例如，产品的不同等级，一般消费者无法鉴别产品质量，而通过政府的最低质量标准规制，可以起到向所有消费者发送产品质量信息的作用。

可以认为，在上述这些市场上，通过市场机制发送产品质量信号并进行交易，并不是帕累托最优的，存在"市场失灵"的情形。因此，必须有政府介入，制定并监督实施最低质量标准。

### 5.2.3 政府规制"阀值"

政府基于"市场失灵"而介入最低质量标准规制，但是最低质量标准"阀值"的设定则是一个重要的问题。"阀值"的设定必须考虑如下几方面的因素。

第一，尽管由于信息不对称，买方和卖方会对各种经济决策做出调整，但是，这种调整是有成本的，政府规制介入的最佳情形，往往是生产者和消费者之间的利益权衡。如果政府规制的最低质量标准"阀值"使得消费者或者生产者付出了高昂的调整成本，那么这种规制将有可能难以实施，或者实施成本高昂。

第二，经济政策的制定过程本质上是一个公共选择的过程，各相关利益集团必然会通过各种政治活动影响政策制定。有效率的"阀值"设定必定要考虑到各种"寻租"行为最小化。也就是说必须尽量减少利益的再分配过程。

第三，因为市场价格不反映不可观察的质量，向只进行一次购买的消费者销售经验品的制造商，既不提供担保也不因质量缺陷而被投诉，就有强烈的动机将质量降低到尽可能低的水平（只要质量是需花成本的），这一最低质量水平就是一种法定标准，这种法定标准中有害物质的最高限量、有益物质的最低含量及理化公差上下限技术参数即为"阀值"。

第四，政府通过安全、卫生、环保等强制性标准，可以降低市场交易成本，但是强制性标准的"阀值"设置过高会造成生产者成本的浪费，过低则无法满足消费者需求。适当的"阀值"可以提高整个社会的福利。

#### 5.2.3.1 市场均衡和市场失灵下的质量标准

在一个市场，卖方知道它们供给的产品质量，而买方不知道。记 $q$ 为产品的质量指标，$Q=(q_l, q_h)$ 为市场上潜在出售的产品质量范围，不失一般性，假定 $q_l=0$, $q_h=1$；$f(q)$ 为质量水平为 $q$ 的产品潜在供给的分布，$F(q) = \int_{q_l}^{q} f(q) \mathrm{d}q$ 是市场上 $q$ 质量产品的整体供给，$R(q)$ 为供给单位质量水平 $q$ 的产品的机会成本，$R'(q)>0$。

① 市场均衡：令 $\hat{q}$ 为市场上被供给产品的最高质量。对于每个可能的 $\hat{q}$，我们定义卖方供给价格 $p_s = R(\hat{q})$。卖方 $p_s$ 具有支持 $\hat{q}$ 的性质，因为当价格为 $p_s$，潜在的供给 $q \leq \hat{q}$ 时，将供给他们的产品；而当潜在供给 $q > \hat{q}$ 时，将不供给它们的产品。

因此，市场供给 $y=\hat{q}$，产品平均质量 $\bar{q} = \frac{1}{2}\hat{q}$

买方具有一个边际自愿支付 $p_d = p(\bar{q}, y)$，即它依赖于所提供产品的平均质量 $\bar{q}$ 和市场供给 $y$；同时假定 $p_d \equiv \frac{\partial p}{\partial q} > 0$，$p \equiv \frac{\partial p}{\partial y} \leq 0$。可以得到 $p_d = p(\frac{1}{2}\bar{q}, q)$；当供给价格和需求价格处于相同水平上时，产生均衡。$\hat{q}_c$ 将满足 $R(\hat{q}_c) = p(\frac{1}{2}\hat{q}_c, \hat{q}_c)$。因为 $y_c = \hat{q}_c, \bar{q}_c = \frac{1}{2}\hat{q}_c$，所以均衡价格为 $p_c = p(\bar{q}_c, y_c) = R(\hat{q}_c)$，且在一定的时间，$\hat{q} = \bar{q}_c$。

② 市场失灵。对于社会福利函数：

$$W = \int_0^y p(\bar{q}, y) \mathrm{d}y - \int_0^{\hat{q}} R(q) \mathrm{d}q \qquad (\text{式 5-1})$$

替代 $y$ 和 $\bar{q}$ 并区别上式，不妨由 $\hat{q}$ 给出：

$$\frac{\mathrm{d}W}{\mathrm{d}\hat{q}} = \frac{1}{2}\int_0^q p_q(\bar{q}, y) \mathrm{d}y + p(\bar{q}, y) - R(\hat{q}) \qquad (\text{式 5-2})$$

当 $\hat{q} = \hat{q}_c = y_c$，因 $p_c = p(\bar{q}_c, y_c) = R(\hat{q}_c)$，意味着 $\dfrac{dW}{d\hat{q}}\bigg|_{\hat{q}_c} = \dfrac{1}{2}\int_0^{q_c} p_q(\bar{q}, y)dy > 0$。

当 $\hat{q}_c > 0$ 时，假定福利是单峰分布的，信息不对称将没有充分供给相对于社会最理想的质量，只有当 $\dfrac{dW}{d\hat{q}}\bigg|_{\hat{q}_c} = 0$ 才是社会合意的。

#### 5.2.3.2 最低质量标准规制

根据 Leland 的理论，设定质量水平 $L \in Q$ 的最低质量标准。也就是，质量范围 $[0, L]$ 之内的产品供给是被禁止的。由于质量依照总的百分点被测量，$L$ 也具有消除产品总潜在供给中的一个小部分的解释；这个小部分消除是产品的最低质量。通常，在市场上，生产者偏好低于最低质量标准的产品质量，而消费者偏好高于最低质量标准的产品质量。政府最理想的选择是取生产者和消费者间利益的某种均衡。专业和产业团体有时类似于委员会联盟，介于政府和市场作用之间。如果一个专业团体或者产业被允许去设置最低质量标准（自我规制），那么这些标准也许会设置得太高或者太低。注意 $L$ 的政府标准规制强制性将减少最低质量商品的供给。但是通过提高平均质量，价格和进入将发生在比过去高质量的水平上。

如果一个最低质量标准 $L$ 由政府设定，那么可以将 $y = \hat{q}$ 和 $\bar{q} = \dfrac{1}{2}\hat{q}$ 更改为：

$$y = \int_L^{\hat{q}} f(q)dq = F(\hat{q}) - F(L) = \hat{q} - L \qquad \text{（式 5-3）}$$

$$\bar{q} = \dfrac{\int_L^{\hat{q}} qf(q)dq}{F(\hat{q}) - F(L)} = \dfrac{1}{2}(\hat{q} + L) \qquad \text{（式 5-4）}$$

如前所述，$\hat{q}$ 是市场上最高质量水平供给。均衡持续至供给和需求的价格相等，或者 $\hat{q}_c$ 满足：$p(\bar{q}_c, y_c) = R(\hat{q}_c)$，即 $p(\dfrac{1}{2}(\hat{q}_c + L), \hat{q}_c - L) = R(\hat{q}_c)$，显然，该式定义了 $\hat{q}_c$ 相当于一个最低质量标准 $L$ 的函数。考察 $L$ 的社会福利效用：

$$W = \int_0^{\hat{q}-L} p(\bar{q}, y)dy - \int_L^{\hat{q}} R(q)dq \qquad \text{（式 5-5）}$$

低质量标准政府规制社会福利最大化的一阶条件：

$$\int_0^{\hat{q}-L} p(\bar{q}, y)dy = \int_L^{\hat{q}} R_y(q)dq \text{ 或 } \int_0^{\hat{q}-L} p(\bar{q}, y)dy = \int_L^{\hat{q}} R_q(q)dq \qquad \text{（式 5-6）}$$

#### 5.2.3.3 最低质量标准"阀值"

上述模型解释了信息不对称下政府质量规制的最低质量标准理论。但是，理论的复杂性及数据匮乏给实证研究带来了困难，从而需要探索一种方法，将社会福利最大化规范目标根植于政府的实证目标函数之中，这就要研究政府质量规制中标准的"阀值"设立对经济的影响，以获得经验证据。从现代侵权责任经济理论出发，在疏忽责任原则下，施害人的预防水平与法律设定的最优质量标准中所设定的"阀值"呈同方向变动。当法定标准 $L_s$ 低于社会最优预防水平 $L_s^*$ 时的预期成本如图5-2所示。

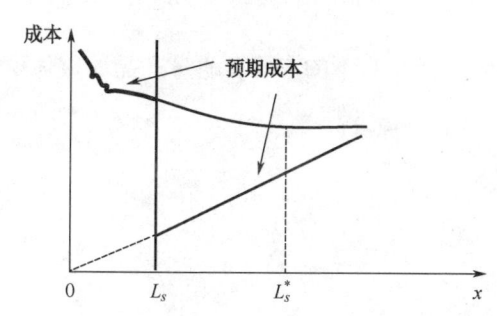

注：$L_s$ ——预防水平的法定标准，政府管制的"阀值"，相当于最低质量标准；
$L_s^*$ ——社会最优预防水平。

图 5-2  当法定标准 $L_s$ 低于社会最优预防水平 $L_s^*$ 时的预期成本

当强制性标准 $L_s$ 过低时，施害人使得预防水平等于 $L_s$ 来最小化其成本，他的预防水平低于有效预防水平 $L_s^*$。所以，过多的质量事故发生了。可见达到社会最优预防水平的"阀值"时法定标准质量水平目标设置的重要性。

当存在 $L_s^* \in R^n$ 和 $\lambda \in R^n$，使得拉格朗日函数的赋值梯度向量 $\varphi_L^*(L_s^*, \lambda^*) = 0$，质量标准政府管制"阀值"的古典最优化为：

$$\text{Max}: W = \int_0^{\hat{q}-L_s} p(\bar{q}, y) \mathrm{d}y - \int_0^{\hat{q}} R(q) \mathrm{d}q \tag{式5-7}$$

$$\text{S.t. min}: \text{Damnify} = \alpha_0 + \alpha_1 (L_i - L_s)^2 + u_i \tag{式5-8}$$

即：

$$\text{Max}: W = \int_0^{\hat{q}-L_s} p(\bar{q}, y) \mathrm{d}y - \int_0^{\hat{q}} R(q) \mathrm{d}q \tag{式5-9}$$

$$\text{S.t.} \quad L_{si} = L_s (L_s > 0) \tag{式5-10}$$

引理：质量标准政府规制"阀值"的古典最优化解即为政府标准规制的最优最低质量标准。

命题：产品差异、信息不对称条件下的政府最优质量标准，可实现社会福利最大化。

#### 5.2.3.4 国内最低质量标准规制对经济的贡献

政府的社会计划者理论上如前所述，在最低质量标准上谋求社会福利的最大化。现实中这种信息不对称条件下的最低质量标准对经济的增长是具有促进还是抑制作用，不妨设立如下模型：

$$\int_0^{\hat{q}-L_s} p(\bar{q}, y) \mathrm{d}y = \alpha_0 + \alpha_1 \int_{L_s}^{\hat{q}} f(q) \mathrm{d}q + \alpha_2 L_s + \varepsilon_i \tag{式5-11}$$

式中：

$\int_0^{\hat{q}-L_s} p(\bar{q}, y) \mathrm{d}y$ ——最低质量标准 $L_s$ 下的社会经济收益；

$\int_{L_s}^{\hat{q}} f(q) \mathrm{d}q$ ——最低质量标准 $L_s$ 下的市场 $q$ 质量产品的整体供给；

$L_s$ ——政府管制的最低质量标准；

$\alpha_0$ ——常量、截距项；

$\alpha_1$ ——参数；

$\alpha_2$ ——参数；

$\varepsilon_i$ ——白噪声干扰项。

#### 5.2.3.5 国外最低质量标准规制对我国出口的影响

根据 Jan Tinbergen 和 Poyhonen 引力模型应用于对外贸易的计量经济学研究，贸易引力模型的原始形式为：

$$F_{ij} = G \frac{M_i^\alpha M_j^\beta}{D_{ij}^\theta} \qquad (式 5\text{-}12)$$

式中，$F_{ij}$ 表示从出口国 $i$ 国流入进口国 $j$ 国的贸易流量，$M_i$ 和 $M_j$ 是两个国家的经济总量，$D_{ij}$ 是两个国家的地理距离，$G$、$\alpha$、$\beta$ 和 $\theta$ 是常量。

对上式两边对数，得：

$$\ln F_{ij} = R_i + \alpha \ln M_i + \beta \ln M_j - \theta \ln D_{ij} + \varepsilon_{ij} \qquad (式 5\text{-}13)$$

扩展和改进后的质量标准引力模型进一步表述为：

$$\ln \left[ \int_0^{\hat{q}-L_s} p(\bar{q}, y) \mathrm{d}y \right] = R_i + \alpha \ln M_i + \beta \ln M_j + \gamma \ln L_{sij} + \varepsilon_{ij} \qquad (式 5\text{-}14)$$

式中 $\ln \left[ \int_0^{\hat{q}-L_s} p(\bar{q}, y) \mathrm{d}y \right]$ 为最低质量标准 $\hat{q}$ 下的国际贸易收益，$L_{sij}$ 为国外或国内最低质量标准向量。

## 5.3 质量标准政府规制的完善对策

### 5.3.1 模型：政企行为与社会福利效用模型

最低质量标准（Minimum Quality Standards，MQS）规制是促进标准化生产，促进产品质量提高，保障人民消费安全，实现产品优质优价的重要手段。地方政府和企业的具体行为逻辑将使中央政府制定的规制政策实施效果发生偏差。

#### 5.3.1.1 参数

$s$：产品最低质量标准；

$f$：处罚企业不遵从行为的罚款额度；

$(s-\alpha s)\beta f$：地方政府执行规制程度的期望罚款金额；

$m\beta^2$：地方政府执行规制的成本；

$c$：失职成本；

$\alpha$：企业遵从程度；

$\alpha s$：产品质量；

$\dfrac{1}{2}(\alpha s)^2$：生产成本；

$p$：市场销售价格；

$\omega$：消费者偏好；

$1-\dfrac{p}{\alpha s}$：产品的市场需求量；

$\omega\alpha s - p$：单位产品实现的效用。

#### 5.3.1.2 函数模型

消费者效用目标函数 $C$ 可以表示为：

$$C = \int_{\frac{p}{\alpha s}}^{1}(\omega\alpha s - p)\mathrm{d}\omega \tag{式 5-15}$$

企业效用目标函数 $E$ 可以表示为：

$$E = (s-\alpha s)\beta f - m\beta^2 - (1-\beta)(s-\alpha s)c \tag{式 5-16}$$

地方政府效用目标函数 $\pi_{rg}$ 可以表示为：

$$G = (s-\alpha s)\beta f - m\beta^2 - (1-\beta)(s-\alpha s)c \tag{式 5-17}$$

中央政府以社会福利最大化为目标，可将社会福利目标函数表示为：

$$T = \int_{\frac{p}{\alpha s}}^{1}(\omega\alpha s - p)\mathrm{d}\omega + p(1-\frac{p}{\alpha s}) - \frac{1}{2}(\alpha s)^2 - (s-\alpha s)\beta f \tag{式 5-18}$$

中央政府、地方政府和企业的行为决策顺序如下：中央政府先制定最低质量标准规制政策，地方政府随后执行中央政府的规制政策，企业继而根据最低质量标准规制政策、地方政府的执法力度及消费者的质量偏好来决定遵从程度，并最终确定其生产产品的质量水平。

我们将采用逆推归纳法来分析中央政府、地方政府和企业间的博弈均衡结果。

如果地方政府是中央政府代理人。在理想状态下，中央政府与地方政府间是命令和服从、指导和汇报、请示和批复的行政关系，两者的利益完全一致。中央政府对于地方政府能够实现绝对的控制。对于最低质量标准规制政策，中央政府希望通过地方政府严格的执法行动来保证企业完全遵从标准。

当地方政府是中央政府代理人时，地方政府将严格执行中央政府的规制政策（$\beta_1^* = 1$），此时的企业效用目标函数为：

$$E = p(1 - \frac{p}{\alpha s}) - \frac{1}{2}(\alpha s)^2 - (s - \alpha s)f \qquad (式5\text{-}19)$$

联立 $E$ 关于 $p$ 和 $\alpha$ 的一阶最优条件 $\frac{\partial E}{\partial p} = 0$ 和 $\frac{\partial E}{\partial \alpha} = 0$，求解可得 $\alpha_1^* = \frac{1+4f}{4s}$，$p_1^* = \frac{1+4f}{8}$。

进一步求解函数的二阶导数可以得到 Hessian 矩阵为 $\begin{bmatrix} -\frac{2}{\alpha s}, & \frac{2p}{s\alpha^2} \\ \frac{2p}{s\alpha^2}, & -\frac{2p^2}{s\alpha^3} - s^2 \end{bmatrix}$，

各阶主、子式分别为：

$$-\frac{2}{\alpha s} < 0 \text{ 和 } \frac{2}{\alpha s} \times (\frac{2p^2}{s\alpha^3} + s^2) - (\frac{2p}{s\alpha^2})^2 > 0 \qquad (式5\text{-}20)$$

故 Hessian 矩阵负定，$p_1^*$ 和 $\alpha_1^*$ 为目标函数的唯一最优解。

考虑到有 $0 < \alpha_1^* \leq 1$，因此当 $f$ 的取值变化时，$\alpha_1^*$ 实际上是一个分段函数：

$$\alpha_1^* = \begin{cases} \frac{1+4f}{4s}, & f < s - \frac{1}{4} \\ 1, & f \geq s - \frac{1}{4} \end{cases} \qquad (式5\text{-}21)$$

由上式可知，当 $f < s - \frac{1}{4}$ 时，企业遵从程度为 $\alpha_1^* = \frac{1+4f}{4s}$；而当 $f \geq s - \frac{1}{4}$ 时，企业选择完全遵从最低质量标准规制。进一步分析当 $f < s - \frac{1}{4}$ 时 $\alpha_1^*$ 的表达式，可以发现有：

$$\frac{\partial \alpha_1^*}{\partial f} = \frac{1}{s} > 0 \qquad (式5\text{-}22)$$

$$\frac{\partial \alpha_1^*}{\partial f} = -\frac{1+4f}{4s^2} < 0 \qquad (式5\text{-}23)$$

结论：在地方政府是中央政府代理人的情形下，地方政府严格执行中央政府的最低质量标准规制政策，此时企业遵从程度与罚款额度呈正相关，而与最低质量标准呈负相关。

将 $\alpha_1^*$、$p_1^*$ 分别代入企业效用目标函数 $E_1$、地方政府效用目标函数 $G_1$、消费者效用目标函数 $C_1$ 和社会福利函数 $T_1$，可以得到：

$$E_1 = \begin{cases} \dfrac{1}{2}f^2 - (s-\dfrac{1}{4})f + \dfrac{1}{32}, f < s - \dfrac{1}{4} \\ \dfrac{s}{4} - \dfrac{s^2}{2}, f \geqslant s - \dfrac{1}{4} \end{cases} \quad (\text{式 5-24})$$

$$G_1 = \begin{cases} -f^2 + (s-\dfrac{1}{4})f - m, f < s - \dfrac{1}{4} \\ -m, f \geqslant s - \dfrac{1}{4} \end{cases} \quad (\text{式 5-25})$$

$$C_1 = \begin{cases} \dfrac{1}{32} + \dfrac{f}{8}, f < s - \dfrac{1}{4} \\ \dfrac{s}{8}, f \geqslant s - \dfrac{1}{4} \end{cases} \quad (\text{式 5-26})$$

$$T_1 = \begin{cases} \dfrac{1}{2}f^2 - (s-\dfrac{3}{8})f + \dfrac{1}{16}, f < s - \dfrac{1}{4} \\ \dfrac{3s}{8} - \dfrac{s^2}{2}, f \geqslant s - \dfrac{1}{4} \end{cases} \quad (\text{式 5-27})$$

当面对地方政府是其代理人且企业能够完全遵从规制的理想状态时，中央政府将基于社会福利最大化的目标来制定此时的最低质量标准。由于满足 $\beta_1^* = 1$、$\alpha_1^* = 1$ 时，$T_1 = \dfrac{3s}{8} - \dfrac{s^2}{2}$，通过求解 $\dfrac{\partial T_1}{\partial s} = 0$，可以得到 $s^* = \dfrac{3}{8}$；又因为 $\dfrac{\partial^2 G_1}{\partial s^2} = -1 < 0$，因此 $s^* = \dfrac{3}{8}$ 为此时的最优解。当中央政府制定最低质量标准 $s^* = \dfrac{3}{8}$ 后，市场上实际的企业效用目标函数 $E_1$、地方政府效用目标函数 $G_1$、消费者效用目标函数 $C_1$ 和社会福利函数 $T_1$ 分别为：

$$E_1 = \begin{cases} \dfrac{1}{2}f^2 - \dfrac{1}{8}f + \dfrac{1}{32}, f < \dfrac{1}{8} \\ \dfrac{3}{128}, f \geqslant \dfrac{1}{8} \end{cases} \quad (\text{式 5-28})$$

$$G_1 = \begin{cases} -f^2 + \dfrac{1}{8}f - m, f < \dfrac{1}{8} \\ -m, f \geqslant \dfrac{1}{8} \end{cases} \quad (\text{式 5-29})$$

$$C_1 = \begin{cases} \dfrac{1}{32} + \dfrac{f}{8}, f < \dfrac{1}{8} \\ \dfrac{3}{64}, f \geqslant \dfrac{1}{8} \end{cases} \quad (\text{式 5-30})$$

$$T_1 = \begin{cases} \dfrac{1}{2}f^2 + \dfrac{1}{16}, f < \dfrac{1}{8} \\ \dfrac{9}{128}, f \geqslant \dfrac{1}{8} \end{cases} \quad (\text{式 5-31})$$

分析上述分段函数的形式可以发现，当地方政府是中央政府代理人时，地方政府严格执行中央政府的规制政策，对于中央政府制定的最低质量标准（$s^* = \frac{3}{8}$），当 $f < \frac{1}{8}$ 时，企业效用随着 $f$ 的增加而减小，消费者效用、社会福利随着 $f$ 的增加而增大，地方政府效用随着 $f$ 的增加先增大后减小；当 $f \geq \frac{1}{8}$ 时，由于企业选择完全遵从规制，企业效用水平、地方政府效用水平、消费者效用水平和社会福利水平均为固定值，不再随着 $f$ 的变动而变化。

戴慕珍（Jean Chun Oi）在对财政改革激励下的地方政府行为进行经验描述的基础上提出了"地方政府理性经纪人"概念，认为地方官员有可能成为市场取向的代理人和行动人，完全像一个董事会成员那样行动。因此，当地方政府是理性经济人时，由于掌握着中央政府相关政策的执法权和其他稀缺资源，其将按照"成本-收益"的原则选择性执行中央政府的规制政策（$0 \leq \beta \leq 1$）。地方政府先选择最优规制执法行为，而企业将根据地方政府的执法行为来选择最优遵从程度，此时企业效用目标函数为：

$$E_1 = p(1 - \frac{p}{\alpha s}) - \frac{1}{2}(\alpha s)^2 - (s - \alpha s)\beta f \qquad \text{（式 5-32）}$$

联立 $E$ 关于 $p$ 和 $\alpha$ 的一阶最优条件 $\frac{\partial E_1}{\partial p} = 0$ 和 $\frac{\partial E_1}{\partial \alpha} = 0$，求解可得 $\alpha_2^* = \frac{1 + 4\beta f}{4s}$、$p_2^* = \frac{1 + 4\beta f}{8}$。进一步求解函数的二阶导数可以得到 Hessian 矩阵为 $\begin{bmatrix} -\frac{2}{\alpha s}, & \frac{2p}{s\alpha^2} \\ \frac{2p}{s\alpha^2}, & -\frac{2p^2}{s\alpha^3} - s^2 \end{bmatrix}$，

根据前面的结论，Hessian 矩阵负定，那么 $p_2^*$ 和 $\alpha_2^*$ 为目标函数的唯一最优解。

与上文类似，$\alpha_2^*$ 也是一个分段函数，

$$\alpha_2^* = \begin{cases} \frac{1 + 4\beta f}{4s}, & f < (s - \frac{1}{4})\frac{1}{\beta} \\ 1, & f \geq (s - \frac{1}{4})\frac{1}{\beta} \end{cases} \qquad \text{（式 5-33）}$$

因为有 $0 \leq \beta \leq 1$，对比 $\alpha_2^*$ 和 $\alpha_1^*$ 的表达式可以发现：

$$(s - \frac{1}{4})\frac{1}{\beta} > s - \frac{1}{4} \qquad \text{（式 5-34）}$$

当 $f < (s - \frac{1}{4})\frac{1}{\beta}$ 时，$\alpha_2^* = \frac{1 + 4\beta f}{4s} \leq \alpha_1^* = \frac{1 + 4f}{4s}$ （式 5-35）

由此可以得出结论：当地方政府是理性经济人时，地方政府选择性执行中央政府的规制政策，相比于地方政府是中央政府代理人的情形，此时企业遵从程度将会降低，同时保证企业完全遵从规制的罚款额度更高。

进一步观察 $\alpha_2^*$ 的表达式后发现：当 $f<(s-\frac{1}{4})\frac{1}{\beta}$ 时，有 $\frac{\partial \alpha_2^*}{\partial \beta}=\frac{f}{s}>0$，这意味着地方政府执法力度越大，企业遵从程度越高。

下面重点考察中央政府制定理想状态下的最低质量标准 $s^*=\frac{3}{8}$ 后，地方政府的执法行为和企业的遵从行为影响规制实施效果的机理。当 $s^*=\frac{3}{8}$ 时，

$$\alpha_2^*=\begin{cases}\dfrac{2+8\beta f}{3s},\beta<\dfrac{1}{8f}\\ 1,\beta\geqslant\dfrac{1}{8f}\end{cases} \quad (\text{式 5-36})$$

此时将 $\alpha_2^*$ 代入 $G_2$ 可以得到

$$G_2=\begin{cases}(\dfrac{1-8\beta f}{8})(\beta f-c+\beta f)-m\beta^2,\beta<\dfrac{1}{8f}\\ -m\beta^2,\beta\geqslant\dfrac{1}{8f}\end{cases} \quad (\text{式 5-37})$$

分析 $G_2$ 的表达式可以发现：当 $\beta\geqslant\dfrac{1}{8f}$，理性的地方政府为了实现其效用水平最大化将选择 $\beta=\dfrac{1}{8f}$；当 $\beta<\dfrac{1}{8f}$ 时，求解 $\dfrac{\partial G_2}{\partial \beta}=0$，可以得到 $\beta_2'=\dfrac{(f+c)+8fc}{16(f^2+fc+m)}$，又因为 $\dfrac{\partial G_2}{\partial \beta}=-2(f^2+m+fc)<0$，则此时 $\beta_2'$ 为此时的最优解。

因此若有 $\beta_2'<\dfrac{1}{8f}$，即 $m>\dfrac{8f^2c-f^2-fc}{2}$，则 $\beta_2'$ 为地方政府最优规制执行程度；而若有 $\beta_2'\geqslant\dfrac{1}{8f}$，即 $m\leqslant\dfrac{8f^2c-f^2-fc}{2}$，则地方政府最优规制执行程度为 $\dfrac{1}{8f}$。

地方政府最优规制执行程度 $\beta_2^*$ 的表达式为：

$$\beta_2^*=\begin{cases}\beta_2',m>\dfrac{8f^2c-f^2-fc}{2}\\ \dfrac{1}{8f},m\leqslant\dfrac{8f^2c-f^2-fc}{2}\end{cases} \quad (\text{式 5-38})$$

由此得到结论：当地方政府是理性经济人时，规制执法成本系数如果超过临界值（$m>\dfrac{8f^2c-f^2-fc}{2}$），那么地方政府选择规制执行程度为 $\dfrac{(f+c)+8fc}{16(f^2+fc+m)}$；而规制执法成本系数如果低于临界值（$m\leqslant\dfrac{8f^2c-f^2-fc}{2}$），那么地方政府选择最优规制执行程度为 $\dfrac{1}{8f}$。

当 $m>\dfrac{8f^2c-f^2-fc}{2}$ 时，进一步分析 $\beta_2'$ 的表达式发现：

$$\frac{\partial \beta_2'}{\partial s} = \frac{f+c}{2(f^2+fc+m)} > 0 \quad \text{(式 5-39)}$$

$$\frac{\partial \beta_2'}{\partial c} = \frac{(1+8f)m+8f^3}{16(f^2+fc+m)} > 0 \quad \text{(式 5-40)}$$

$$\frac{\partial \beta_2'}{\partial m} = -\frac{(f+c)+8fc}{16(f^2+fc+m)^2} < 0 \quad \text{(式 5-41)}$$

由此得到结论：当地方政府是理性经济人时，地方政府最优规制执行程度与最低质量标准、失职惩罚损失正相关，而与规制执行损失负相关。同时地方政府执行中央政府规制政策力度越大，企业遵从程度越高。

当 $\beta_2^*$ 确定后，$\alpha_2^*$ 的表达式可以进一步转化为：

$$\alpha_2^* = \begin{cases} \alpha_2', m > \dfrac{8f^2c-f^2-fc}{2} \\ 1, m \leqslant \dfrac{8f^2c-f^2-fc}{2} \end{cases} \quad \text{(式 5-42)}$$

其中 $\alpha_2^* = \dfrac{(f^2+fc)+8f^2c}{6(f^2+fc+m)} + \dfrac{2}{3}$。

此时市场上实际的企业效用水平 $E_2$、地方政府效用水平 $G_2$、消费者效用水平 $C_2$ 和社会福利水平 $T_2$ 的表达式分别为：

$$E_2 = \begin{cases} \dfrac{3\alpha_2'}{32} - \dfrac{9(\alpha_2')^2}{128} - (\dfrac{3}{8}-\dfrac{3}{8}\alpha_2')\beta_2', m > \dfrac{8f^2c-f^2-fc}{2} \\ \dfrac{3}{128}, m \leqslant \dfrac{8f^2c-f^2-fc}{2} \end{cases} \quad \text{(式 5-43)}$$

$$G_2 = \begin{cases} (\dfrac{3}{8}-\dfrac{3}{8}\alpha_2')\beta_2'f - m(\beta_2')^2 - (1-\beta_2')(\dfrac{3}{8}-\dfrac{3}{8}\alpha_2')c, m > \dfrac{8f^2c-f^2-fc}{2} \\ -\dfrac{m}{64f^2}, m \leqslant \dfrac{8f^2c-f^2-fc}{2} \end{cases} \quad \text{(式 5-44)}$$

$$C_2 = \begin{cases} \dfrac{3}{64}\alpha_2', m > \dfrac{8f^2c-f^2-fc}{2} \\ \dfrac{3}{64}, m \leqslant \dfrac{8f^2c-f^2-fc}{2} \end{cases} \quad \text{(式 5-45)}$$

$$T_2 = \begin{cases} \dfrac{9\alpha_2'}{64} - \dfrac{9(\alpha_2')^2}{128} - (\dfrac{3}{8}-\dfrac{3}{8}\alpha_2')\beta_2'f, m > \dfrac{8f^2c-f^2-fc}{2} \\ \dfrac{9}{128}, m \leqslant \dfrac{8f^2c-f^2-fc}{2} \end{cases} \quad \text{(式 5-46)}$$

在地方政府是中央政府代理人和理性经济人两种情形下，下文将对比企业效用水平、地方政府效用水平、消费者效用水平和社会福利水平的大小关系。

在 $f \in (0, +\infty)$ 上，当 $8c-1 \leq 0$ 时，$\frac{8f^2c - f^2 - fc}{2} < 0$，因为 $m > 0$，所以当 $8c-1 \leq 0$ 时，$m > \frac{8f^2c - f^2 - fc}{2}$ 在 $f \in (0, +\infty)$ 上恒成立；当 $8c-1 > 0$ 时，在 $f \in (0, \frac{c}{8c-1}]$ 上，$\frac{8f^2c - f^2 - fc}{2} \leq 0$，在 $f \in (\frac{c}{8c-1}, +\infty)$ 上，$\frac{8f^2c - f^2 - fc}{2} > 0$，因此 $\exists m > 0$ 在 $f \in (\frac{c}{8c-1}, +\infty)$ 上使得 $m \leq \frac{8f^2c - f^2 - fc}{2}$。

因此当满足 $m \leq \frac{8f^2c - f^2 - fc}{2}$ 时，必定有 $f > \frac{c}{8c-1} > \frac{1}{8}$，此时可以得到：

$E_2 = E_1 = \frac{3}{128}$、$E_2 = -\frac{m}{64f^2} > E_1 = -m$、$C_2 = C_1 = \frac{3}{64}$、$T_2 = T_1 = \frac{9}{128}$。

而当 $m > \frac{8f^2c - f^2 - fc}{2}$，取 $m = 0.01$、$c = 0.1$，$f$ 在 $[0, 0.5]$ 上变化时，数值仿真的结果如图 5-3 所示。

由此可以得出结论：中央政府制定最低质量标准政策后，若规制执法成本系数超过临界值，相比于地方政府是中央政府代理人的情形，地方政府是理性经济人时，企业效用水平和地方政府效用水平将会提高，而消费者效用和社会福利水平将会降低。若规制执法成本系数低于临界值，相比于地方政府是中央政府代理人的情形，地方政府是理性经济人时，企业效用水平和地方政府效用水平将会增加，而消费者效用水平和社会福利水平将会增加。

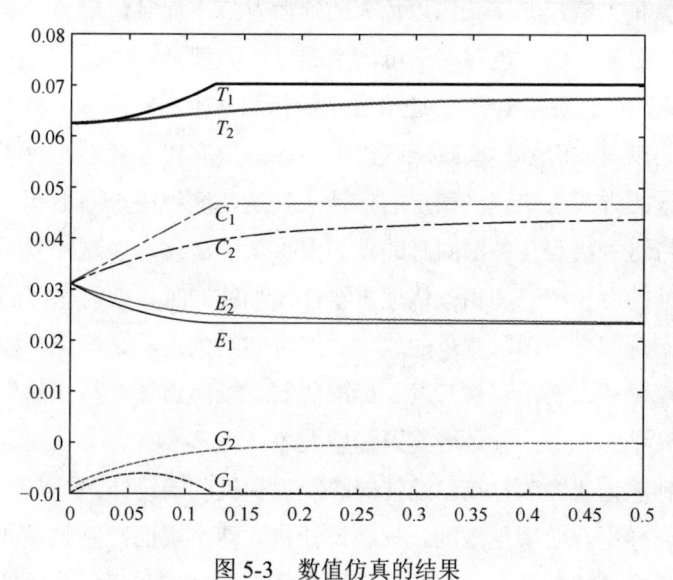

图 5-3 数值仿真的结果

总的来说，中央政府往往能够通过制定最低质量标准规制政策来降低市场交易成本，提升产品的市场平均质量水平，从而增进社会整体福利。但是，中央政府和地方政府、企业之间有着辽阔的行政范围和漫长的空间距离，地方政府和企业的行为逻辑构成了最低质量标准规制政策实施的微观基础。这里将地方政府分为中央政府代理人、理性经济人和寻租型经营者三种角色，在"中央政府—地方政府—企业—消费者"的分析框架下，通过研究地方政府和企业间的行为互动，更真实地解释和预测了最低质量标准规制的实施效果及其对社会福利的影响机理。研究得到了以下3个管理启示：①作为对中央政府规制政策的应对行为，地方政府的执行决策和企业的遵从决策真正决定着规制目标能否达成；②当地方政府是理性经济人时，其会根据"成本—收益"的原则选择性执行中央政府的最低质量标准规制政策；③当地方政府成为寻租型经营者时，最低质量标准规制遵从程度将由地方政府和企业共谋谈判决定，企业提供给地方政府的转移支付越多，遵从程度越低，社会整体福利水平损失越大。

## 5.3.2 完善质量标准政府规制的对策分析

近年来，我国制造、服务及建设行业ISO 9001认证取得了急速的进展。建设行业曾存在有些国家缺乏对国际标准意义的充分理解，"制造业有的标准，而建设行业却没有"一度受到强烈的谴责。但在我国，政府一旦强制推行认证许可这种标准化工作，就不只是建筑行业，即使是制造业、流通、金融、旅行业，甚至地方政府及政府直属企事业单位等，不管业种和主体如何，均会展开这种标准化工作。特别是以ISO 9001系列为基础的环境评价体系ISO 14000认证，近年来在我国以惊人的速度发展。而且，最近标准和规格的统一化不只存在于商品和服务领域，也存在于市场基础设施的规则、规程，甚至是国家组织和构成原理之中。因此，在金融、电气、通信等全球化急速推进的领域，超越国界的规则成为必要。在国际机关以及政府群体或政府联盟中，各国政府代表者参加共商标准化的推进方式，并以协商一致的方式决定经济稳定的方针。只是，这种决定并不具有约束力，其成员回到自己国家须将这种决定在各国固有的框架内重新立法化，以这种方式加以强制执行。这样在使规格标准的世界统一和相互认证重要性增加的同时，政府作用的增强成为事实。国家技术标准政府规制参与国际竞争的战略要点可归纳为：一是争夺、控制战略制高点；二是主攻战略重点领域；三是科技开发、标准研制、国际市场开拓一体化推进；四是提升企业参与国际标准化的能力；五是培养国际型人才。

当今政府规制理论研究的重点已经转向政府规制机制的设计，重点不是需不需要规制，而是如何规制和怎样更有效率地规制。规制设计包含两个层面：规制设计下游层面是制定激励企业和消费者适当的制度，而上游设计层面是为了创造和运作高质量的规制体系而寻求激励规制者自身的机制。政府规制质量的好坏直接关系到能否形成有效的具体产业规制政策，是整个规制体系良性运作的关节点。

在规制改革理论不断深化的过程中，更加重视了政府规制的质量与效率，认为规制的质量比规制的数量更加重要。在这个以提升政府规制质量为重点的改革过程中，提高政府规制的效率和能力，为社会经济发展提供可靠的制度保证和支持，主要体现在以下几个方面。

第一，政府规制质量决定了企业的生存环境和竞争的充分程度。僵化、高成本和过时的规制往往是束缚竞争的羁绊，会增加企业和个人规制的负担，阻碍国民经济的良性发展。高质量的规制能够促进竞争，激励国有和私人企业的效率，促进经济增长、经济资源的有效利用。

第二，政府规制质量是影响政府效能的关键因素。高质量的规制能保障政府更有效地供给公共产品和维护公共利益，从公众利益角度开放某些自然垄断行业或其他垄断行业；提升政府规制质量意味着减少不合理和不必要的经济干预可能导致的政府俘获的可能，以及烦琐的政府行政事务，提高政府解决社会经济生活问题的能力和效率。

第三，政府规制质量影响政策的稳定性。在法律法规的框架下，规制政策更加明确和稳定，可保证政策的效力和经济的效率，减少规制风险，即减少政府规制政策的不确定性和不稳定性。提升政府规制质量，可以为企业和生产者提供一个稳定的政策环境，降低他们处理规制政策的时间和费用，能够更积极地进行生产和经营。

第四，政府规制质量是决定经济全球化时代的国际竞争力。提升政府规制质量，使规制体系更加透明和中立，在经济全球化的背景下尤为重要。规制的影响已经超越国界，在解决诸如环境、移民、消费者权益和贸易投资等领域的高水平跨国合作规制中发挥着重要作用。

当前，我国正处于社会转型与经济转轨的加速时期，这样的特殊背景使我国的规制改革不同于西方发达国家，西方发达国家的规制改革是致力于如何更好地改革现存的规制框架，而我国是努力设计良好的规制体系框架。因为规制管理体系的相对缺失，所以我国在规制方面还存在较多问题，如食品和药品安全等。西方政府规制质量理论对我国进一步深化规制改革和提升政府规制质量有一定的借鉴意义。

#### 5.3.2.1 借鉴国外规制改革经验，结合我国特点建立现代规制管理体系

近年来，西方发达国家深入、广泛开展了以提高规制质量为目标的规制改革，取得了巨大成功，并且也总结出许多经验和教训。虽然各个国家的政治体制、历史和文化传统不同，不可能有一个单一的规制改革模式适用于所有国家，但是，西方发达国家的规制改革的经验和教训值得借鉴。我国目前还未建成完备的规制体系，需要根据社会经济的发展不断出台新的规制政策。同时，由于我国现有规制体系还处于粗放、零散阶段，因此已经出台的规制政策之间也缺乏协调和配合。目前，发达国家的规制改革已经进展到规制管理阶段，就是运用系统观念把政府规制视作一个有机的整体，把所有各种类型、不同时期的规

制政策整合为一个协调一致的运行系统,而不是孤立地从某一个规制政策出发。我国要建立现代规制管理体系,首先应该在政府规制改革的目标、进程等方面达成广泛的社会共识,并且根据我国的政治、文化和历史背景制定出明确的规制质量标准和规制决策的原则。

#### 5.3.2.2 重建规制机构并强化对规制机构的监督

受传统体制的影响,目前我国许多规制机构与政府机构并没有区分开。政府既是规制者,又是规制的监督者,因此更要防范规制俘获现象。提高规制质量,就必须重建规制机构,明确规制者的权利和义务,提高规制者的行政效率。政府需要创立新的机构或是赋予原有机构以新职责来进行规制。当前在全球比较认同的是建立独立规制机构。诸如世界银行、经合组织等组织都建议成立独立规制机构,欧盟也要求其成员国组建独立起作用的规制机构。独立规制机构具有更专业的技术和知识,能够采取更灵活的规制策略和手段,提高规制制度和实施过程的透明度,避免直接的行政手段干预市场运行,降低规制风险。

在重建规制机构的同时,要注意强化对规制者的监督。一方面,将事前的规制控制转变为事后的规制监督。过度的事前许可、进入规制会阻碍企业创立或进入新的行业,把事前的规制变为对企业生产经营后的监督,可以提高经济效率。但是对于危害生态环境、社会安全的一些企业或组织的行为应该加强事前的规制,减少负外部性。另一方面,强化规制监督,是强化对规制者的监督和管理。无论是政府还是独立的规制机构,不免存在规制俘获的可能和规制风险,定期对规制机构进行信息披露和审查,健全责任负责制,制定和实施规制的官员必须对自己的行为负责。组织专家委员会和消费者建议机构对规制制定和实施进行评估,强化民主监督,也是比较有效的方法。

#### 5.3.2.3 针对不同领域灵活运用规制质量提升策略

提升规制质量改革进程包含着不同策略:规制放松、规制强化与规制重建等。实现我国政府规制质量的提升,不能采取一刀切的方法,应该对于不同领域有针对性地灵活运用规制质量提升策略。运用规制质量提升策略的基本原则是以实现规制质量为目的,充分发挥市场机制作用,政府规制为市场机制的有效运作提供激励机制。具体可以从以下两个方面有侧重点地灵活运用规制质量提升策略。

**(1) 经济性规制的规制质量提升策略**

从全球发展趋势来看,经济性规制呈现规制放松的趋势。20世纪70年代以来,规制放松的浪潮席卷了世界,也带动了世界范围内的规制放松。对于市场机制能充分发挥作用的经济领域,应当采用适当的经济性规制的放松,让市场机制引导微观经济主体合理配置资源。特别是经济全球化趋势推动世界各国经济日益密切,这也要求经济性规制的放松。但是对于我国,盲目而没有策略的全面经济性规制放松是不明智的选择。发达国家之所以能够实现经济性规制放松,是因为他们的市场和法律体系比较成熟,有能力运用市场与法律应对规制放松后的局面。而我国尚不具备全面的规制放松的条件。即使是西方发达国家在实施经济性规制放松后，也出现了一些问题。这里的关键是应当认识到规制放松不是不要规制，重点在于提高规制的质量，充分发挥市场机制作用。规制放松是为了更好地辅助市场机制的良性运转。规制放松的重点，不仅是单纯减少数量的问题，更重要的是提高规制质量。单纯的经济性规制放松，并不能完全解决网络产业的公平与效率问题。我国在改善经济性规制时，应当充分认识到，在提高规制质量的基础上实施经济性规制放松，其实施过程应该有策略、有重点和渐进地推行。经济性规制提升规制质量的重点，是建立一种激励机制，鼓励和引导竞争与创新行为，同时强化竞争性政策来配合经济性规制放松的实施。

（2）社会性规制的规制质量提升策略

随着社会经济的进步与满足公共利益的需要，社会性规制在各国都呈现加强的趋势。我国的社会性规制体系还处于建设过程中，也需要强化社会性规制来保护公众利益和解决社会突出矛盾。我国的社会性规制目前基本上处于强化规制或是规制重构时期，重点是形成系统而高效的社会性规制体系。社会性规制的规制质量提升策略，是运用各种现代规制工具更经济、更高效地满足社会性规制的需要，主要是注重利用经济分析方法，更为系统地分析社会性规制产生的成本与收益情况，多采用结果导向的规制方法或寻求更高效的规制替代方法。中央规制改革机构可审核全国社会性规制情况与问题，设定若干重点改革领域并设定优先权，促使利用规制手段解决当前社会最关注的社会矛盾与问题。

#### 5.3.2.4 强化质量标准法律法规的惩罚力度

明确质量安全标准是强制性的法律规范，提高规范的层次，加大规范的约束力，从而加强对质量安全的监管效力。为此，国家要扩大执法部门的检查权，加大对违反质量安全法律法规的惩罚力度，强化对生产加工企业的日常监督管理，确保质量安全法律法规的执行力和可操作性，做到令行禁止、政令畅通。在我国对米、面、油、酱油、醋等二十八类食品实行食品安全市场准入制度之后，从现实运行状况看，普遍存在执法不严、违法不究或者处罚较轻等问题，对食品安全获证企业未能实行连续和持久的监管，许多中小食品生产企业的质量标准管理制度名存实亡，产品在出厂时绝大部分不检验，检验设备常年不使用。因此，食品安全监管是一种需要连续进行和强制性执行的管理活动，对于那些生产、制造和销售有毒有害食品的企业及经销商，无论其生产或销售规模的大小，都要移送司法机关追究刑事责任，并予以重罚。

#### 5.3.2.5 政府应加强与第三方规制者协作机制

（1）突出行业协会的辅助作用

政府要加大对行业协会的扶持和引导，并提供宽松的环境，制定相关政策和配套的规制法规。卫生、工商、质检、食品药品等职能部门应按照各自的分工，加强对食品行业协会工作的分类指导，支持行业协会的工作，形成政府—协会—企业三者间互为联动的格局，共同合理保障质量。行业协会应积极协助配合政府有关部门工作，加强自我管理，构建合理的管理机制，制定并组织实施行业的行规、行约，加快自律体制建设等工作，在行业规划与管理、信用体系建设、项目评估、技术咨询、贸易仲裁、反倾销与应诉、法律法规及标准制定、市场监管、人才培训等方面发挥作用。增强会员对协会的依赖度和信任感，提高自身的权威性、公信力和竞争力，从而更好地获取政府规制部门的认可和委托。

（2）**重视新闻媒体的监督作用**

政府应鼓励新闻媒体大力开展舆论监督工作，鼓励媒体提供生产者、经营者存在安全隐患的线索，鼓励媒体曝光制假造假窝点，鼓励媒体对政府部门规制进行舆论监督，以充分发挥舆论的宣传教育作用，努力提高全社会的食品安全意识、责任意识、法律意识和诚信意识。加强多种媒体联合报道。舆论监督需要媒体的联合，才能够最大限度地获取信息资源，并使得报道内容真实有效。联合不同领域的媒体，发挥其独特的定位优势，结合报纸、广播、电视、互联网等不同形态的媒体，充分获取相关信息。

（3）**引导公民积极参与**

随着公民社会概念的不断深入，公民日趋意识到自己参与政府规制的责任和义务，并迫切要求在规制过程中获得有效的发言机会及意见采纳。对于公民主动参与的思想意识要积极引导和培养，营造良好的规制环境，减少公民参与规制的担忧和疑问，坚定公民参与规制的信心与积极性，全面强化公民参与的行为。加强法律法规的宣传力度，采取灵活多样的宣传方式。例如，开展食品安全培训及讲座；利用报纸、广播、电视等主流媒体，进行专题报道；运用网络开展食品安全宣传；制作食品安全宣传栏、展板等，印发食品安全宣传资料。

## 本章小结

本章阐述了在不同情况下质量标准政府规制产生的条件及发展的过程，分析了技术标准政府规制的客观条件，从逆向选择的角度分析了政府规制的相关因素，从经济学的角度阐述了政府最低质量标准的科学内涵及必要性，分析了政府在质量标准规制中可能采取的策略。

## 扩展阅读

为了贯彻落实国家相关保障性住房政策，解决中低收入家庭住房困难，使房地产市场进入健康发展轨道，结合安徽省实际，由安徽住房和城乡建设厅与质量技术监督局联合发布了地方标准《安徽省保障性住房建设标准》（DB 34/1524-2011）。该标准发布后，受到了各级领导、行业主管部门和社会舆论的高度关注，成为全国保障房建设中具有标志性意义的一件大事。是什么原因让这项地方标准如此被看重呢？

首先，该标准融技术和管理于一体，适用于新建、改建、配建的廉租住房、公共租赁住房、经济适用房等保障性住房建设，弥补了保障性住房建设的技术空白，为质量控制和工程监管提供了重要依据，部分条款按照强制性标准设计，具备法规的属性，同时做到了公开和透明，提高了政府公信力。

其次，该标准实现了从住区规划、住区设施、建筑设计、建筑设备、室内装修、住宅性能、施工与验收及建筑工期和造价等全程质量监控与管理，做到了全面、系统，同时兼顾了节能环保及选材要求，满足了居住者的基本生活需求，体现了以人为本和建设资源节约型、环境友好型社会的政策导向。

最后，在指标设计方面科学周全，考虑较为充分，可操作性强。以住区设施为例，标准规定了公共设施的选用、保养及维护，公共洗衣房与公共食堂的管理等；道路交通设施方面，包括道路出入口间距、停车位配置要求、指示牌及自行车管理等；公共服务设施方面，包括公共服务配置面积指标、无障碍设计及增设管理要求，以及工程管线与公共安全设施等。

为了执行该标准，安徽省政府高度重视，对该标准的实施工作进行了专门部署，明确了标准实施的重点环节，包括规划选址、户型设计、建筑材料和竣工验收等，确保了保障性住房安全可靠、经济适用、节能环保。同时明确了相关部门职责，强化了标准实施监管，形成了逐个项目巡查制度，并依法严厉查处违反标准的闭环管理，形成了标准实施环环紧扣、不折不扣的格局。

标准实施后，带来了良好的社会效益、经济效益和环境效益，不仅规范了保障性住房建设，提高了保障性住房的质量，提升了政府公信力，还得到了保障性住房住户的好评，改善了民生，促进了社会的和谐稳定。中央有关领导获此消息后也给予了高度评价和充分肯定。此事对全国保障性住房建设起到了示范效应，具有重大现实意义。

## 复习与思考

1. 请用纳什均衡分析社会福利，尤其是就业方面。
2. 根据政企行为与社会福利效用模型，如果地方政府是寻租型经营者，那么中央政府、地方政府和企业间的博弈均衡结果如何？

# 第6章

# 质量标准与认证

## 关键词

- ☑ 认证
- ☑ 产品质量认证
- ☑ 质量管理体系认证

## 学习目标

- ☑ 掌握认证、产品质量认证、质量管理体系认证概念；
- ☑ 理解认证、产品质量认证、质量管理体系认证的过程；
- ☑ 了解 ISO 9000、卓越绩效及其他质量管理体系。

## 案例导入

地理标志产品，是指产自特定地域，所具有的质量、声誉或其他特性本质上取决于该产地的自然因素和人文因素，经审核批准以地理名称进行命名的产品。

甘肃省"平凉金果"产于甘肃省平凉市崆峒区、泾川县、灵台县、崇信县、庄浪县和静宁县的 34 个乡镇。"平凉金果"地理标志如上面右图，红身苹果、配以绿叶，加上一个大大的"G"字。自从商标注册后，其身价从注册前的每公斤 1.1 元上升到注册后

的每公斤 2.1 元，增长 91%；农民人均收入由注册前的 558 元上升到注册后的 730 元，增长 30.8%，占农民总收入的 30.2%；年销量 53 万吨，其中出口量 6 000 吨，销售额 11 亿元，占当地农业产值的 39.5%；从业人员 25 万，占人口总数的 12.63%。

吉林省"双阳梅花鹿"原产于吉林省长春市双阳区行政区域内的 8 个乡镇。"双阳梅花鹿"鹿茸体粗大，细毛红地，茸质松嫩，有机质含量高。"双阳梅花鹿"的标志，头顶上像一个红色的"咸蛋黄"，又像正午的太阳，下面的枝条像梅花鹿的角。自从该标志认定为地理标志注册商标后，在促进农民增收、鹿业增效、区域特色经济发展中的作用越来越明显。鹿茸产品价格不断上涨，从业人员也不断增长，产品产值比例不断升高，销售额更是年年高升。

地理标志产品是一个地区象征性的"名片"，对提升地区知名度，促进区域经济发展有着重要而深远的意义。受到地理标志保护的产品往往更容易被消费者接受，这样产品就可以利用这个优势有力地提高市场自身的竞争力，从而在市场上争取更加有利的地位，提高自身产品的核心竞争能力。将实施地理标志产品保护和实施品牌战略、技术标准化战略有机结合起来，做到相互补充、相互促进，进而促进特色产业规范化、品牌化高质量发展。

# 6.1 认证的基本概念

## 6.1.1 认证的定义

"认证"一词的英文原意是一种出具证明文件的行动。举例来说,对第一方(供方或卖方)提供的产品或服务,第二方(需方或买方)无法判定其品质是否合格,而由第三方来判定。第三方既要对第一方负责,又要对第二方负责,不偏不倚,出具的证明要能获得双方的信任,这样的活动就叫作"认证"。这就是说,第三方的认证活动必须公开、公正、公平,才能有效。这就要求第三方必须有绝对的权力和威信,必须独立于第一方和第二方之外,必须与第一方和第二方没有经济上的利益关系,或者有同等的利害关系,或者有维护双方权益的义务和责任,才能获得双方的充分信任。

企业的产品通过了国家著名认证机构的产品认证,就可获得国家级认证机构颁发的"认证证书",并允许在认证的产品上加贴认证标志。这种被国际上公认的、有效的认证方式,可使企业或组织经过产品认证树立起良好的信誉和品牌形象,同时让顾客和消费者也通过认证标志来识别商品的质量好坏和安全与否。

目前,世界各国政府都通过立法的形式建立起这种产品认证制度,以保证产品的质量和安全、维护消费者的切身利益,这已经成为一种新的国际贸易壁垒。

## 6.1.2 认证的分类

### 6.1.2.1 按照认证对象分类

根据认证对象,认证可以分为体系认证和产品认证。

(1) 体系认证

体系认证是指企业通过第三方机构对企业的管理体系或产品进行第三方评价。

常见的体系认证如下。

- ISO 9001 质量管理体系;
- ISO 14001 环境管理体系;
- OHSAS 18001 职业健康安全管理体系;
- ISO 10012-2003 测量体系认证;
- ISO/IEC 27001 信息安全管理体系要求;

- TL 9000 电信业质量体系要求；
- ISO 26262 道路车辆功能安全；
- GJB 9001A-2001 军工产品质量管理体系；
- SA 8000 社会责任标准；
- IECQ-HSPM QC080000 有害物质过程管理体系；
- ISO 10002 客户投诉处理指南；
- SB/T-10401-2006 商品售后服务评价体系；
- CMMI 能力成熟度模型集成；
- ANSI/ESD S20.20 静电防护标准（美国静电放电协会）。

（2）产品认证

国际标准化组织（ISO）对产品认证的定义：由第三方通过检验评定企业的质量管理体系和样品型式试验来确认企业的产品、过程或服务是否符合特定要求，是否具备持续稳定地生产符合标准要求产品的能力，并给予书面证明的程序。

常见的产品认证如下。

- CE 认证 欧盟认证；
- UL 认证 美国保险商试验所认证；
- CCC 认证 中国强制性产品认证；
- MA 标志认证 矿用产品安全标志认证；
- CSA 认证 加拿大标准协会认证；
- GS 认证 德国安全认证；
- VDE 认证 德国电气工程师协会标准认证；
- FCC 认证 美国联邦通信委员会认证；
- TUV 认证 莱茵技术监督公司认证；
- MPR-Ⅱ认证 瑞典国家测量测试局认证；
- Rohs 欧盟关于限制在电子电器设备中使用某些有害成分的指令；
- 2000/53/EC 欧盟报废汽车回收指令；
- EMC 欧盟电磁兼容认证；
- ECOCERT 欧盟有机认证；
- GB/T 19630 有机产品认证；
- 地理标志产品保护规定；
- GB 7258-2017 机动车运行安全技术条件；
- GB 2424 系列电工电子产品基本环境试验规程。

#### 6.1.2.2 按照认证强制程度分类

根据认证强制程度，认证可以分为强制性认证和自愿性认证。

**（1）强制性认证**

强制性认证，是各国政府为保护广大消费者人身和动植物生命安全，保护环境、保护国家安全，依照法律法规实施的一种产品合格评定制度，它要求产品必须符合国家标准和技术法规。强制性产品认证，是通过制定强制性产品认证的产品目录和实施强制性产品认证程序，对列入《中华人民共和国实施强制性产品认证的产品目录》中的产品实施强制性的检测和审核。凡列入强制性产品认证目录内的产品，没有获得指定认证机构的认证证书，没有按规定加施认证标志，一律不得进口、不得出厂销售和在经营服务场所使用。

中国强制性产品认证，又名中国强制认证（China Compulsory Certification，简称CCC，也可简称为"3C"标志，见图6-1），是中华人民共和国实施的国家标准，是中华人民共和国国家质量监督检验检疫总局（现国家市场监督管理总局）及中国国家认证认可监督管理委员会根据2001年12月3日公布的《强制性产品认证管理规定》制定，于2002年5月1日起实施。根据国务院授权新成立的国家认监委的工作职能，实施强制性的产品认证制度。这一制度要求产品认证必须按照ISO/IEC导则65认可评定，并应得到政府的授权。

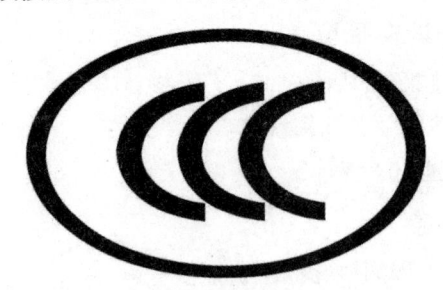

图6-1 "3C"标志

CCC认证是中国国家强制要求的对在中国大陆市场销售的产品实行的一种认证制度，无论是国内生产还是国外进口，凡列入CCC目录内且在国内销售的产品均需获得CCC认证，除特殊用途的产品外（符合免于CCC认证的产品）。CCC认证是由国家认可的认证机构实施的产品认证。官方认证即市场准入性的行政许可，是国家行政机关依法对列入行政许可目录的项目所实施的许可管理，凡是需经官方认证的项目，必须获得行政许可方可准予生产、经营、仓储或销售。行政许可针对的是产品，但考核的是管理体系。行政许可包括内销产品（国内生产国内销售和国外进口国内销售）和外销产品（国内生产出口产品）。食品质量安全认证和药品生产质量管理规范认证均属于官方认证。

**（2）自愿性认证**

自愿性认证是指由国家认证认可行业管理部门制定相应的认证制度，经批准并具有资质的认证机构按照"统一的认证标准、实施规则和认证程序"开展实施的认证项目。自愿性产品认证通常是依据标准对产品的全部性能进行认证，这种认证遵循企业自愿申请的原则。自愿性产品认证具有指导消费者选购性能优良的商品，增强企业市场竞争能力、全面提高产品性能和强化企业持续稳定生产符合标准要求产品的作用。

CQC 标志认证（见图 6-2）是中国质量认证中心开展的自愿性产品认证业务之一，以加施 CQC 标志的方式表明产品符合相关的质量、安全、性能、电磁兼容等认证要求，认证范围涉及机械设备、电力设备、电器、电子产品、纺织品、建材等 500 多种产品。CQC 标志认证重点关注安全、电磁兼容、性能、有害物质限量（RoHS）等直接反映产品质量和影响消费者人身和财产安全的指标，旨在维护消费者利益，促进提高产品质量，增强国内企业的国际竞争力。

图 6-2 CQC 标志认证

我国自愿性管理体系认证包括以下几种。
- 质量管理体系认证，依据 GB/T 19001-2016（等同于 ISO 9001:2015）；
- 环境管理体系认证，依据 GB/T 24001-2016（等同于 ISO 14001:2015）；
- HACCP 认证，依据国家认监委（CNCA）2002 年第 3 号文件《食品生产企业危害分析和关键控制点（HACCP）管理体系认证管理规定》[相当于国际食品法典委员会（CAC）《危害分析和关键控制点（HACCP）体系及其应用准则》]；
- 食品安全管理体系认证，依据 ISO 22000-2018；
- 能源管理体系认证，依据 ISO 50001:2018；
- 售后服务体系认证，依据 GB/T 27922-2011；
- 品牌认证，依据 GB/T 27925-2011；
- CQC 认证，以加施 CQC 标志的方式表明产品符合相关的质量、安全、性能、电磁兼容等认证要求，认证范围涉及机械设备、电力设备、电器、电子产品、纺织品、建材等 500 多种产品；
- 节能产品认证，是指依据国家相关的节能产品认证标准和技术要求，按照国际上通行的产品质量认证规定与程序，经中国节能产品认证机构确认并通过颁布认证证书和节能标志，证明某一产品符合相应标准和节能要求的活动；

## 质量与标准化

● 中国环保产品认证，以加施"中国环保产品认证"标志的方式表明产品符合相关环保认证的要求，认证范围涉及污染防治设备和家具、建材、轻工等环境有利产品。

### 6.1.3 我国质量认证与国际互认制度

我国的质量认证工作正式起步于 1992 年，为按照国际准则加强我国质量认证机构的管理，并实现我国 ISO 9000 质量认证证书的国际互认，1994 年 4 月 23 日，作为我国统一管理全国标准化、计量、质量和质量认证工作的政府主管部门，国家技术监督局根据国务院的授权，依据《中华人民共和国产品质量法》正式批准成立中国质量体系认证国家认可委员会（CNACR），授权 CNACR 建立和实施中国质量认证国家认可制度。近年来，我国的质量认证工作得到了迅速、健康的发展。目前，CNACR 及其认可的 31 家质量认证机构已经建立起一支基本能适应中国质量体系认证与认可工作发展需要的队伍。

为适应国际贸易对合格评定（认证）的需要，遵照世界贸易组织（WTO）《贸易技术壁垒协定》有关规定，国际认可论坛作为各国的国家认可机构的国际多边合作组织，自 1993 年 1 月成立之初，致力于建立质量认证的国际多边承认制度。1998 年 1 月 22 日在广州签署的国际多边承认协议，标志着质量认证国际互认制度正式运行。中国质量体系认证国家认可委员会（CNACR）在这次国际认可论坛（LAF）大会上首次签署了国际认可论坛多边承认协议（LAF/MLA），标志着中国取得 CNACR 认可的所有认证机构颁发的 ISO 9000 质量认证证书都取得了国际同行的认可，实现了与国际接轨的战略目标。首批获准签署国际认可论坛多边承认的国家认可机构共有 17 个国家的 16 个认可机构。其中，中国是唯一的发展中国家。

通过签订质量认证国际多边承认协议，一方面可以提高签约国相应 ISO 9000 质量认证证书的权威性和有效性，促进和实现签约国相应 ISO 9000 质量认证证书的国际互认，避免或减少签约国组织为开展国际贸易而申请 ISO 9000 认证，减轻组织负担，提高国际贸易的效率，从而有利于消除非关税贸易技术壁垒；另一方面，由于加入国际认可论坛多边承认协议并保持签约方地位具有严格的条件，签约前需要按国际准则接受国际认可论坛全面的同行评审，签约后还需要继续接受国际认可论坛的监督性同行评审，可以起到监督有关国家改进和提高质量体系认证和认可水平，保证认证的质量，进而对全世界 ISO 9000 认证的持续、健康、有效和有序地发展产生积极的作用。

CNACR 加入质量认证国际多边承认制度，将对国内持有中国认证证书的组织开展国际贸易，提高中国带有 CNACR 认可标志的 ISO 9000 认证证书的国际地位发挥重要的作用。

## 6.2 产品质量认证

### 6.2.1 产品质量认证的基本概念

产品质量认证也称产品认证，国际上称合格认证。根据1991年实施的《中华人民共和国产品质量认证管理条例》，产品质量认证是依据产品标准和相应技术要求，经认证机构确认并通过颁发认证证书和认证标志来证明某一产品符合相应标准和相应技术要求的活动。

ISO对产品质量认证的定义是：由可以充分信任的第三方证实某一产品或服务符合特定标准或其他技术规范的活动。产品认证分为强制性认证和自愿性认证两种。一般来说，对有关人身安全、健康和其他法律法规有特殊规定者为强制性认证，即"以法制强制执行的认证制度"；其他产品实行自愿性认证制度。

《中华人民共和国产品质量认证管理条例》规定：国务院标准化行政主管部门统一管理全国的认证工作；国务院标准化行政主管部门直接设立的或者授权国务院其他行政主管部门设立的行业认证委员会负责认证工作的具体实施。县级以上（含县）地方人民政府标准化行政主管部门在本行政区域内，负责对认证产品进行监督检查。获准认证的产品，除接受国家法律和行政法规规定的检查外，免于其他检查，并享有实行优质优价、优先推荐评为国优产品等国家规定的优惠。对于违反法律、行政法规、国务院标准化行政主管部门会同国务院有关行政主管部门制定的规章规定的有关认证的行为，依据法律、行政法规和规章的规定进行处罚。

### 6.2.2 产品质量认证的分类

产品质量认证分为安全认证和合格认证。

#### 6.2.2.1 安全认证

凡根据安全标准进行认证或只对商品标准中有关安全的项目进行认证的，称为安全认证。它是对商品在生产、储运、使用过程中是否具备保证人身安全与避免环境遭受危害等基本性能的认证，属于强制性认证。实行安全认证的产品，必须符合《标准化法》中有关强制性标准的要求。

#### 6.2.2.2 合格认证

合格认证是依据商品标准的要求，对商品的全部性能进行的综合性质量认证，一般属于自愿性认证。实行合格认证的产品，必须符合《标准化法》规定的国家标准或者行业标准的要求。

### 6.2.3 产品质量认证的过程及条件

#### 6.2.3.1 基本产品质量认证过程

产品质量认证的 4 个基本过程为：型式检验、质量体系检查评定、监督检验和监督检查，前两个过程是产品取得认证证书的前提条件，后两个过程是认证后的监督措施。

（1）型式检验

型式检验的依据是产品标准，检验所需样品的数量由认证机构确定；取样地点从制造厂的最终产品中随机抽取。

（2）质量体系检查评定

为保证产品质量持续地满足标准的要求，必须根据本企业的具体情况建立质量体系。需要认证机构通过检查评定企业质量体系来证明企业具有持续稳定地生产符合标准要求产品的能力。

（3）监督检验

监督检验就是从生产企业的最终产品中或者直接从市场中抽取样品，由认可的独立检验机构进行检验，若检验结果证明产品符合标准的要求，则允许继续使用认证标志；若不符合则需根据具体情况采取必要的措施。

（4）监督检查

监督检查是对认证产品的生产企业的质量保证能力进行定期复查，使企业坚持实施已经建立起来的质量体系，从而保证产品质量的稳定，是又一项认证质量的监督措施，检查内容比首次体系检查简单，重点是查看前次检查的不符合是否已经有效改正、质量体系的修改是否达到质量要求。

#### 6.2.3.2 我国产品质量认证过程

（1）认证申请和受理

认证申请和受理是认证程序的起始环节，由申请人向指定的认证机构提出正式的书面申请，按认证实施规则和认证机构的要求提交技术文件和认证样品，并就有关事宜与认证机构签署有关协议（与申请书合并亦可）。认证申请人可以是产品的生产者、进口商和销售者。当申请人不是产品的生产者时，申请人应就认证实施事宜与产品的生产者签署有关文件，对文件审查、样品检测、工厂审查、标志使用及获证后的监督等事宜做出安排。申请人也可以委托代理人代理认证申请，但代理人须获得国家认监委的注册资格。

(2) 型式试验

型式试验是认证程序的核心环节,当产品为特殊制品如化学制品时,型式试验这一环节将被抽样试验替代。型式试验由指定的检测机构按照认证实施规则和认证机构的要求具体实施。对特殊情况如产品较大、运输困难等,型式试验也可由认证机构按照国家认监委的要求安排利用工厂的资源进行。型式试验原则上一个单元一份试验报告,但对于同一申请人、不同生产厂地的相同产品,仅做一次试验即可。

(3) 工厂审查

工厂审查是确保认证有效性的重要环节,由认证机构或指定检查机构按照认证实施规则要求进行。工厂审查包括两部分内容:一是产品的一致性审查,包括对产品结构、规格型号、重要材料或零部件等的核查;二是对工厂的质量保证能力的审查。原则上,工厂审查将在产品试验完成后进行。对特殊情况,根据申请人的要求,认证机构也可安排提前进行工厂审查,并根据需要对审查的人员做出恰当安排。获得授权认证机构的管理体系认证证书的工厂,其质量保证能力中体系部分的审查可以简化或省去。

(4) 抽样检测

抽样检测是针对不适宜型式试验的产品设计的一个环节,或工厂审查时对产品的一致性有质疑时,为方便企业,抽样一般安排在工厂审查时进行,也可根据申请人要求,事先派人抽样,检测合格后再做工厂审查。

(5) 认证结果评价与批准

认证机构应根据检测和工厂审查结果进行评价,做出认证决定并通知申请人。原则上,自认证机构受理认证申请之日起到做出认证决定的时间不超过 90 日。

(6) 获证后的监督

为保证认证证书的持续有效性,对获得认证的产品根据产品特点安排获证后的监督,认证实施规则中对此做出了详细规定。值得一提的是,获证后的监督包括两部分内容,即对产品一致性审查和工厂质量保证能力的审查。

#### 6.2.3.3 产品质量认证条件

《中华人民共和国产品质量认证管理条例》规定,中国企业、外国企业均可提出认证申请。提出申请的企业应当具备以下条件:①产品符合国家标准或者行业标准要求;②产品质量稳定,能正常批量生产;③生产企业的质量体系符合国家质量管理和质量保证标准及补充要求。

### 6.2.4 产品质量认证标志

认证证书是证明产品质量符合认证要求和许可产品使用认证标志的法定证明文件。认

## 质量与标准化

证委员会负责对符合认证要求的申请人颁发认证证书，并准许其使用认证标志。认证证书由国务院标准化行政主管部门组织印刷并统一规定编号。证书持有者可将标志标示在产品、产品铭牌、包装物、产品使用说明书、合格证上。使用标志时，须在标志上方或下方标出认证委员会代码、证书编号、认证依据的标准编号。

产品质量认证标志分为方圆标志、长城标志、PRC 标志。方圆标志分为合格认证标志和安全认证标志两种。方圆标志用于没有行业认证委员会的商品的合格认证或安全认证。长城标志为电工产品专用安全认证标志。PRC 标志为电子元器件专用合格认证标志（见图 6-3）。

中国方圆质量认证标志　　中国电工产品安全认证

图 6-3　方圆标志、长城标志和 PRC 标志

此外，一些较有影响的国际机构和外国的认证机构按照自己的认证标准（见图 6-4），也对向其申请认证并经认证合格的我国国内生产的产品颁发其认证标志，如国际羊毛局的纯羊毛标志、美国保险商实验室的 UL 标志等，都是在国际上有较大影响力的认证标志（见图 6-5）。

| 国家<br>Country | 认证标志<br>Mark | 国家<br>Country | 认证标志<br>Mark |
|---|---|---|---|
| 中　国<br>China |  CB | 法　国<br>France | NF |
| 欧　洲<br>Europe | CE En/en | 荷　兰<br>Holland | KEMA KEUR |
| 德　国<br>Germany |  | 瑞　士<br>Switzerland | S |
| 美　国<br>USA |  | 奥地利<br>Austria | ÖVE |
| 日　本<br>Japan |  | 意大利<br>Italy |  |
| 加拿大<br>Canada |  | 俄罗斯<br>Russia | PC |
| 巴　西<br>Brasil |  | 澳　洲<br>Australia | C |
| 挪　威<br>Norway | N | 韩　国<br>Korea |  |
| 丹　麦<br>Demark | D | 新加坡<br>Singapore | SAFETY |
| 芬　兰<br>Finland | FI | 以色列<br>Israel |  |
| 瑞　典<br>Sweden | S | 南　非<br>South Africa | SABS |
| 英　国<br>England |  | 阿根廷<br>Argentina |  |
| 比利时<br>Belium | CEBDC |  |  |

图 6-4　较有影响的国际机构和外国认证机构的产品质量认证标志

图 6-5　纯羊毛标志和 UL 标志

按《中华人民共和国产品质量认证管理条例》规定，已经获得认证证书的产品不符合认证时采用的标准而使用认证标志出厂销售的、产品未经认证或者认证不合格而使用认证标志出厂销售的、转让认证标志的，由标准化行政主管部门责令停止销售，并处以罚款。

对于认证产品的质量严重下降或者生产该产品的企业的质量体系达不到认证时所具备的条件，给用户或者消费者造成损害的；经监督检查，发现获准认证的产品不合格，属生产企业责任的，由颁发认证证书的认证委员会撤销认证证书。经过认证的产品出厂销售，不符合认证要求时，生产企业应当负责包修、包换、包退；给用户或者消费者造成损害的，生产企业应当依法承担赔偿责任。

## 6.3　质量管理体系标准认证

### 6.3.1　ISO 9000 标准

1959 年，美国国防部向国防部供应局下属的军工企业提出了质量保证要求，要求承包商"应制定和保持与其经营管理、规程相一致的有效的和经济的质量保证体系"，"应在实现合同要求的所有领域和过程（例如：设计、研制、制造、加工、装配、检验、试验、维护、装箱、储存和安装）中充分保证质量"，并对质量保证体系规定了两种统一的模式：军标 MIL-Q-9858A《质量大纲要求》和军标 MIL-I-45208《检验系统要求》。承包商要根据这两个模式编制"质量保证手册"，并有效实施。政府要对照文件逐步检查、评定实施情况。这实际上就是现代的第二方质量体系审核的雏形。这种办法促使承包商进行全面的质量管理，取得了极大的成功。

随着上述质量保证活动的迅速发展，各国的认证机构在进行产品质量认证的时候，逐渐增加了对企业的质量保证体系进行审核的内容，进一步推动了质量保证活动的发展。到了 20 世纪 70 年代后期，英国一家认证机构英国标准协会（BSI）首先开展了单独的质量保证体系的认证业务，使质量保证活动由第二方审核发展到第三方认证，受到了各方面的欢迎，进一步推动了质量保证活动的迅速发展。

通过三年的实践，BSI 认为，这种质量保证体系的认证适应面广、灵活性强，有向国际社会推广的价值。于是，BSI 在 1979 年向 ISO 提交了一项建议。ISO 根据 BSI 的建议，当年即决定在 ISO 的认证委员会的"质量保证工作组"的基础上成立"质量保证委员会"。1980 年，ISO 正式批准成立了"质量保证技术委员会"（TC176），促成了"ISO 9000 族"标准的诞生，健全了单独的质量体系认证的制度，一方面扩大了原有质量认证机构的业务范围，另一方面导致了一大批新的专门的质量体系认证机构的诞生。

自从 1987 年 ISO 9000 系列标准问世以来，为了加强质量管理，适应质量竞争的需要，企业家们纷纷采用 ISO 9000 系列标准在企业内部建立质量管理体系，申请质量体系认证，很快便形成了一个世界性的潮流。一套国际标准，在短时间内被这么多国家采用，影响如此广泛，这是在国际标准化史上从未有过的现象，被公认为"ISO 9000 现象"。

## 6.3.2　ISO 9001 标准

### 6.3.2.1　简介

ISO 9001 质量保证体系是企业发展与成长之根本。ISO 9001 不是指一个标准，而是一类标准的统称。它是由 TC176 制定的所有国际标准，是 ISO 12 000 多个标准中最畅销、最普遍的产品。

ISO 9001 是由全球第一个质量管理体系标准 BS5750 转化而来的，ISO 9001 是迄今为止世界上最成熟的质量框架，全球有 161 个国家/地区的超过 75 万家组织正在使用这一框架。ISO 9001 不仅为质量管理体系，也为总体管理体系设立了标准。它帮助各类组织通过客户满意度的改进、员工积极性的提升以及持续改进来获得成功。

进入 21 世纪，信息化发展步伐日渐加速，很多企业重构信息化实现了自身核心竞争力的助力。QIS 质量管理信息系统已经在汽车、电子等行业全面应用和推广，为 ISO 9001 质量管理体系的电子化提供了平台支撑，并通过标准的 QC 七大手法、TS 五大手册、质量管理模型，使 ISO 9001 质量管理系统数字化成为可能（ISO 9001 认证标志见图 6-6）。

图 6-6　ISO 9001 认证标志

#### 6.3.2.2 发展历程

国际标准化组织（ISO）是由各国标准化团体组成的世界性的联合会。制定国际标准工作通常由 ISO 的技术委员会完成。各成员团体若对某技术委员会确定的项目感兴趣，均有权参加该委员会的工作。与 ISO 保持联系的各国际组织（官方的或非官方的）也可参加有关工作。ISO 与国际电工委员会（IEC）在电工技术标准化方面保持密切合作的关系。

国际标准是根据 ISO/IEC 导则第 3 部分的规则起草的，由技术委员会通过的国际标准草案提交各成员团体投票表决，需取得至少 75 %参加表决的成员团体的同意，国际标准草案才能作为国际标准正式发布。

自 1987 年 ISO 9001 正式诞生以来，标准已历经四次正式的改版（见图 6-7）。

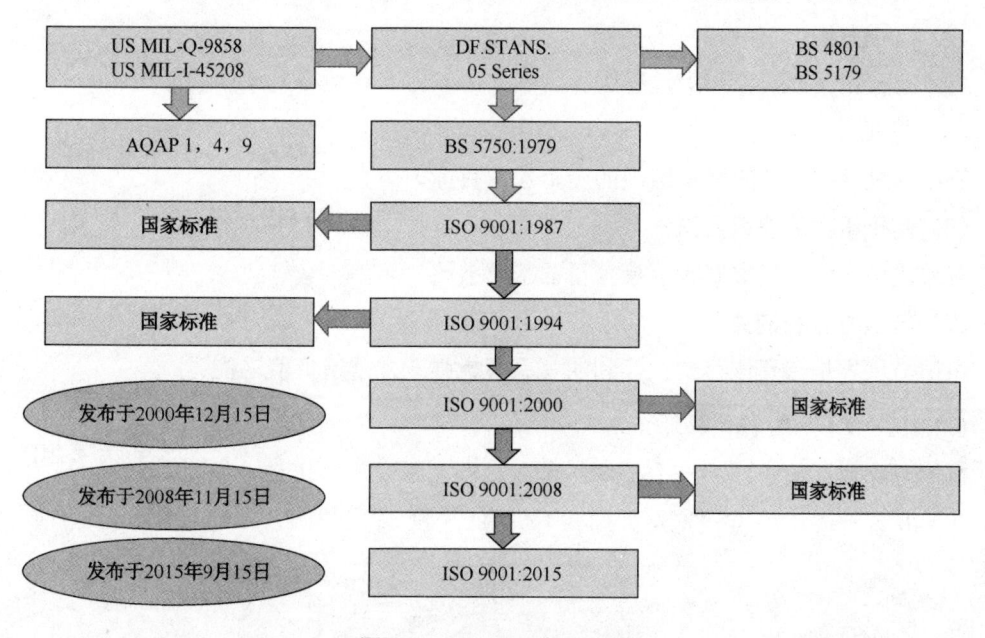

图 6-7 ISO 9001 发展历程

第一次改版发生在 1994 年，它沿用了质量保证的概念，传统制造业烙印仍较明显。

第二次改版是在 2000 年，不论是从理念、结构还是内涵，这都是一次重大的变化，标准引入了"以顾客为关注焦点""过程方法"等基本理念，从系统的角度实现了从质量保证到质量管理的升华，也淡化了原有的制造业的痕迹，具备了更强的适用性。

第三次改版是在 2008 年，形成了标准的第四个也就是现行有效的版本，这次改版被定义为一次"编辑性修改"，并未发生显著变化。

第四次改版是在 2015 年，这次改版在结构、质量手册、风险等方面都发生了变化。

#### 6.3.2.3 七项原则

（1）以顾客为关注焦点

组织依存于其顾客。因此，组织应理解顾客当前和未来的需求，满足顾客需求并争取超越顾客期望。

（2）领导作用

领导者应建立组织协调一致的宗旨和方向。为此，他们应当创造并保持使员工能充分参与实现组织目标的内部环境。

（3）全员参与

各级人员都是组织之本，只有他们的充分参与，才能使组织获益。

（4）过程方法

将活动和相关的资源作为过程进行管理，可以更高效地得到期望的结果。

（5）持续改进

持续改进整体业绩应当是组织的一个永恒目标。

（6）基于事实的决策方法

有效决策是建立在数据和信息分析的基础上的。

（7）与供方互利的关系

组织与供方是相互依存的，互利的关系可增强双方创造价值的能力。

#### 6.3.2.4 PDCA 循环

PDCA 循环适用于作为一个整体的所有过程和质量管理体系。如图 6-8 展示了如何将条款 4~10 整合成相关的 PDCA 循环。

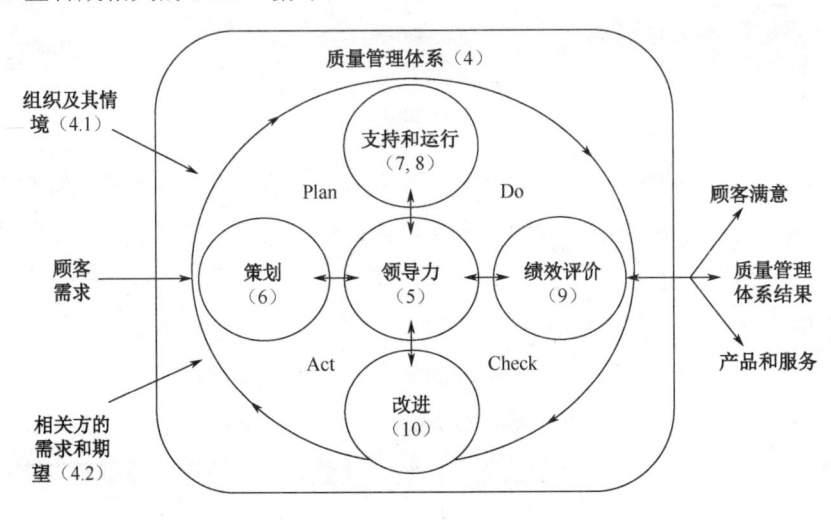

图 6-8 PDCA 循环

PDCA 循环可简要描述如下。

策划：依据顾客需求和组织的方针确定体系的目标及其过程，确定实现结果所需的资源。

实施：按照策划实施方针。

检查：依据方针、目标和要求，监视和测量（适用时）过程及输出的产品和服务，并报告结果。

改进：必要时，采取措施改进过程绩效。

#### 6.3.2.5　框架结构

鉴于过去的标准结构不统一、格式不统一的问题，ISO 9001:2015 版对标准整体结构进行了重要调整，采用了 ISO/IEC 指令中的"高层次结构"，统一了所有国际标准的结构框架。由 2008 版 ISO 9001 的 8 章调整为 2015 版 ISO 9001 的 10 章，即"范围""规范性引用文件""术语和定义""组织环境""领导作用""策划""支持""运行""绩效评价""改进"。对应的各章条款的编排及具体要求也进行了重要变更（见图 6-9）。

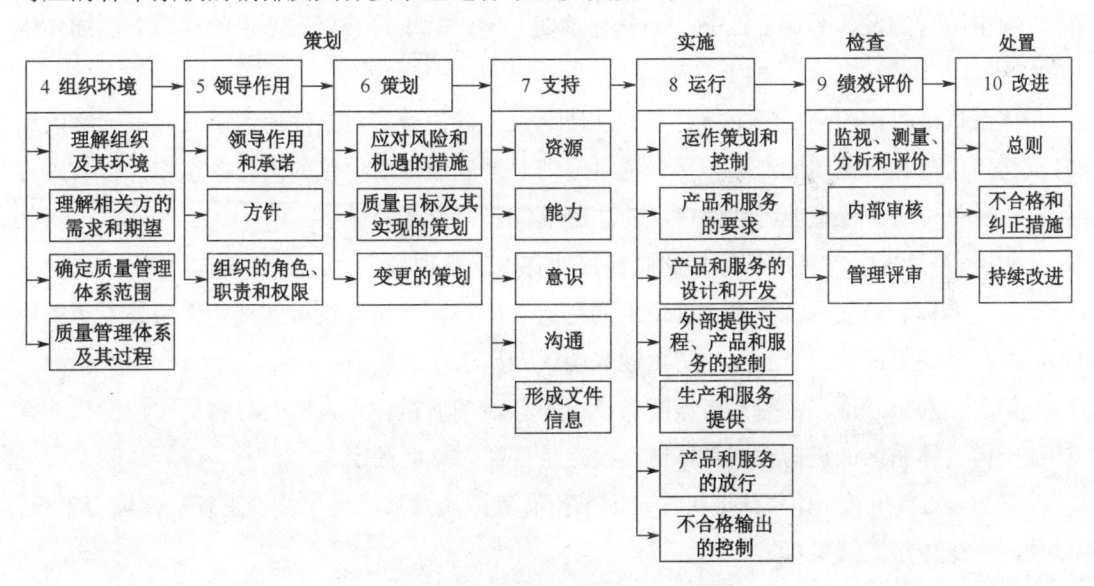

图 6-9　ISO 9001:2015 标准结构

#### 6.3.2.6　认证程序

（1）基本认证程序

① 申请：认证申请的提出、认证申请的审查与批准。

② 检查与评定：成文信息审查、现场检查前的准备、现场检查与评定、提出检查报告。

③ 审批与注册发证：审批、注册发证。

④ 获准认证后的监督管理：供方通报、监督检查、认证暂停或撤销、认证有效期

的延长。

**(2) 质量管理体系认证规则**

我国质量体系认证的实施可分为以下 4 个阶段。

① 提出申请。申请者（例如企业）按照规定的内容和格式向体系认证机构提出书面申请，并提交质量管理体系成文信息。向哪一个体系认证机构申请由申请者自己选择。体系认证机构在收到认证申请之日起 60 天内做出是否受理申请的决定，并书面通知申请者；如果不受理申请应说明理由。

② 体系审核。体系认证机构指派审核组对申请的质量体系进行第一阶段和第二阶段审查。认证机构应为每次审核制订书面的审核计划（第一阶段审核不要求正式的审核计划）。审核计划至少包括以下内容：审核目的，审核准则，审核范围，现场审核的日期和场所，现场审核持续时间，审核组成员（其中：审核员应标明认证人员注册号，技术专家应标明专业代码、工作单位及专业技术职称）。

③ 审批发证。体系认证机构审查审核组提交的审核报告，对符合规定要求的批准认证，向申请者颁发体系认证证书，证书有效期三年；对不符合规定要求的亦应书面通知申请者。

体系认证机构应公布证书持有者的注册名录，其内容应包括注册的质量保证标准的编号及其年代号和所覆盖的产品范围。通过注册名录获取注册单位的潜在顾客和社会有关方面对注册单位质量保证能力的信任，使注册单位获得更多的订单。

④ 监督管理。对获准认证后的监督管理有以下几项规定。

第一，标志的使用。体系认证证书的持有者应按体系认证机构的规定使用其专用的标志，不得将标志使用在产品上，防止顾客误认为产品获准认证。

第二，通报。证书的持有者改变其认证审核时的质量体系，应及时将更改情况报体系认证机构。体系认证机构根据具体情况决定是否需要重新评定。

第三，监督审核。体系认证机构对证书持有者的质量体系每年至少进行一次监督审核，以使其质量体系继续保持。

第四，监督后的处置。通过对证书持有者的质量体系的监督审核，如果证实其体系继续符合规定要求时，则保持其认证资格。如果证实其体系不符合规定要求时，则视其不符合的严重程度，由体系认证机构决定暂停使用认证证书和标志或撤销认证资格，收回其体系认证证书。

第五，换发证书。在证书有效期内，如果遇到质量体系标准变更，或者体系认证的范围变更，或者证书的持有者变更时，证书持有者可以申请换发证书，由认证机构做必要的补充审核。

第六，注销证书。在证书有效期内，由于体系认证规则或体系标准变更或其他原因，证书的持有者不愿保持其认证资格的，体系认证机构应收回其认证证书，并注销认证资格。

## 6.3.3 卓越绩效

### 6.3.3.1 简介

卓越绩效模式是 20 世纪 80 年代后期美国创建的一种世界级企业管理模式，其核心是强化组织的顾客满意意识和创新活动，追求卓越的经营绩效。"卓越绩效模式"得到了美国企业界和管理界的认可，该模式适用于企业、事业单位、医院和学校。世界各国许多企业和组织纷纷引入并实施，其中施乐公司、通用公司、微软公司、摩托罗拉公司等世界级企业都是运用卓越绩效模式取得出色经营结果的典范。

中国加入 WTO 以后，企业面临全新的市场竞争环境，如何进一步提高企业质量管理水平，从而在激烈的市场竞争中取胜是摆在广大已获得 ISO 9000 质量体系认证的企业面前的现实问题。卓越绩效模式是世界级成功企业公认的提升企业竞争力的有效方法，也是中国企业在新形势下经营管理的努力方向。

一个追求成功的企业，可以从管理体系的建立、运行中取得绩效，并持续改进其业绩、取得成功。但对于一个成功的企业如何追求卓越，该模式提供了评价标准，企业可以采用这一标准集成的现代质量管理的理念和方法，不断评价自己的管理业绩走向卓越。

### 6.3.3.2 卓越绩效评价准则的评分框架、评分系统和评分指南

（1）评分框架

卓越绩效评分框架如图 6-10 所示。领导、战略、顾客与市场构成"领导作用"的三角关系，认为领导是组织的主要驱动力，在制定目标、价值观和系统时具有重大作用。资源、过程管理和经营结果构成"结果作用"的三角关系，经营结果是企业最主要的目标之一。水平宽箭头连接这两个三角关系，确保了组织的成功。箭头是双向的，表明一个有效的业绩管理系统中反馈的重要性。"测量、分析与改进"是组织运作的基础，是链接上述两个三角的"链条"，并转动着改进和创新的 PDCA 之轮。

（2）评分系统

根据 GB/T 19580-2012《卓越绩效评价准则》的规定和被评价组织的信息，按过程、结果两种评分项进行评分，具体要点如下所述。

过程是指组织为实现标准中各评分项要求所采用的方法、展开和改进的成熟程度。用方法—展开—学习—整合（A—D—L—I）的四个要素评价组织的过程处于何种阶段。

①"方法"评价要点。

第一，组织完成过程所采用的方式方法；第二，方法对标准评分项要求的适宜性；第三，方法的有效性；第四，方法的可重复性，是否以可靠的数据和信息为基础。

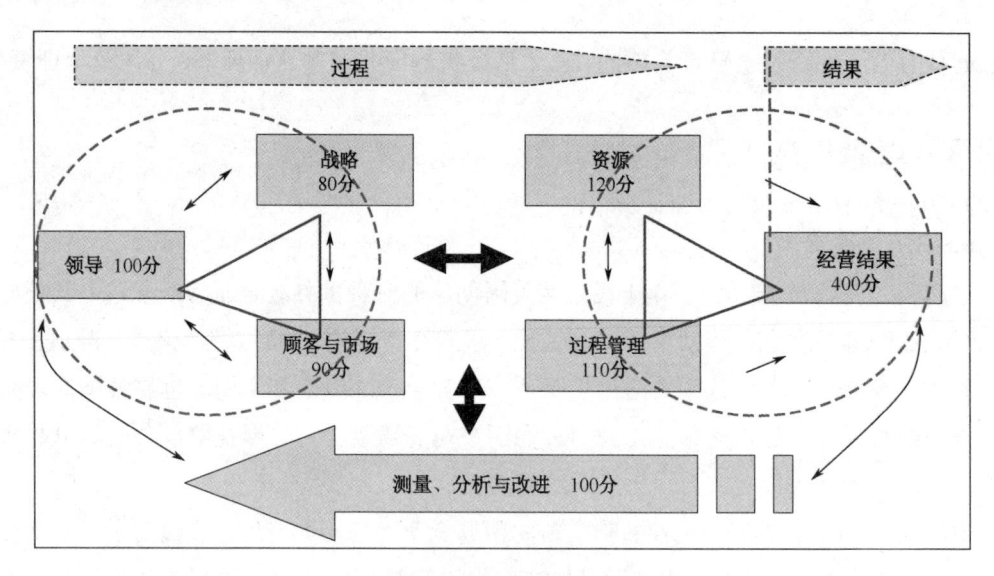

图 6-10 卓越绩效评分框架

② "展开"评价要点。

第一，为实现标准评分项要求所采用方法的展开程度；第二，方法是否持续应用；第三，方法是否使用于所有适用的部门。

③ "学习"评价要点。

第一，通过循环评价和改进，对方法进行不断完善；第二，鼓励通过创新对方法进行突破性的改变；第三，在组织的各相关部门、过程中分享方法的改进和创新。

④ "整合"评价要点。

第一，方法与标准其他评分项中识别出的组织需要协调一致；第二，组织各过程、部门的测量、分析和改进系统相互融合、补充；第三，组织各过程、部门的计划、过程、结果、分析、学习和行动协调一致，支持组织的目标。

结果是组织在实现标准的要求中得到的输出和效果。评价结果的要点有以下几点。

第一，组织绩效的当前水平；第二，组织绩效改进的速度和广度；第三，与适宜的竞争对手和标杆的对比绩效；第四，组织结果的测量与在"组织概述"和"过程"评分项中识别的重要顾客、产品和服务、市场、过程和战略规划的绩效要求相链接。

在确定分数的过程中应当遵循以下原则。

① 应当评审评分项中的各个方面，特别是对组织具有重要性的方面，即：必须考虑过程和结果对关键经营因素的重要度，其最重要的方面应当在"组织概述"和实施指南评分项中识别，关键顾客要求、竞争环境、关键战略目标和战略规划尤其重要。

② 给一个评分项评分时，首先判定哪个分数范围（如50%～65%）总体上"最适合"组织在本评分项达到的水平。总体上"最适合"并不要求与评分范围内的每一句话完全一

致,允许在个别要素(过程的 A—D—L—I 要素或结果要素)上有所差距。

③ 组织达到的水平是依据对 4 个过程要素、4 个结果要素整体综合评价的结果,并不是专门针对某一要素进行评价或对每一要素评价后进行平均的结果。

④ 在适合的范围内,实际分数根据组织的水平与评分要求相接近的程度来判定。

⑤ "过程"评分项分数为 50%,表示方法符合该评分项的总体要求并持续展开,且展开到该评分项涉及的大多数部门;通过一些改进和学习的循环,满足了关键的组织需要。更高的分数则反映更好的成就,证实了更广泛的展开、显著的组织学习及日趋完善的整合性。

⑥ "结果"评分项分数为 50%,表示该评分项在对组织重要的经营方面,有清晰的改进趋势和(或)良好的绩效水平,并有相适宜的对比数据。更高的分数则反映更好的改进速度和(或)绩效水平、更好的对比绩效和更广泛的范围,并与经营要求相融合。

(3) 评分指南

过程、结果两种评分项的评分指南分别见表 6-1 和表 6-2。

表 6-1 "过程"评分项评分指南

| 分 数 | 过 程 |
|---|---|
| 0%或 5% | ■ 显然没有系统的方法;信息是零散、孤立的(A)<br>■ 方法没有展开或仅略有展开(D)<br>■ 不能证实具有改进导向;已有的改进仅仅是"对问题做出反应"(L)<br>■ 不能证实组织的一致性;各个方面或部门的运作都是相互独立的(I) |
| 10%、15%、20%或 25% | ■ 针对该评分项的基本要求,开始有系统的方法(A)<br>■ 在大多数方面或部门,处于方法展开的初级阶段,阻延了达成该评分项基本要求的进程(D)<br>■ 处于从"对问题做出反应"到"一般性改进导向"方向转变的初期阶段(L)<br>■ 主要通过联合解决问题,使方法与其他方面或部门达成一致(I) |
| 30%、35%、40%或 45% | ■ 应对该评分项的基本要求,有系统、有效的方法(A)<br>■ 尽管在某些方面或部门还处于展开的初期阶段,但方法还是被展开了(D)<br>■ 开始有系统的方法,评价和改进关键过程(L)<br>■ 方法处于与在其他评分项中识别的组织基本需要协调一致的初级阶段(I) |
| 50%、55%、60%或 65% | ■ 应对该评分项的总体要求,有系统、有效的方法(A)<br>■ 尽管在某些方面或部门的展开有所不同,但方法还是得到了很好的展开(D)<br>■ 有了基于事实的、系统的评价和改进过程,以及一些组织的学习,以改进关键过程的效率和有效性(L)<br>■ 方法与在评分项中识别的组织需要协调一致(I) |
| 70%、75%、80%或 85% | ■ 应对该评分项的详细要求,有系统、有效的方法(A)<br>■ 方法得到了很好的展开,无显著的差距(D)<br>■ 基于事实的、系统的评价和改进,以及组织的学习,成为关键的管理工具;存在清楚的证据,证实通过组织级的分析和共享,得到了精确、创新的结果(L)<br>■ 方法与在其他评分项中识别的组织需要达到整合(I) |

续表

| 分　数 | 过　程 |
|---|---|
| 90%，95% 或 100% | ■ 应对该评分项的详细要求，全部有系统、有效的方法（A）<br>■ 方法得到了充分的展开，在任何方面或部门均无显著的弱项或差距（D）<br>■ 以事实为依据、系统的评价和改进，以及组织的学习是组织主要的管理工具；通过组织级的分析和共享，得到了精细的、创新的结果（L）<br>■ 方法与在其他评分项中识别的组织需要达到很好的整合（I） |

表 6-2　"结果"评分项评分指南

| 分　数 | 结　果 |
|---|---|
| 0%或5% | ■ 没有描述结果，或结果很差<br>■ 没有显示趋势的数据，或显示了总体不良的趋势<br>■ 没有对比性的信息<br>■ 在对组织关键经营要求重要的任何方面，均没有描述结果 |
| 10%，15%，20%或25% | ■ 结果很少；在少数方面有一些改进和（或）处于初期的良好绩效水平<br>■ 没有或仅有极少显示趋势的数据<br>■ 没有或极少对比性信息<br>■ 在少数对组织关键经营要求重要的方面，描述了结果 |
| 30%，35%，40%或45% | ■ 在该评分项要求的多数方面有改进和（或）良好绩效水平<br>■ 处于取得良好趋势的初期阶段<br>■ 处于获得对比性信息的初期阶段<br>■ 在多数对组织关键经营要求重要的方面，描述了结果 |
| 50%，55%，60%或65% | ■ 在该评分项要求的大多数方面有改进趋势和（或）良好绩效水平<br>■ 在对组织关键经营要求重要的方面，没有不良趋势和不良绩效水平<br>■ 与有关竞争对手和（或）标杆进行对比评价，一些趋势和（或）当前绩效显示了良好到优秀的水平<br>■ 经营结果达到了大多数关键顾客、市场、过程的要求 |
| 70%，75%，80%或85% | ■ 在对该评分项要求重要的大多数方面，当前绩效达到良好到卓越水平<br>■ 大多数的改进趋势和（或）当前绩效水平可持续<br>■ 与有关竞争对手和（或）标杆进行对比评价，多数到大多数的趋势和（或）当前绩效显示了领先和优秀的水平<br>■ 经营结果达到了大多数关键顾客、市场、过程和战略规划的要求 |
| 90%，95% 或100% | ■ 在对该评分项要求重要的大多数方面，当前绩效达到了卓越水平<br>■ 在大多数方面，具有卓越的改进趋势和（或）可持续的卓越绩效水平<br>■ 在多数方面被证实处于行业领导地位和标杆水准<br>■ 经营结果充分达到了关键顾客、市场、过程和战略规划的要求 |

## 6.3.4　质量管理体系建立的步骤

### 6.3.4.1　基本步骤

（1）教育培训，统一认识

质量管理体系建立和完善的过程，是始于教育、终于教育的过程，也是提高认识和统一认识的过程，教育培训要分层次、循序渐进地进行。

第一层次为决策层，包括党、政、技领导。主要培训内容有以下几点。

① 通过介绍质量管理体系的发展和本单位的经验教训，说明建立、完善质量管理体系的迫切性和重要性。

② 通过 ISO 9000 族标准的总体介绍，提高按国家（国际）标准建立质量管理体系的认识。

③ 通过质量管理体系中过程方法讲解，明确决策层领导在质量管理体系建设中的关键地位和主导作用。

第二层次为管理层，重点是管理、技术和生产部门的负责人，以及与建立质量管理体系有关的工作人员。这一层次的人员是建设、完善质量体系的骨干力量，起着承上启下的作用，要使他们全面接受 ISO 9000 族标准有关内容的培训，在方法上可采取讲解与研讨结合，理论与实际结合。

第三层为执行层，即与产品质量形成过程有关的作业人员。对这一层次人员主要培训与本岗位质量活动有关的内容，包括在质量活动中承担的任务，完成任务应赋予的权限，以及造成质量过失应承担的责任等。

（2）组织落实，拟定计划

尽管质量管理体系建设涉及一个组织的所有部门和全体员工，但对多数单位来说，成立一个精干的工作班子可能是需要的，根据一些单位的做法，这个班子也可以分三个层次。

第一层次：成立以最高管理者（厂长、总经理等）为组长，质量主管领导为副组长的质量管理体系建设领导小组（或委员会），其主要任务包括以下几点。

① 体系建设的总体规划。

② 制定质量方针和质量目标。

③ 按职能部门进行质量职能的分解。

第二层次：成立由各职能部门领导（或代表）参加的工作班子。这个工作班子一般由质量部门和计划部门的领导共同牵头，其主要任务是按照体系建设的总体规划具体组织实施。

第三层次：成立各过程工作小组。根据各职能部门的分工明确质量的责任单位，例如"设计和开发"一般由设计部门负责。组织和责任落实后，按不同层次分别制订工作计划，在制订工作计划时应注意以下几点。

① 目标要明确。要完成什么任务，要解决哪些主要问题，要达到什么目的。

② 要控制进程。建立质量管理体系的主要阶段要规定完成任务的时间表、主要负责人和参与人员，以及他们的职责分工及相互协作关系。

③ 要突出重点。重点主要是体系中的薄弱环节及关键的少数。这少数可能是某个或某

几个过程，也可能是过程中的一些活动。

**（3）确定质量方针，制定质量目标**

质量方针体现了一个组织对质量的追求，对顾客的承诺，是员工质量行为的准则和质量工作的方向。

制定质量方针的要求是：①与总方针相协调；②应包含质量目标；③结合组织的特点。④确保各级人员都能理解和坚持执行。

**（4）现状调查和分析**

现状调查和分析的内容包括：①体系情况分析，即分析本组织的质量管理体系情况，以便根据所处的质量体系情况选择质量管理体系的要求。②产品特点分析，即分析产品的技术密集程度、使用对象、产品安全特性等，以确定过程的采用程度。③组织结构分析，组织的管理机构设置是否适应质量管理体系的需要。应建立与质量管理体系相适应的组织结构并确立各机构间隶属关系、联系方法。

另外还有生产设备和检测设备能否适应质量管理体系的有关要求，以及技术、管理和操作人员的组成、结构及水平状况的分析。管理基础也要做情况分析，即标准化、计量、质量责任制、质量教育和质量信息等工作的分析。

**（5）调整组织结构，配备资源**

组织机构设置并不是按质量形成客观规律来设置相应的职能部门的，所以在完成落实质量管理体系要求并展开成对应的质量活动后，必须将活动中相应的工作职责和权限分配到职能部门。一方面是客观展开的质量活动，另一方面是人为的现有职能部门，二者之间的关系处理，一般地讲，一个质量职能部门可以负责或参与多个质量活动，但不要让一项质量活动由多个职能部门负责。目前，我国企业现有职能部门对质量管理活动所承担的职责、所起的作用普遍不够理想，应该加强。

在活动展开的过程中，必须涉及相应的硬件、软件和人员配备，并根据需要进行适当的调配和充实。

### 6.3.4.2 质量管理体系的试运行

质量管理体系文件编制完成后，质量管理体系进入试运行阶段。其目的是通过试运行，考验质量管理体系文件的有效性和协调性，并对暴露出的问题，采取改进措施和纠正措施，以达到进一步完善质量管理体系文件的目的。

在质量管理体系试运行过程中，要重点抓好以下几方面的工作。

① 有针对性地宣传质量管理体系文件。以便全体员工认识到新建立或完善的质量管理体系是对过去质量管理体系的变革，是为了向国际标准接轨，要适应这种变革就必须认真学习、贯彻质量管理体系文件。

② 实践是检验真理的唯一标准。体系文件通过试运行必然会出现一些问题，全体员工应将从实践中出现的问题和改进意见如实反映给有关部门，以便采取纠正措施。

③ 对体系试运行中暴露出的问题，如体系设计不周、项目不全等进行协调、改进。

④ 加强信息管理，不仅是体系试运行本身的需要，也是保证试运行成功的关键。与质量活动有关的人员都应按体系文件要求做好质量信息的收集、分析、传递、反馈、处理和归档等工作。

#### 6.3.4.3 质量管理体系的自我评价和改进

组织为了提高质量管理体系的绩效，以有效和高效的方式去实现顾客和相关方的要求，按 GB/T 19004-2020 标准建立和试运行质量管理体系。这种体系的完善程度可以用内部审核的方法来评价，还可以有其他评价的方式。GB/T 19004-2020 提供了组织自我评价的一种方式。这种自我评价方式是和 GB/T 19001-2016 过程方法相适应的。它的根本思想是：通过对过程的评价来测量质量管理体系的运行情况，寻求过程改进的机会以改进质量管理体系。对过程的评价包括：识别过程的优点和缺点、分析不合格的原因、指导组织确定质量管理体系的完善程度并识别改进的区域、帮助组织确定向何处投入改进资源。

(1) 自我评价应注意的问题

对质量管理体系的自我评价是为了真实地反映质量管理体系的现状，寻找发生的问题以达到质量改进。因此在自我评价中要注意以下几点。

① 解决自我评价的认识问题，即要客观公正。

② 保持自我评价的连续性和方法的稳定性，可以与过去的评价相比较，也可与既定的目标进行比较。

③ 充分利用质量信息进行评价。

④ 对评价人员进行培训，虽然他们不必具备审核员的技能和知识，但评价人员还应该掌握有关 ISO 9000 族标准的知识、专业知识以及相应的质量工具和方法。

⑤ 可以根据需要灵活提出自我评价问题，进行自我评价，然后寻求改进。自我评价可以由个人或小组进行。

(2) 自我评价的问题

自我评价主要是针对过程进行的，对于每一个被评价的过程，自我评价提出如下四个基本问题。

① 过程是否予以识别和适当表述？

② 职责是否予以分配？

③ 程序是否被实施和保持？

④ 在提供所要求的结果方面，过程是否有效？

自我评价问题基本上是按此思路进行设计的。

例如：相关方的需求和期望的自我评价可如下设计。

① 组织如何不断地识别顾客的需求和期望？

② 组织如何识别其人员在得到承认、工作满意、能力和个人发展等方面的需求？

③ 组织如何考虑与其供方建立合作伙伴而带来的潜在利益？

④ 组织如何识别与其建立目标有关的其他相关方的需求和期望？

⑤ 组织如何确保考虑了法律、法规的要求？

### （3）过程的自我评价方法

对过程的自我评价是从两方面考虑的。一方面是过程的层次，对过程的评价可以针对 GB/T 19004-2020 指南规定的每个过程及其子过程甚至更小的过程进行；另一方面过程又按其运行的成熟程度分若干等级，即"成熟度"，推荐的自我评价方法的成熟度有 5 个水平，见表 6-3。

表 6-3　运作成熟水平

| 成熟水平 | 运作水平 | 指　　南 |
| --- | --- | --- |
| 1 | 没有正式方法 | 没有采用系统方法的证据，没有结果，结果不好或非预期结果 |
| 2 | 反应式方法 | 基于问题或纠正的系统方法，改进结果的数据很少 |
| 3 | 稳定的、正式的系统方法 | 系统的基于过程的方法，处于系统改进的初期阶段；可获得符合目标的数据和存在的改进趋势 |
| 4 | 重视持续的改进 | 采用了改进过程；结果良好且保持改进趋势 |
| 5 | 最好的运作级别 | 最强的综合改进过程；证实达到了水平对比的最好结果 |

第 1 级水平是没有正式方法或没有过程，即只有一些不见记载的证据或没有证据表明该过程曾被实施。这一水平意味着过程不存在或偶然存在。

第 2 级水平称为反应式方法或"已规定"级，即此时已有证据表明过程已经实施。处于这一水平时有证据表明已规定了一系列执行过程的步骤，已利用一些输入，产生了一些输出。过程执行者能以相同的方式描述该过程，而且规定何时需要、何时不需要实施此过程。但这仅是初级水平，即过程只是反应式的，没有考虑过程的改进。

第 3 级水平是过程已经被测量，有稳定的、正式的系统方法。组织对过程的输出和输入，可能还有一些"过程参数"的测量很关注，同时他们能通过测量的结果与目标的对比来调整和控制过程，即过程有自反馈的能力。这表明过程已经建立且处于稳定的系统中。

第 4 级水平是过程处于不断改进状态即重视持续改进的水平。过程不仅处于受控状态，而且当失控时会系统地考虑消除产生问题的普遍原因。过程的执行者还可能通过水平对比、信息分析和借鉴别人的优点等方法设定了改进的目标并实施改进。

第 5 级水平是成熟度的最高水平——自适应的水平，即过程能够适应外部环境的变化，这是最好的运作级别。过程能充分平衡各相关方的需要,预测过程将来的需要以持续保持最强的竞争能力。显然,获得国家质量奖的组织应该达到这个水平。

可以看到,上述评价方法是以过程为核心的。以这样的方法去分析过程,可使自我评价任务变得很简单,更方便。它不需要很特别的评价技能和技巧。

(4) 自我评价结果的记录

可以把自我评价的问题、业绩评价的情况、成熟度等级指标和可能的改进措施等用表格形式列出。对于自我评价的各个过程或子过程,最好不要按平均分计算。应对各个子过程根据其重要性加权。最好能在评价者和被评价者之间进行充分讨论得出对过程的总体评价。表 6-4 提供了自我评价结果记录表的示例。

表 6-4 自我评价结果记录表示例

| 评价的条款 | 问题 | 实际业绩观察结果 | 等级 | 改进措施 |
| --- | --- | --- | --- | --- |
| 相关方的需求和期望 | 组织如何不断地识别顾客的需求和期望? | 对这一项,在世界范围内我们的过程比其他组织的任何过程都好 | 5 | 不要求 |
| 相关方的需求和期望 | 组织如何确保考虑了法律、法规的要求? | 对这一项,我们没有体系 | 5 | 需要确定过程,阐述由谁、何时开展这项工作 |

(5) 改进措施

组织可以根据自我评价的结果决定采取何种改进措施。自我评价指南提供了一个方法,它能帮助组织识别和启动需要优先改进的地方,这些改进的实施会给组织带来最大的收益。

质量改进的重点是对过程的改进。重大战略项目应通过对现有过程的再设计来确定。它应该包括以下阶段:

- 确定目标和改进项目的总体要求;
- 分析现有的"过程"并认清"创新性变更"的机会;
- 确定并策划过程改进;
- 实施改进。

持续改进也应按 P-D-C-A 的方法进行,通常有以下步骤:

- 选择改进的区域,分析改进的原因;
- 评价现有过程的效率;
- 识别并验证问题的根本原因;
- 确定可能解决问题的方法;
- 评价效果;
- 将新的解决办法规范化;
- 评价过程的效率和改进措施的有效性。

### 质量与标准化

## · 本章小结 ·

本章系统介绍了认证的概念及发展历程，产品质量认证内容、特点及过程体系，质量管理体系认证标准的总体结构、特点及其理解与实施；简单介绍了卓越绩效的原理及应用，汽车行业质量管理体系认证标准的内容、特点及发展趋势，食品安全管理体系的发展及应用，质量管理体系建立的基本步骤。

企业或单位主体参与世界范围的竞争，质量保证成为当前市场竞争的必然选择。谁能贯彻好质量标准并获认证，谁就将在激烈的竞争中掌握主动。通过对本章的学习，我们可以对质量标准及认证的发展历程、基本概念、实施过程及管理体系有清晰、明确的认识。

## 复习与思考

1. 产品质量认证与质量管理体系认证的联系与区别是什么？
2. 认证的作用有哪些？
3. 什么是 ISO 9000 族标准？核心标准是哪几个？它们的主题内容是什么？
4. HACCP 在我国食品领域有哪些应用？

# 参 考 文 献

[1] 胡海波．标准化管理 [M]．上海：复旦大学出版社，2017．
[2] 李学京．标准与标准化教程 [M]．北京：中国标准出版社，2010．
[3] 王春刚．安全质量标准化对企业发展的作用 [C]．第十一届石油工业标准化学术论坛论文集．2006．
[4] 白殿一．标准的编写 [M]．北京：中国标准出版社，2009．
[5] 洪生伟．标准化管理 [M]．北京：中国计量出版社，2009．
[6] 叶柏林，质量标准化计量百科全书编委会，中国大百科全书出版社．质量 标准化 计量百科全书 [M]．北京：中国大百科全书出版社，2001．
[7] 张锡纯．标准化系统工程 [M]．北京：北京航空航天大学出版社，1992．
[8] 刘三江，刘辉．中国标准化体制改革思路及路径 [J]．中国软科学．2015(7)：1-12．
[9] 廖丽，程虹，刘芸．美国标准化管理体制及对中国的借鉴 [J]．管理学报．2013(12)：1805-1809．
[10] 麦绿波．标准化方法和方法标准化 [J]．中国标准化．2012(3)：69-74．
[11] 王益谊，杜晓燕，朱翔华．国外典型联盟标准化管理运行分析及启示 [J]．中国标准化．2012(5)：51-54．
[12] 程望奇．中小企业标准化建设现状及行政对策——以湖南为例 [J]．中国标准化．2012(5)：68-71．
[13] 陈恒庆．世界各发达国家标准化制度及工作动向 [J]．冶金标准化与质量．2007(01)：53-58．
[14] 何鹰．选择 ISO/IEC 或是 WTO——我国应如何正确使用标准与技术法规术语 [J]．南京大学法律评论．2005(1)：146-152．
[15] 李春田．现代标准化方法：综合标准化 [M]．北京：中国质检出版社，中国标准出版社，2011．
[16] 宋明顺，周立军．标准化基础 [M]．北京：中国标准出版社，2013．
[17] 舒辉．标准化管理 [M]．北京：北京大学出版社，2016．
[18] 沈德法，施炯．建筑施工标准化管理 [M]．杭州：浙江工商大学出版社，2018．
[19] 国家标准化管理委员会．国际标准化教程 [M]．北京：中国标准出版社，2009．
[20] 赵涟漪．标准制定应遵循哪些原则 [J]．国防技术基础，2008(11)：58．
[21] 谭福有．标准的种类和分级 [J]．信息技术与标准化，2006(Z1)：52-56．
[22] 李春田．标准化概论 [M]．5版．北京：中国人民大学出版社，2010．
[23] 中关村标准故事编委会．中关村标准故事：探秘标准创新 引领产业发展 [M]．北京：电子工业出版社，2013．
[24] 李岱松，张革，李建玲．区域技术标准创新：北京地区实证研究 [M]．北京：科学出版社，2009．
[25] 孙耀吾．提高自主创新能力，促进产业技术进步：基于技术标准化的研究 [M]．长沙：湖南大学出版社，2010．
[26] 耿乃国．信息通信技术产业标准竞争与合作研究 [M]．北京：中国社会科学出版社，2010．
[27] 王腾飞．我国技术标准联盟与企业技术创新研究 [D]．中国海洋大学，2011．
[28] 程鉴冰．技术标准市场竞争与政府规制 [M]．北京：中国质检出版社，2014．

[29] 臧传琴. 政府规制：理论与实践 [M]. 北京：经济管理出版社，2014.

[30] 蒋春华. 最低质量标准理论研究综述 [J]. 宏观质量研究，2013，1(3): 26-32.

[31] 刘慷. 技术标准联盟的运行机理与公共政策研究 [D]. 东北财经大学，2011.

[32] 曾德明，方放，王道平. 技术标准联盟的构建动因及模式研究 [J]. 科学管理研究，2007(1):37-40.

[33] 闫涛. ICT产业技术标准动态博弈及企业标准竞争战略研究 [D]. 北京：北京交通大学，2008.

[34] 韦小彦. 技术标准联盟核心企业标准化能力研究 [D]. 湖南大学，2017.

[35] 高思芃. 企业联盟能力、标准联盟网络与技术创新绩效关系研究 [D]. 吉林大学，2020.

[36] 谢玉辉. 我国食品安全政府规制研究 [D]. 电子科技大学，2010.

[37] 程鉴冰. 最低质量标准政府规制研究 [J]. 中国工业经济，2008(2): 40-47.

[38] 曲世敏. 食品安全的质量标准规制：理论与政策研究 [D]. 东北财经大学，2013.

[39] 浦徐进，何未敏，范旺达. 市场结构、消费者偏好与最低质量标准规制的社会福利效应 [J]. 财贸研究，2013，24(6): 96-104.

[40] 产业损害程度理论与计算方法课题组. 中国反倾销：产业损害幅度测算方法 [M]. 北京：清华大出版社，2003.

[41] 中华人民共和国国家统计局. 中国统计年鉴2013[M]. 北京：中国统计出版社，2013.

[42] 谭洪华. ISO9001:2015新版质量管理体系详解与案例文件汇编 [M]. 北京：中华工商联合出版社，2016.

[43] 赵成杰. ISO9001:2015新思维+新模式：新版质量管理体系应用指南 [M]. 北京：企业管理出版社，2015.

[44] 陈谏，叶曙光. 卓越绩效 [M]. 北京：企业管理出版社，2015.

[45] 北京质量协会. 2015版质量管理体系审核员实用教程 [M]. 北京：中国铁道出版社，2015.

[46] 于献忠. 国家质量监督检验检疫总局质量管理司，中国标准化研究院.《卓越绩效评价准则》国家标准理解与实施 [M]. 北京：中国标准出版社，2005.

[47] 曾庆孝，许喜林. 食品生产的危害分析与关键控制点（HACCP）原理与应用 [M]. 广州：华南理工大学出版社，2010.

[48] 程言清. 食品质量认证与中国食品安全 [J]. 粮食科技与经济，2003(1):38-39.

[49] 高懿，李海莲. 质量管理国际标准与认证实用手册 [M]. 北京：对外经济贸易大学出版社，2003.

# 反侵权盗版声明

电子工业出版社依法对本作品享有专有出版权。任何未经权利人书面许可，复制、销售或通过信息网络传播本作品的行为；歪曲、篡改、剽窃本作品的行为，均违反《中华人民共和国著作权法》，其行为人应承担相应的民事责任和行政责任，构成犯罪的，将被依法追究刑事责任。

为了维护市场秩序，保护权利人的合法权益，我社将依法查处和打击侵权盗版的单位和个人。欢迎社会各界人士积极举报侵权盗版行为，本社将奖励举报有功人员，并保证举报人的信息不被泄露。

举报电话：（010）88254396；（010）88258888

传　　真：（010）88254397

E-mail：　dbqq@phei.com.cn

通信地址：北京市万寿路173信箱

　　　　　电子工业出版社总编办公室

邮　　编：100036